建设工程项目管理

JIANSHE GONGCHENG XIANGMU GUANLI

主　编　熊　勇

副主编　谭　平　任晓蓉

江苏大学出版社
JIANGSU UNIVERSITY PRESS
镇　江

图书在版编目（CIP）数据

建设工程项目管理 / 熊勇主编. — 镇江 ：江苏大学出版社，2019.1（2024.8 重印）
ISBN 978-7-5684-1046-5

Ⅰ. ①建… Ⅱ. ①熊… Ⅲ. ①基本建设项目－项目管理－高等职业教育－教材 Ⅳ. ①F284

中国版本图书馆 CIP 数据核字（2019）第 007292 号

建设工程项目管理
Jianshe Gongcheng Xiangmu Guanli

主　　编/熊　勇
责任编辑/仲　蕙
出版发行/江苏大学出版社
地　　址/江苏省镇江市京口区学府路 301 号（邮编：212013）
电　　话/0511-84446464（传真）
网　　址/http://press.ujs.edu.cn
排　　版/镇江市江东印刷有限责任公司
印　　刷/苏州市古得堡数码印刷有限公司
开　　本/787 mm×1 092 mm　1/16
印　　张/15.5
字　　数/358 千字
版　　次/2019 年 1 月第 1 版
印　　次/2024 年 8 月第 3 次印刷
书　　号/ISBN 978-7-5684-1046-5
定　　价/42.00 元

前　言

“建设工程项目管理”这门课程是建筑工程技术、工程造价、建筑装饰、道路与桥梁工程技术等土建类专业的重要课程。该课程知识面广、综合性强，与其他专业课程关联性较强，是一门将众多专业课程知识集大成和系统化的课程。因此，本教材力求“点”“面”俱到、重点突出、特色鲜明、应用性强。

本教材力求紧贴学生的实际能力和行业专业技能要求状况，吸取近年来一些国家级教学改革和国家级精品课程建设的示范性成果经验，以近年来国家一级和二级注册建造师职业资格考试中有关工程项目管理的相关内容为导向，根据基于工作过程教学法的要求，将本课程内容分为9个教学模块。

本教材具有以下特点：

① 结构合理，内容精炼，好用易用；

② 以项目施工管理为主，覆盖建设项目管理全过程；

③ 配套完善的职业技能训练环节。

本教材可供土建类专业教师和学生使用，也可以作为土建类从业人员职业培训的教学用书，以及各类建筑工程技术及管理人员自主学习的专业指导书。

本教材引用了相关专业的文献和资料，在此对这些文献和资料的作者表示衷心感谢！对西藏天路股份有限公司贵州分公司书记谭平为第三章、第六章的编写付出的辛勤劳动表示衷心感谢！对我院任晓蓉副教授为本书的编辑、出版所做出的辛勤付出表示衷心感谢！

由于编者水平有限，书中难免存在不足之处，诚恳地希望读者批评指正。

编　者

2018年10月于成都

目　录

第一章　建设工程项目管理概述

人们所从事的各种各样的生产建设等社会经济活动可分为两类：一类是连续不断的且具有较稳定的重复性特征的社会经济活动，如一般社会行政事务活动、企业日常的商务活动和生产活动；另一类则是具有较明显的一次性特征的社会经济活动，如某项工程的投资建设活动，某项新产品、新技术的开发过程，国家特定的某项政策法规的制定。这两种不同类型的社会经济活动，具有不同的运作规律和特点，因而需要不同的管理方法和组织形式，前者构成了一般的行政管理、社会管理或企业管理的对象，后者则构成了项目管理的对象。

成熟的项目管理是第二次世界大战以后发展起来的一门综合性管理学科。这是一种能够将多种知识、技能、工具和技术应用于项目活动以满足项目需求的新兴管理技术，它设定了系统化管理的渠道。近年来，项目管理得到了迅猛的发展并不断地完善，建设工程项目管理作为项目管理的一个分支，得到了良好的发展，越来越多的项目管理理论与思维被应用于建设工程项目管理实践当中。

第一节　建设工程项目管理的相关概念

一、项目

1. 项目的定义

"项目"一词最早于20世纪50年代在汉语中出现（对共产主义国家的援外项目）。对于何为项目，不同的行业在不同的情境下的表述略有区别，但目前使用最多也最为人们所熟悉和接受的定义如下：项目是指一系列独特的、复杂的并相互关联的活动，这些活动有一个明确的目标或目的，必须在特定的时间、预算、资源限定内，依据规范完成。在国际上，美国项目管理协会（Project Management Institute，PMI）在其出版的《项目管理知识体系指南》（*A Guide to the Project Management Body of Knowledge*，*PMBOK Guide*）中对项目所做的定义也许是最容易被理解的表述。该指南指出，项目是一种被承办的旨在创造某种独特产品或服务的临时性努力。一般来说，项目具有明确的目标和独特的性质：每一个项目都是唯一的、不可重复的，具有不可确定性、资源成本的约束性等特点。

项目对社会、对企业、对个人的意义都是非常重大的，所以项目管理被视为未来的黄金职业也不无道理。项目是一系列复杂工作的统称，是一项有待进行的活动，不是指完成工作后的最终成果，也不是指组织本身。如对于某新产品、新技术的研发，项目指的是研发过程，不是研发的新产品、新技术，也不是研发者。项目的含义极为广泛，可以是建设一项工程，如修建一座水电站、一栋大楼，也可以是从事某项科研课题，或开发一项新技术，举办一次体育活动，甚至写一封信。但是否要作为项目来管理，还取决于项目的客观特征和管理目标。许多相对简单、不甚重要的一次性事务未必需要作为一个项目来管理。

2. 项目的特征

项目一般具有唯一性、一次性、目标性、约束性、整体性、相对独立性、相互依赖性与冲突性等特征。

（1）唯一性

唯一性，也称单件性或独特性，是项目的最主要特征。项目的唯一性主要体现在项目的功能、目标、环境、条件、过程、组织等方面。就项目任务本身而言，项目的唯一性是指所有的项目都是唯一的。理论上讲，每个项目都不完全相同，正因为如此，对于每个项目只能进行单件处理，而不可能成批完成。项目的唯一性是对项目整体而言，并不排斥项目实施过程中某些环节存在重复性的工作。项目的唯一性从客观上提示了项目总是互不相同、不断变化的，这就要求项目管理不能用一成不变的组织方式和生产要素配置形式去管理项目，而必须根据项目任务的具体条件和特殊要求，采取针对性措施管理项目，以保证项目目标得以顺利实现。

（2）一次性

一次性，也称临时性，是指每个项目都有其确定的起点和终点。

（3）目标性

项目的结果可以是一种期望的产品，也可以是期望得到的某种特定的服务。项目的实施是一项社会经济活动，任何社会经济活动都有其目的。所以，项目必须有明确的目标，即项目的功能性要求，它是完成项目的最终目的，是项目产生、存在的依据。

（4）约束性

每个项目都需要运用各种资源来实施，而资源是有限的。项目是一种任务，任务的完成有其限定条件，这些限定条件就构成了项目的约束条件，主要包括时间、质量、资金等方面的限制或要求。有些项目的约束性是明显的、严格的，有些项目的约束性则是暗含的、宽松的。项目的约束性为完成项目任务提供了一个最低的标准要求。

（5）整体性

整体性，也称系统性。项目是为实现特定目标而展开的多项任务的集合，是一系列活动的有机结合，是一个完整的过程。一般来说，当某项任务的各种要素之间存在着某种密切关系，只有有机结合起来互相协助才能确保其目标的有效实现，这时就需要将其作为一个整体来处理，客观上也就形成了一个系统。

（6）相对独立性

项目是相对于特定的管理主体而存在的。对某一主体构成的项目，对另一主体未必能构成项目。如一栋大楼的施工是承担该项任务的施工企业的一个项目，对未承担此项任务的施工企业来说就不是一个项目。

（7）相互依赖性与冲突性

项目依赖于特定的主体、组织而存在，项目常与组织中的其他项目、其他职能部门的工作相互作用，既有联系又有冲突，项目主管应清楚这些冲突并与有关部门保持紧密联系。

3. 项目的生命周期

项目的生命周期，是指一个项目自始至终的整个过程。为便于管理和控制项目，一般将这个过程划分成启动、规划设计、实施和收尾四个阶段。

（1）项目的启动阶段

项目的启动阶段，也称项目决策阶段，是项目的生命周期的第一个阶段。这一阶段的主要任务是提出项目、定义项目和做出项目决策。这一阶段的输出物是项目委托合同的签订或是项目可行性研究报告被批准。在这一阶段，首先基于项目客户解决某个特定问题的需要提出一个项目意向，并对项目意向进行必要的需求分析和识别，然后提出具体的项目建议书。在项目建议或项目提案获得通过以后，需要进一步开展详细程度不同的项目可行性分析，为项目决策提供依据。

（2）项目的规划设计阶段

项目可行性研究通过且决定上马，即项目诞生，首先由项目组织方正式任命项目经理，组建项目团队；再由项目经理组织制定项目的管理目标，编制各种各样的项目计划，开展必要的项目设计工作，全面界定项目及项目各阶段所需开展的工作，提出有关项目产出物的技术、经济、质量等方面的要求和规定。这一阶段是对项目工作进行全面的设计和规划，在这一阶段要完成项目的方案设计和实施规划。

（3）项目的实施阶段

在完成项目的规划和设计工作以后，项目组织方开始投入大量的人力、物力资源，按照既定的计划实施项目，监控项目的实施过程，发现项目实施与项目计划之间的偏差，并及时采取纠偏措施，以保证项目实施的结果与项目计划的要求和目标一致。

（4）项目的收尾阶段

项目的实施阶段的结束并不意味着整个项目工作的全部结束，还需要经过一个完工交付的工作阶段，项目才算真正结束。在这一阶段，首先由项目组织方按照项目规划阶段提出的项目目标和各种具体要求，全面检验项目的整个工作结果和项目的产出物，然后进行项目验收和移交工作，直至项目客户最终接受项目的整个产出物和工作结果，项目才算最终结束。

在项目管理领域里，界定项目生命周期的意义在于：第一，虽然不同项目实施内容各有不同，甚至千差万别，但是不同项目在实施过程中都会经历几个类似的阶段，这是项目特殊性掩盖之下的项目本质所具有的一般规律，为项目管理提供了理论基础。第二，将项目的生命周期划分为几个阶段，可更方便地管理和控制项目，更好地借鉴以往项目在各个阶段的经验。

4. 项目的分类

从不同的角度，按不同的分类方法，可以将项目分为以下类别：

① 按项目成果的实体形态，可将项目分为实物项目和非实物项目。前者如建筑工程、水利工程、市政工程项目等，后者如科学研究、文艺演出项目等。

② 按项目的规模，可将项目分为大型项目、中型项目和小型项目。

③ 按行业领域，可将项目分为国防项目、环保项目、农业项目和公路项目等。

④ 按项目所属的主体，可将项目分为政府项目、企业项目和私人项目。

⑤ 按项目的生命周期，可将项目分为长期项目和短期项目。

⑥ 按项目的复杂程度，可将项目分为大型集成项目、复杂项目和一般项目等。

知识拓展

美国项目管理协会

美国项目管理协会（PMI）成立于1969年，是全球领先的项目管理行业的倡导者，它创造性地制定了行业标准，由其组织编写的《项目管理知识体系指南》已经成为项目管理领域最权威的教科书，被誉为项目管理“圣经”。PMI目前在全球185个国家有50多万会员和证书持有人，是项目管理专业领域中由研究人员、学者、顾问和经理组成的全球性的专业组织机构。该协会推出的项目管理专业人员资格认证（Project Management Professional，PMP）已经成为全球权威的项目管理资格认证，受到越来越多人的青睐。

美国项目管理协会一直致力于项目管理领域的研究工作，全球协会会员都在为探索科学的项目管理体系而努力。如今，美国项目管理协会因其创建的项目管理方法已经得到全球公认，而成为全球项目管理的权威机构。同时，全球PMP人员也在为保持其项目管理的科学性和权威性进行着不懈的努力。美国项目管理协会致力于向全球推行项目管理，以提高项目管理专业的水准，在教育、会议、标准、出版和认证等方面定制专业技术计划。美国项目管理协会正成为一个全球性的项目管理知识与智囊中心。其官方网站地址为http：//www. pmi. org/。

中华人民共和国国家外国专家局于2000年首次引进了国际权威项目管理认证，即美国项目管理协会的PMP认证。

二、项目管理

1. 项目管理的概念

项目管理（Project Management，PM）这一名称由来于美国曼哈顿计划开始时，后来华罗庚教授在20世纪50年代将其引进中国（由于历史因素称为统筹法和优选法），在我国台湾地区其被称为项目专案。项目管理是“管理科学与工程”学科的一个分支，是介于自然科学和社会科学之间的一门边缘学科，也有人说项目管理是管理学的一个分支。其内容主要包含范围管理、时间管理、费用管理、质量管理、人力资源管理、风险管理、沟通管理、采购与合同管理、综合管理。

目前我国为大多数人所认可的项目管理的定义如下：项目管理是指项目管理主体在有限的资源约束条件下，为实现其目的，运用现代管理理论与方法，对项目活动进行系统化管理的过程。项目管理是一种管理思想和管理模式，它是以项目为对象，以合同为纽带，以项目目标为目的，以现代化技术为手段，按项目内在客观规律组织项目活动的科学化方法。

2．项目管理的基本特性

现代项目管理与传统意义上的管理相比，总体上讲，更加注重系统性、规范性、前瞻性和成效性。具体来说，现代项目管理具有以下特征：

① 项目管理具有全过程、全方位贯穿系统论的思维与方法论的特征。该特征是现代项目管理的首要特征与战略性特征。

② 项目管理具有多目标与多约束的特征。这一特征是项目管理具体工作中的操作性特征，它是由项目的多目标特性与约束性所决定的。

③ 项目管理的实施团队组织具有一次性与弹性的特征。

④ 项目管理的成效具有可预见性与变化性的特征。这一特征决定了项目的成果具有可塑性。

⑤ 项目管理具有工作程式的周期性与内容上的独特性。该特征反映项目管理的工作总是按照一定的程序在不同的项目中周而复始地进行，这是由项目组成要素的确定性和项目的过程性所决定的。同时，由于项目组成要素具体形态千变万化，因而决定了项目管理必须随对象而变化。由于每个项目的具体要素状态是不同的，因此，项目管理的具体内容也就不同，有独特性。

⑥ 项目管理具有继承与创新并重的特征。项目管理的继承性特征表现为项目管理的许多知识与方法可以在任何项目寿命周期内应用，同时每个项目寿命周期内可以提炼出一些知识性与方法性的东西，为以后项目所用；项目管理的创新性特征表现为项目管理知识与方法随项目的不断实施而提炼出更成熟、更先进的东西。同时，每个项目都是一个创新，成果皆不同。

⑦ 项目管理具有涉及时空、技术领域更综合的特征。这一特征是相对于其他管理而显现出的项目管理从形式到内涵都更复杂与综合性强的特征。现代项目的规模越来越庞大，经常为多地域构架一个总体项目，实施时间长，参与人员多，技术集成程度越来越高，“物流”“技术流”“资金流”等流量大而“流道”呈现网状化，因此必然给管理提出相应的要求，即项目管理呈现出综合复杂的特征。

3．项目管理的产生与发展

项目管理通常被认为是第二次世界大战的产物（如美国研制原子弹的曼哈顿计划），事实上，项目管理的历史源远流长，其发展大致经历了以下几个阶段：

（1）古代的项目管理

人类早期的项目可以追溯到数千年以前，如我国的长城、埃及的金字塔、罗马的水道这些不朽的伟大工程。我国汴梁古城的复建也可称为成功的项目管理的典型例子。但从远古到20世纪30年代以前只能说是潜意识的项目管理，那时，人们是无意识地按照项目的形式运作。

（2）近代项目管理的萌芽

项目管理在20世纪四五十年代主要应用于国防和军工项目。美国把研制第一颗原子弹的任务作为一个项目来管理，命名为“曼哈顿计划”。美国退伍将军莱斯利·R. 格罗夫斯（L. R. GROVES）后来写了一本回忆录《现在可以说了》（*Now it can be told*：*The story of the Manhattan Project*），其中详细记载了这个项目的经过。

（3）近代项目管理的成熟

项目管理的突破性成就出现在20世纪50年代。20世纪50年代后期，美国出现了关键路径法（CPM）和计划评审技术（PERT）。1957年，美国的路易斯维化工厂由于生产过程的要求，必须昼夜连续运行。因此，每年都不得不安排一定的时间，停下生产线进行全面检修。过去每年的检修时间一般为125 h左右。后来，他们把检修流程精细分解，竟然发现，在整个检修过程中所经过的不同路线上的总时间是不一样的。缩短最长路线上工序的工期，就能够缩短整个检修的时间。他们经过反复优化，最后只用了78 h就完成了检修，节省的时间约占原检修时间的38%，当年产生效益达100多万美元。这就是至今项目管理工作者还在应用的著名的时间管理技术“关键路径法”，简称CPM。就在这一方法发明一年后，美国海军开始研制北极星导弹。这是一个军用项目，技术新、项目巨大，据说当时美国三分之一的科学家都参与了这项工作。管理如此庞大的尖端项目，难度是可想而知的。而当时的项目组织者想出了一个方法：为每个任务估计一个悲观的、一个乐观的和一个最可能情况下的工期，在关键路径法技术的基础上，用“三值加权”方法进行计划编排，最后只用了4年的时间就完成了预定用6年完成的项目，节省的时间为原计划时间的33%以上。20世纪60年代，这类方法在由42万人参加、耗资400亿美元的“阿波罗”载人登月计划中应用，取得巨大成功。这一阶段，项目管理有了科学的系统方法。CPM和PERT常被成为项目管理的常规“武器”和经典手段，当时主要运用在军事工业和建筑业，项目管理的任务主要是项目的执行。

（4）项目管理的传播和现代化

1969年，美国项目管理协会（PMI）的出现极大地推动了项目管理的发展。此后PMI一直致力于项目管理领域的研究工作，1976年，PMI提出了制定项目管理标准的设想，经过近十年的努力，于1987年推出了《项目管理知识体系指南》，这是项目管理领域的又一个里程碑。因此，项目管理专家们把20世纪80年代以前称为“传统的项目管理”阶段，把20世纪80年代以后称为“新的项目管理”阶段。PMBOK指南又分别在1996年和2000年进行了两次修订，使项目管理认识体系更加成熟和完整。20世纪七八十年代，项目管理迅速传遍世界。项目管理的应用领域从美国最初的军事项目和宇航项目很快扩展到各种类型的民用项目。在这一阶段，项目管理的特点是面向市场迎接竞争，除计划和协调外，其对采购、合同、进度、费用、质量、风险等给予了更多重视，初步形成了现代项目管理的框架。

（5）现代项目管理的新发展

进入20世纪90年代，项目管理有了新的进展。为了在变化迅猛、竞争激烈的市场中迎接经济全球化、一体化的挑战，项目管理更加注重人的因素，注重顾客，注重柔性管理，力求在变革中生存和发展。在这个阶段，应用领域进一步扩大，同时在新兴产业中得到了迅速发展，比如通信、软件、信息、金融、医药等现代项目管理的任务已不仅仅是执行任务，而是要开发项目、经营项目，以及为经营项目完成后形成的设施、产品和其他成果提供必要的条件。

三、工程项目

1. 工程项目的概念

工程项目是以工程建设为载体的项目，是作为被管理对象的一次性工程建设任务。它以建筑物或构筑物为目标产出物，需要支付一定的费用，按照一定的程序在一定的时间内完成，并应符合质量要求。

2. 工程项目的特征

① 不确定性因素多。工程项目建设过程涉及面广，不确定性因素较多，随着工程技术复杂程度的增加和项目规模的日益增大，工程项目中的不确定性因素日益增加，因而复杂程度较高。

② 整体性强。一个工程项目往往由多个单项工程和单位工程组成，彼此之间紧密相关，必须结合到一起才能发挥工程项目的整体功能。

③ 建设周期长。建成一个工程项目往往需要几年，有的甚至更长。

④ 不可逆转性。工程项目实施完成后，很难推倒重来，否则将会造成大量的损失，因此工程建设具有不可逆转性。

⑤ 工程的固定性。工程项目都含有一定的建筑或建筑安装工程，都必须固定在一定的地点，都必须受项目所在地资源、气候、地质等条件的制约，受到当地政府及社会文化的干预和影响。工程项目既受其所处环境的影响，同时也会对环境造成不同程度的影响。

⑥ 生产要素的流动性。工程的固定性决定了生产要素的流动性。

3. 工程项目的分类

（1）按专业划分

工程项目按专业可分为建筑工程、安装工程、桥梁工程、公路工程、铁路工程、水电工程、航道工程、隧道工程等。

（2）按建设性质划分

工程项目按建设性质可分为新建项目、扩建项目、改建项目、恢复项目和迁建项目等。

① 新建项目，是指原来没有而现在开始建设的项目，或对原有规模较小的项目扩大建设规模，且其新增固定资产价值超过原有固定资产价值三倍以上的建设项目。

② 扩建项目，是指原有企事业单位为了扩大原有主要产品的生产能力或效益，或增加新产品的生产能力，在原有固定资产的基础上，兴建一些主要车间或工程的项目。

③ 改建项目，是指原有企事业单位为了改进产品方向，对原有固定资产进行整体性技术改造的项目。此外，为提高综合生产能力，增加一些附属辅助车间或非生产性工程，也属改建项目。

④ 恢复项目，是指对因重大自然灾害或战争而遭受破坏的固定资产，按原来规模重新建设或在重建的同时进行扩建的项目。

⑤ 迁建项目，是指为改变生产力布局或由于其他因素，将原有单位迁至异地重建的项目。无论该项目是否维持原来的规模，均称为迁建项目。

（3）按用途划分

工程项目按用途可分为生产性建设项目和非生产性建设项目。

① 生产性建设项目，是指直接用于物质生产或满足物质生产需要的建设项目，包括工业、农业、林业、水利、气象、交通运输、邮电通信、商业和物资供应设施建设及地质资源勘探建设等。

② 非生产性建设项目，是指用于人民物质和文化生活需要的建设项目，包括住宅建设、文教卫生建设、公用事业设施建设、科学实验研究及其他非生产性建设项目。

（4）按建设过程划分

工程项目按建设过程可分为预备项目、筹建项目、在建项目、投产项目和收尾项目等。

① 预备项目，是指按照中长期投资计划拟建而又未立项的工程项目，只做初步可行性研究，不进行实际建设准备工作。

② 筹建项目，是指经批准立项正在进行建设准备，还未开始施工的项目。

③ 在建项目，是指计划年度内正在建设的项目，包括新开工项目和续建项目。

④ 投产项目，是指计划年度内按设计文件规定建成主体工程和相应配套工程经验收合格并正式投产或交付使用的项目，包括全部投产项目、部分投产项目和建成投产单项工程。

⑤ 收尾项目，是指以前年度已经全部建成投产，但尚有少量不影响正常生产或使用的辅助工程或非生产性工程，在本年度内继续施工的项目。

（5）按建设投资规模划分

按建设项目总规模和投资的多少，可将项目分为大型项目、中型项目和小型项目。其划分的标准各行业并不相同，一般情况下，生产单一产品的企业，按产品的设计能力来划分；生产多种产品的，按主要产品的设计能力来划分；难以按生产能力划分的，按其全部投资额来划分。

4．工程建设项目的组成

为了对工程项目实行统一管理和分级管理，国家统计部门统一规定将建设项目划分为若干个单项工程，即一个综合建设项目由若干个单项工程组成；一个单项工程由若干个单位工程组成；一个单位工程由若干个分部工程组成；一个分部工程由若干个分项工程组成。

（1）综合建设项目

综合建设项目是指在一个总体设计范围内，经济上实行独立核算，行政上具有独立的组织形式的建设工程。如新建一座工厂、一所学校都是综合建设项目。

(2) 单项工程

单项工程是建设项目的组成部分，一般是指在一个建设项目中，具有独立的设计文件，建成后能够独立发挥生产能力或效益的工程。如新建一所大学是一个综合建设项目，但其中教学楼、图书馆、办公楼等各为单项工程。

(3) 单位工程

单位工程是单项工程的组成部分，它一般是指具有独立组织施工条件及单独作为计算成本对象，但建成后不能独立进行生产或发挥效益的工程。民用项目的单位工程较容易划分，以一栋住宅楼为例，其中一般土建、给排水、采暖、通风、照明工程等各为一个单位工程。

(4) 分部工程

分部工程是单位工程的组成部分，一般是按单位工程的结构部位、使用的材料、工种或设备种类和型号等而划分的工程。例如，一般土建工程可以划分为土石方工程、打桩工程、砖石工程、混凝土及钢筋混凝土工程、木结构工程、楼地面工程、屋面工程、装饰工程等分部工程。

(5) 分项工程

分项工程是分部工程的组成部分，一般按照不同的施工方法、不同的材料及构件规格，将分部工程分解为一些简单的施工过程，这些施工过程是建设工程中最基本的单位内容，即通常所指的各种实物工程量。如土方分部工程，可以分为人工平整场地、人工挖土方、人工挖地槽地坑等分项工程。安装工程的情况比较特殊，通常只能将分项工程合并成一个概念来表达工程实物量。

四、建设工程项目管理

1. 建设工程项目管理的概念

建设工程项目管理是指通过一定的组织形式，用系统工程的观点、理论和方法对建设工程项目生命周期内的所有工作，包括项目建议书、可行性研究、项目决策、设计、设备询价、施工、签证、验收等系统过程进行计划、组织、指挥、协调和控制，以达到保证工程质量、缩短工期、提高投资效益的目的。

从建设工程项目管理的定义可以看出，施工阶段的项目管理是整个建设工程项目管理过程中的一个环节，而建设工程施工阶段是建设工程最终的实施阶段，是形成工程产品的最后一步，施工阶段各方面工作的好坏对建设工程产品优劣的影响是难以更改的。

广义的建设工程项目管理包括投资决策的有关管理工作；狭义的建设工程项目管理只包括项目立项以后，对项目建设实施全过程的管理。

建设工程项目管理的主体是建设单位或受其委托的咨询（监理）单位，建设工程项目的管理对象是一个具体的建设工程项目。

2. 建设工程项目管理的内容

建设工程项目管理活动贯穿于建设工程项目的全过程，其管理内容主要为建设工程项目管理规划与决策、建设工程项目目标控制与组织协调。

(1) 按工程项目管理的职能和特点划分

从管理职能来看，建设工程项目管理主要有以下工作内容：

① 工程项目组织管理。
② 人力资源管理。
③ 工程项目范围管理。
④ 工程项目进度管理。
⑤ 工程项目费用管理。
⑥ 工程项目质量管理。
⑦ 工程项目信息管理。
⑧ 工程项目风险管理。
⑨ 工程项目招投标与合同管理。
⑩ 工程项目环境保护管理。

（2）按管理过程划分

从管理过程看，工程项目管理可概括为决策、计划、控制、结束与评价等过程。

（3）按建设阶段划分

从建设阶段看，工程项目管理包括以下内容：

① 工程项目策划与决策阶段的管理。
② 勘察设计阶段的管理。
③ 施工招投标阶段的管理。
④ 施工阶段的管理。
⑤ 竣工验收阶段的管理。

第二节　我国建设工程项目管理的发展历程与趋势

一、建设工程项目管理的发展过程

建设工程项目管理在我国的应用历史最早可以追溯到秦汉时期，古长城的修建就是成功的工程项目管理案例，汴梁古城的复建也是项目管理的典型例子。但古时的建设工程项目管理只是人们朴素的生产经营的总结、应用和推广，和现代的项目管理不能同日而语。现代建设工程项目管理起源于欧美等建筑业发达国家，近几十年我国逐步引进了国外先进的工程建设管理理论和方法。

我国建设工程项目管理的发展，大致经历了五个阶段：从 1984 年我国工程建设实行招投标制，以及“鲁布革”工程实施开始，到 1987 年 6 月 3 日，时任国务院副总理的李鹏同志在全国施工工作会议上以“学习鲁布革经验”为题发表重要讲话，为引进学习阶段；从 1987 年原五部委联合发文推广“鲁布革”经验，到 1993 年呼和浩特项目管理工作会议，为研究试点阶段；从 1994 年九江项目管理工作会议，到 1997 年西安项目管理工作会议，为全面总结推广阶段；从 1997 年西安项目管理工作会议到 2000 年，为完善和深化规范项目管理阶段；从 2001 年中国加入 WTO 至今，为创新发展阶段。具体经历了以下一些标志性的发展过程：

① 我国从 20 世纪 80 年代初期开始引进建设工程项目管理的概念，世界银行和

一些国际金融机构要求接受贷款的业主方应用项目管理的思想、组织、方法和手段组织实施建设工程项目。

② 1983 年原国家计划委员会提出推行项目前期项目经理负责制。

③ 我国于 1988 年开始推行建设工程监理制度。

④ 1995 年原建设部颁发了《建筑施工企业项目经理资质管理方法》，推行项目经理负责制。

⑤ 为了加强建设工程项目总承包与施工管理，保证工程质量和施工安全，根据《中华人民共和国建筑法》（以下简称《建筑法》）和《建设工程质量管理条例》的有关规定，原人事部、建设部决定对建设工程项目总承包及施工管理的专业技术人员实行建造师执业资格制度。2002 年原人事部和建设部印发了《建造师执业资格制度暂行规定》（人发〔2002〕111 号）。

⑥ 2003 年原建设部发出《关于建筑企业项目经理资质管理制度向建造师执业资格制度过渡有关问题的通知》（建市〔2003〕86 号）。

⑦“鼓励具有工程勘察、设计、施工、监理资质的企业，通过建立与工程项目管理业务相适应的组织机构、项目管理体系，充实项目管理专业人员，按照有关资质管理规定在其资质等级许可的工程项目范围内开展相应的工程项目管理业务”［引自原建设部《关于培育发展工程总承包和工程项目管理企业的指导意见》（建市〔2003〕30 号）］。

⑧“据对全国 22 个行业 236 家工程设计企业的不完全统计，1993—2001 年，完成工程项目管理 853 项，合同金额近 500 亿元”，建设工程项目管理在我国基本上形成了一个产业。

⑨ 为了适应投资建设项目管理的需要，经原人事部、原国家计划委员会研究决定，对投资建设项目高层专业管理人员实行职业水平认证制度。2004 年原人事部与国家发展和改革委员会颁布了《关于印发〈投资建设项目管理师职业水平认证制度暂行规定〉和〈投资建设项目管理师职业水平考试实施办法〉的通知》（国人部发〔2004〕110 号）。

⑩ 2006 年 6 月发布了《建设工程项目管理规范》（GB/T 50326—2006）。

应用案例

“鲁布革”经验

“鲁布革”这个名字早已传遍全中国，甚至在世界上也有一定的知名度，它的名声远播缘起于鲁布革水电站的兴建。鲁布革水电站位于云南省罗平县与贵州省兴义市交界的黄泥河下游河段。

1981 年 6 月，国家批准建设装机 60 万千瓦的鲁布革水利电力站，并将其列为国家重点工程。鲁布革工程由原水利电力部第十四工程局负责施工。1984 年 4 月，原水利电力部决定为鲁布革工程向世界银行贷款。当时正值改革开放的初期，鲁布革工程是我国第一个利用世界银行贷款的基本建设项目。但是根据与世界银行的协议，工程三大部分之一——引水隧洞工程必须进行国际招标。在中国、日本、挪威、意大利、美国、德国、南斯拉夫、法国8国投标商中，日本大成公司以比中国与外国公司联营体投标价低3 600万元而中标。大成公司报价8 463万元，而引水隧洞工程标底为14 958万元，比标底降低了43.42%！大成公司派到中国来的仅是一支30人的管理队伍，从中国原水利电力部第十四工程局雇了424名劳动工人。他们开挖了23个月，单头月平均进尺222.5 m，相当于我国同类工程的2～2.5倍；在开挖直径8.8 m的圆形发电隧洞中，创造了单头进尺373.7 m的国际先进纪录。1986年10月30日，隧洞全线贯通，工程质量优良，工期比合同计划缩短了5个月。相比之下，原水利电力部第十四工程局承担的首部枢纽工程却进度迟缓，世界银行特别咨询团于1984年4月、1985年5月两次来工地考察，都认为按期截流难以实现。两者的差距为何那么大？中国水电建设企业经分析认识到高效益来自于科学的管理。他们将这种科学的管理方式演绎为"项目法施工"。项目法施工是以工程建设项目为对象，以项目经理负责制为基础，以企业内部决策层、管理层与作业层相对分离为特性，以内部经济承包为纽带，实行动态管理和生产要素优化，从施工准备开始直到交工验收结束的一次性的施工管理活动。

1985年11月，在强烈改革意识冲击下，经原水利电力部上报国务院批准，鲁布革工程厂房工地开始试行外国先进的管理方法。原水利电力部第十四工程局在鲁布革地下厂房施工中率先进行项目法施工的尝试。参照日本大成公司鲁布革事务所的建制，他们建立了精干的指挥机构，使用配套的先进施工机械，优化施工组织设计，改革内部分配办法，由此，我国"项目法施工"的雏形形成。通过试点，该管理方法提高了劳动生产率和工程质量，加快了施工进度，取得了显著效果。在建设过程中，原水利电力部还实行了国际通行的工程监理制（工程师制）和项目法人责任制等管理办法，取得了投资少、工期短、质量好的经济效果。到1986年年底，13个月中，不仅把耽误的3个月时间抢了回来，还提前四个半月结束了开挖工程，安装车间混凝土工程提前半年完成。国务院领导视察工地时说："看来同大成的差距，原因不在工人，而在于管理，中国工人可以出高效率。"在计划经济体制下，基本建设战线长期处于"投资大、工期长、见效慢"的被动局面，而鲁布革工程无论是造价、工期还是质量都严格达到了合同要求。一石激起千层浪，鲁布革工程在行业内引起轩然大波，对我国施工建设管理造成巨大震撼。党中央、国务院领导极为重视，要求国家计委施工局对鲁布革管理经验进行全面总结。1987年6月3日，时任国务院副总理的李鹏同志在全国施工工作会议上以"学习鲁布革经验"为题，发表了重要讲话，要求建筑行业推广鲁布革经验。1987年8月6日《人民日报》头版头条刊登了著名记者杨飏写的通讯《鲁布革冲击》，于是"鲁布革冲击波"冲击着全中国，引起广泛关注，影响深远。

鲁布革水电工程是我国在20世纪80年代初期实施的具有里程碑意义的基本建设管理体制改革的试点工程。鲁布革工程利用世界银行贷款，对部分工程实行国际竞争性招标，在全国率先实行项目管理，以“鲁布革冲击波”和“鲁布革经验”在全国建筑行业及工程项目管理领域产生了巨大的影响。

“鲁布革冲击波”对中国建筑业的影响和震撼是空前的。它对我国传统的投资体制、施工管理模式乃至国企组织结构等都提出了挑战。而对于中国项目管理发展而言，这是一个划时代的事件，开启了真正意义上的中国建设工程项目管理时代的元年。

二、建设工程项目管理的发展趋势

在当前经济全球化日益发展的背景下，随着世界经济全球化的深入发展，项目管理将趋向集成化、信息化和国际化。结合中国建筑业实施项目管理20年来的实践，我国的建设工程项目管理呈现五大发展趋势。

1. 项目管理的国际化

随着我国改革开放的进一步加快，中国经济日益深刻地融入全球市场，企业走出国门在海外投资和经营的项目也在增加，许多项目要通过国际招标、咨询或BOT方式运作，项目管理的国际化正形成趋势和潮流。特别是在我国加入WTO后，行业壁垒下降，国内市场国际化，国内外市场全面融合，面对日益激烈的市场竞争，我国的企业必须以市场为导向，转换经营模式，增强应变能力，勇于进取，在竞争中学会生存，在拼搏中寻求发展。

项目管理的国际化趋势还表现在：国际项目管理协会发挥更大的作用，国际学术交流日益频繁。国际项目管理协会（IPMA）是以欧洲国家为主体组成的，我国项目管理委员会也已加入成为其成员单位。这些组织每年都进行很多行业和学术性的活动，发行通讯和刊物，协助项目管理专业人员的招聘和就业。由于项目管理的普遍规律和许多项目的跨国性质，各国专家都在探讨项目管理学科的国际通用体系。

2. 项目管理的信息化

伴随着信息技术的迅速发展及知识经济时代的到来，项目管理的信息化已成必然趋势。21世纪的主导经济——知识经济已经来临，与之相应的项目管理也将成为一个热门前沿领域。知识经济时代的项目管理是通过共享知识、运用集体智慧提高应变能力和创新能力。目前西方发达国家的一些项目管理公司已经在项目管理中运用了计算机网络技术，开始实现了项目管理网络化、虚拟化，一些建筑业发达国家的工程项目管理信息系统已经建立和成熟运行，将建设工程项目管理带入了信息化的时代。目前，我国也有许多项目管理公司开始大量使用项目管理软件和集成化的项目管理综合系统进行项目管理，同时还从事项目管理软件系统的开发研究工作。种种迹象表明，21世纪的项目管理将更多地依靠信息技术，新世纪的项目管理必将是信息化管理。

3. 工程项目全寿命管理

长期以来，我国的建设工程项目管理更多地侧重于项目的实施阶段，对项目全寿命周期的一头一尾重视不够。所谓全寿命管理即为建设一个满足功能需求和经济上可行的工程项目，对其从工程项目前期策划，直至工程项目拆除项目的全过程进行策划、协调和控制，以使该项目在预定的建设期限内、在计划投资范围内顺利完成建设任务，并达到所要求的工程质量标准，满足投资商、项目经营者及最终用户的需求；在项目运营期进行物业的财务管理、空间管理、用户管理和运营维护管理，以使该项目创造尽可能大的有形和无形的效益。

4. 推行工程总承包管理

我国建设工程项目管理已呈现出了既规范又多样化的发展态势。除 CM，PM 等通用的管理模式外，又派生出 EPC（工程总承包）、BT（建设—移交）和 BOT（建设—运营—移交）等模式，还有专业化公司代业主进行项目管理的“代建制”等新模式。

随着项目管理的日趋完善，作为买方的业主对建筑业的要求和期望越来越高，以往对工程某个环节的单一承包方式被越来越多的综合承包所取代。业主更多地希望设计、施工和物资采购项目运行一体化。

基于国际承发包模式的演变和发展势态，原建设部颁发了《关于培育发展工程总承包和工程项目管理企业的指导意见》和《建设工程总承包管理规范》，阐述了推行工程总承包的重要性和必要性，并参照国际惯例新版 FIDIC 合同文本，明确了工程总承包管理的具体意见。这对深化和调整我国勘察、设计、施工、监理企业的经营结构，加快中国建设工程项目管理与国际接轨产生了深远的影响。

5. 提升软实力，创新项目文化建设

我国建设工程项目管理应从“三位一体”的文明工地管理上升到以创新项目文化建设为标志的新型管理模式。项目文化是企业文化建设在项目上的具体落实，是对项目主体和客体的全面要求。项目文化建设应以“过程精品、标价分离、CI 形象”的三位一体管理模式为内容，由创建“文明工地”活动，提升到项目文化建设这一更高的层次。

知识拓展

工程项目承包模式

CM 模式：CM 是 Construction Management 的缩写，指业主委托 CM 单位以承包商的身份，采取有条件的“边设计、边施工”，即 Fast-Track 生产组织方式来进行施工管理，直接指挥施工活动，在一定程度上影响设计活动。承包单位与业主的合同通常采用“成本 + 利润”方式。

PM 模式：PM 是 Project Management 的缩写，指项目管理咨询公司受业主的委托，采用科学的管理思想、图纸、方法和手段，对项目投资、建设周期和项目质量三大目标实施控制，并向业主提供合同管理、信息管理和组织协调等服务。项目管理咨询公司既不参与设计，也不参与施工活动，其基本属性是向业主提供咨询。它受业主的委托，在工作中代表业主的利益，是业主忠实的顾问。

EPC 模式：EPC 是指总承包工程项目管理模式，指业主将设计与施工全部委托给一家公司来完成的工程项目管理模式，其中还包括设备和材料的选择与采购。

采用这种模式时，业主在招标和订立合同时以总价合同为基础选择EPC总承包商，EPC总承包商对整个项目的总成本负责，它可以自行设计或选择一家设计公司进行技术设计，然后采取招标的形式选择分包商和设备材料供应商，也可以充分利用自己的设计和施工能力完成大部分设计和施工工作。

PFI模式：PFI是一种私人融资模式。它起源于英国，是在BOT之后又一优化和创新了的公共项目融资模式。政府部门发起项目由财团进行项目建设——运营并按事先的规定提供所需的服务。正如PFI的引入是为了增加私人在公共服务的提供方面的参与度，政府采用PFI的目的在于获得有效的服务，而并非在最终建筑的所有权。在PFI下，公共部门在合同期限内因使用承包商提供的设施而向其付款。在合同结束时，有关资产的所有权或留给承包商私人部分，或交回公共部分，取决于原始合同条款规定。

工程总承包模式的演变趋势

近几年，国际国内工程总承包模式的演变趋势：一是从运作方式上看，BOT/BT或PFI等工程发包和建设模式已成为当今国际承包工程招标的主要内容。二是从经营特点上看，国内外知名承包商由施工一元化走向工程设计、咨询等多元领域经营，使工程承包中的设计、咨询与施工、采购的一体化经营特点更加突出，极大地降低了综合成本，提高了中标率。三是从承发包几种模式的需求看，主要有“承包方负责项目前期策划+设计+施工”模式、“承包方负责项目策划+设计+施工+物业管理”模式和“承包方负责项目融资+策划+设计+采购+施工+物业管理”模式等。国际工程建设与承发包模式的变化为我国实施工程总承包提供了借鉴。

第三节 建设工程项目管理的类型

由于管理的立场和视角不同，工程管理也可以分为不同的类型，通常是按管理主体进行分类。从管理主体看，建设工程项目管理大致可分为业主方的项目管理、施工方的项目管理、咨询监理方的项目管理、设计方的项目管理、供货方的项目管理及政府对工程项目的管理几个方面，其中业主方的项目管理是工程项目管理的核心。

一、业主方的项目管理

1. 业主方项目管理的概念

业主方的项目管理是指由项目业主或委托人对项目建设全过程进行的监督与管理。业主方项目管理的根本目的是实现投资者的投资目标，保证工程建成后在项目功能与质量上达到设计标准和使用要求，并且要将工程投资控制在预定的范围之内。

2. 业主方项目管理的组织形式

按项目法人责任制的规定，新上项目的项目建议书被批准后，由投资方派代表组建项目法人筹备组，具体负责项目法人的筹建工作。待项目可行性研究报告批准后，正式成立项目法人，由项目法人对项目的策划、资金筹措、建设实施、生产经营、债务偿还、资产的增值保值，实行全过程负责；依照国家有关规定对项目的建设资金、建设工期、工程质量、生产安全等进行严格管理。项目法人可聘任项目总经理或其他高级管理人员，由项目总经理组织编制项目初步设计文件；组织设计、施工、材料设备采购的招标工作，组织工程建设实施，负责控制工程投资、工期和质量。项目总经理可由项目董事会成员兼任或由董事会聘任。项目总经理及其管理班子从性质上讲是代表项目法人行使项目管理职权的人，应具有丰富的项目管理经验，具备承担所任职工作的条件。

3. 业主对工程项目管理的特点

业主对工程项目的管理主要有以下几个方面的特点：业主对工程项目的管理表现了各投资方对项目的要求；业主是对工程项目进行全面管理的中心；从管理方式上看，业主对工程项目管理大都采用间接方式。

二、承包方的项目管理

1. 承包方项目管理的概念

承包商分为设计承包方、施工承包方等。承包方对工程项目的管理是指承包方为完成合同约定的任务，在项目建设的相应阶段对项目有关活动进行计划、组织、协调、控制的过程。承包方对工程项目的管理的目的主要是在项目建设与设备制造过程中实现其相应的收益。具体内容如下：保证承包的工程项目或设备制造达到合同规定的要求；追求利润的最大化，承包方在完成合同规定的任务后，有权取得相应的报酬。

2. 承包方项目管理的特点

承包方项目管理直接作用于工程项目实体。承包方管理以项目的组成部分，或是完成项目组成部分的劳动者、原材料和设备等为对象；以承包合同为根本要求。承包方在实施管理的过程中，对项目的管理与控制完成以合同规定的内容为依据。

三、咨询监理方的项目管理

1. 咨询监理方项目管理的概念

咨询监理方的项目管理是指咨询监理工程师接受业主的委托，为保证项目的顺利实施，按照委托规定的工作内容，以执业标准和国家法律法规为尺度，对项目进行有效的组织、监督、协调、控制、检查与指导。

2. 咨询监理方项目管理的特点

我国咨询监理方的项目管理主要由咨询监理工程师实施，咨询监理工程师的工作具有较强的科学性和知识性，属智力服务性工作；咨询监理工程师管理内容视委托合同而定，不直接从事工程项目实体的建设；工程咨询监理作为一支专业队伍，有其独立的行业管理组织及规范的市场准入、执业规则和道德准则；咨询监理工程师以其提供的咨询服务按国家有关规定向被服务方收取费用。

四、设计方的项目管理

设计单位受业主委托承担工程项目的设计任务，以设计合同所界定的工作目标及其责任义务作为工程设计管理的对象、内容和条件，通常简称设计项目管理。设计单位只有以设计合同为依据，依靠项目管理才能贯彻业主的建设意图和实施设计阶段的投资、质量和进度控制目标。

五、供货方的项目管理

供货方作为项目建设的一个参与方，其项目管理主要服务于项目的整体利益和供货方本身的利益，为确保项目管理的目标（包括供货方的成本目标、供货的进度目标和供货的质量目标）得以顺利实现而进行的一系列管理工作。

供货方的项目管理工作主要在施工阶段进行，但它也涉及设计准备阶段、设计阶段、动用前准备阶段和保修阶段。

六、政府对工程项目的管理

1. 政府对工程项目管理的概念

为了保证社会经济能够健康、有序、持续地发展，政府对社会工程建设活动进行宏观指导、调控和监督等一系列管理活动统称为政府对工程项目的管理。

2. 政府对工程项目管理的作用

① 保证投资方向符合国家产业政策的要求。

② 保证工程项目符合国家经济和社会发展规划及环境与生态等的要求。

③ 引导投资规模达到合理经济规模。

④ 保证国家整体投资规模与外债规模在合理的、可控制的范围内进行。

⑤ 保证国家经济安全与公共利益，防止垄断。

3. 政府对工程项目管理的特点

① 具有较高的权威性。

② 有较强的严肃性。

③ 可采用的管理手段是最全面的，包括行政手段和法律手段。

④ 政府在对工程项目实施管理时，必须保证公平性。

⑤ 政府对工程项目的管理，主要是宏观管理。

⑥ 政府在管理中强调中介组织的作用。

第四节　建设工程项目管理的目标和任务

在建设工程项目管理过程中，项目管理的主体不同，其管理目标也有所区别。各方管理目标的异同见表 1.1。

表 1.1　项目管理各方管理目标的异同点

	不同点	相同点	时间范畴
施工方		安全目标	施工阶段、设计阶段、动用前准备阶段、保修阶段
项目总承包方	项目总投资目标和建设项目总承包方的成本目标（替换成本目标）	成本目标	实施阶段全过程
业主	投资目标（替换成本目标）	成本目标	实施阶段全过程
设计	成本目标及项目投资目标	进度目标	主要在设计阶段，涉及设计前准备阶段、施工阶段、动用前准备阶段、保修阶段
供货		质量目标	主要在施工阶段，涉及设计前准备阶段、施工阶段、动用前准备阶段、保修阶段

一、建设工程项目管理的目标

1. 业主方项目管理的目标

业主方项目管理服务于业主的利益，其项目管理的目标包括项目的投资目标、进度目标和质量目标。其中投资目标指的是项目的总投资目标。进度目标指的是项目动用的时间目标，也即项目交付使用的时间目标，如工厂建成可以投入生产、道路建成可以通车、办公楼可以启用、旅馆可以开业的时间目标等。项目的质量目标不仅涉及施工的质量，还包括设计质量、材料质量、设备质量和影响项目运行或运营的环境质量等。质量目标包括满足相应的技术规范和技术标准的规定，以及满足业主方相应的质量要求。

2. 承包方项目管理的目标

总的来说，承包方的项目管理目标主要是在项目建设与设备制造过程中实现其相应的收益。具体内容如下：保证承包的工程项目或设备制造达到合同规定的要求；追求利润的最大化，承包方在完成合同规定的任务后，有权取得相应的报酬。

3. 咨询监理方项目管理的目标

工程监理是受业主委托，给业主提供专业的项目管理咨询服务，它的项目管理目标是保障委托方实现其对工程项目的预期目标；通过自身的专业技能完成监理委托合同的各项工作内容后按规定取得合法收入。

4. 设计方项目管理的目标

设计方作为项目建设的一个参与方，其项目管理主要服务于项目的整体利益和设计方本身的利益。其项目管理的目标包括设计的成本目标、设计的进度目标、设计的质量目标及项目的投资目标。

5. 供货方项目管理的目标

供货方在项目管理过程中主要是为项目提供所需的材料设备等物质，其项目管理过程中的目标包括供货方的成本目标、供货的进度目标和供货的质量目标。所以供货方项目管理的目标就是保证项目实施时能按时、保质保量地供应合同约定的材料设备等物质，同时获取相应的利润。

6. 政府对工程项目管理的目标

总体而言，政府对工程项目管理的目标主要在于维护社会公共利益，保证社会经济能够健康、有序和持续发展，保证国家建设的顺利进行。具体而言，其主要目的如下：保证投资方向符合国家产业政策的要求；保证工程项目符合社会经济发展规划和环境与生态等的要求；保证工程建设项目遵守有关的工程技术标准与规范；保证国家整体投资规模达到合理的可控制的规模。

二、建设工程项目管理的任务

1. 业主方项目管理的任务

业主方的项目管理工作涉及项目实施阶段的全过程，即在设计前准备阶段、设计阶段、施工阶段、动用前准备阶段和保修阶段分别进行如下工作：① 安全管理；② 投资控制；③ 进度控制；④ 质量控制；⑤ 合同管理；⑥ 信息管理；⑦ 组织和协调，见表 1.2。

以上 5 个阶段 7 项工作构成业主方 35 分块项目管理的任务，其中安全管理是项目管理中最重要的任务，因为安全管理关系到人身的健康与安全，而投资控制、进度控制、质量控制和合同管理等则主要涉及物质的利益。

表 1.2 业主方项目管理的任务

	设计前准备阶段	设计阶段	施工阶段	动用前准备阶段	保修阶段
安全管理					
投资控制					
进度控制					
质量控制					
合同管理					
信息管理					
组织和协调					

（1）设计前准备阶段的主要任务

① 对投资方向和内容做初步构想。

② 选择专业咨询机构，组织编制项目建议书和可行性研究报告。

③ 办理项目建议书和可行性研究报告的评审工作，并落实项目建设相关条件。

④ 取得项目选址、资源利用、环境保护等方面的批准文件，以及原料、燃料、水、电、运输等方面的协议文件。

⑤ 明确勘察设计的范围和设计深度，选择勘察设计单位进行勘察、设计工作。

⑥ 及时办理有关设计文件的审批工作。

⑦ 组织落实项目建设用地，办理土地征用、拆迁补偿及施工场地的平整等工作。

⑧ 聘请监理咨询机构，组织开展设备采购、工程施工招标及评标等工作。

（2）设计阶段的主要任务

① 招标选择勘察设计单位。

② 明确设计任务和设计要求。

③ 跟踪协调管理设计进度。

④ 控制设计质量和投资概算等。

（3）施工阶段的主要任务

① 需由业主办理项目的有关批准手续，如施工许可证等。

② 解决施工所需的水、电、道路等必备条件。

③ 向承包方提供施工场地的工程地质和地下管线等资料，协调处理施工现场周围地下管线和邻近建筑物、构筑物，以及有关文物、古树等的保护工作，并承担相应费用。

④ 协调设计、施工、监理等方面的关系，组织进行图纸会审和设计交底。

⑤ 确定水准点和坐标控制点，以书面形式交给承包方，并进行现场交验。

⑥ 督促检查合同执行情况，按合同规定及时支付各款项。

（4）动用前准备阶段的主要任务

① 组织进行联合试车。

② 组织有关方面进行竣工验收，办理工程移交手续。

③ 做好项目有关资料的管理工作。

2. 承包方项目管理的任务

作为承包方，采用的承包方式不同，项目管理的任务也就不同。

（1）工程总承包项目管理的主要任务

在设计施工总承包的情况下，业主在项目决策之后，通过招标择优选定总承包单位全面负责工程项目的实施过程，直至最终交付使用功能和质量标准符合合同文件规定的工程目的物。因此，总承包方的项目管理是贯穿于项目实施全过程（既包括设计阶段也包括施工安装阶段）的全面管理。其性质和目的是全面履行工程总承包合同，以实现企业的经营方针和目标。显然，它必须在合同条件的约束下，依靠自身的技术和管理优势或实力，通过优化设计及施工方案，在规定的时间内，保质保量地全面完成工程项目的承建任务。

（2）施工承包方项目管理的主要任务

施工企业为履行工程承包合同和落实企业生产经营方针目标，依靠企业技术和管理的综合实力，对工程施工过程进行计划、组织、指挥、协调和监督控制的系统管理活动，简称施工项目管理。其管理的主要任务如下：

① 制订施工组织设计或质量保证计划，经监理工程师审定后组织实施。

② 按施工计划组织施工，认真组织好人力、机械、材料等资源的投入。

③ 按施工合同要求在工程进度、成本、质量方面进行过程控制。

④ 遵守有关部门对施工场地交通、施工噪声及环境保护等方面的管理规定。

⑤ 做好施工现场地下管线和邻近建筑物，以及有关文物等的保护工作。

⑥ 保证施工现场清洁，使之符合环境卫生管理的有关规定。

⑦ 按规定程序及时主动地提供业主和监理工程师需要的各种统计数据报表。

⑧ 及时向委托方提交竣工验收申请报告，对验收中发现的问题及时进行改进。

⑨ 负责已完工程的保护工作。

⑩ 向委托方完整及时地移交有关工程资料档案。

3. 咨询监理方项目管理的主要任务

根据委托，咨询监理方对工程项目的管理可以是项目的某一个阶段或项目建设全过程的管理工作。

（1）项目决策阶段的任务

① 根据国家宏观政策与发展规划，结合市场调查分析，提出项目的建设内容、产品方案、工艺技术方案、建设方案、厂址布置、环境保护方案等。

② 在项目相关方案研究的基础上，根据有关要求，完成项目的融资方案、投资估算，以及在财务、风险、社会及国民经济等方面的评价，完成相应报告。

③ 按委托方及有关项目审批方的要求，对项目的可行性研究报告进行评估论证。

④ 根据委托，协助完成项目的有关报批工作。

（2）项目准备阶段的任务

① 受业主委托进行项目勘察设计招标和监理工作。

② 按业主委托要求完成项目进度安排、融资方案落实及相应协议的起草工作。

③ 协助业主完成或接受业主委托进行设备采购、施工招标工作。

④ 协助业主完成项目有关设计文件及项目开工等报批工作。

⑤ 按业主要求，向施工单位进行设计图纸的技术交底工作。

⑥ 按业主要求和国家有关规定，做好项目设计内容的调整与修改工作。

⑦ 业主委托的其他工作，如征地、周边关系的协调等。

（3）项目实施阶段的任务

① 根据委托和授权，对项目施工过程进行监督管理，并对有关问题进行妥善处理。

② 及时向业主报告项目有关进度、质量及费用等方面的情况。

③ 为项目投产后的运营做好人员培训、操作规程和规章制度的建立等准备工作。

（4）项目竣工验收和总结评价阶段的任务

① 协助业主做好项目的竣工验收和试生产工作。

② 开展项目的后评价工作。

③ 业主委托的其他工作。

4. 设计方项目管理的任务

设计方的项目管理工作主要在设计阶段进行，但也涉及设计前的准备阶段、施工阶段、动用前准备阶段和保修阶段。设计方项目管理的任务包括：

① 与设计工作有关的安全管理。

② 设计成本控制和设计工作有关的工程造价控制。

③ 设计进度控制。

④ 设计质量控制。

⑤ 设计合同管理。
⑥ 设计信息管理。
⑦ 与设计工作有关的组织和协调。

5. 供货方项目管理的任务

供货方项目管理的主要任务包括：
① 供货的安全管理。
② 供货方的成本控制。
③ 供货的进度控制。
④ 供货的质量控制。
⑤ 供货合同管理。
⑥ 供货信息管理。
⑦ 与供货有关的组织与协调。

6. 政府对工程项目管理的主要任务

政府对工程项目管理的主要任务表现在：制定各种宏观经济政策；制定经济与社会发展规划；加强重要资源的管理，以及环境与安全管理等。具体而言，其主要包括以下内容：

① 工程项目建设前期所进行的监督与管理，其主要工作包括审查工程建设项目的可行性和必要性；确定工程建设项目的具体位置、用地范围及面积。

② 工程项目设计和施工准备阶段所进行的监督与管理，其主要工作包括：审查工程项目的设计是否符合有关建设用地、城市规划的要求；审查工程项目是否符合建筑技术性法规、设计标准的规定；监管工程项目施工招投标过程。

③ 工程项目施工阶段所进行的监督与管理，其主要工作包括开工条件审核，施工阶段定期、非定期检查，以及竣工检查等。

第五节　建设工程项目的程序

一、工程项目的生命周期

一般来说，建设项目的全生命周期包括项目的决策阶段、实施阶段和使用阶段（或称运营阶段、运行阶段）。项目立项（立项批准）是项目决策的标志。项目的实施阶段包括设计前准备阶段、设计阶段、施工阶段、动用前准备阶段和保修阶段，如图 1.1 所示。

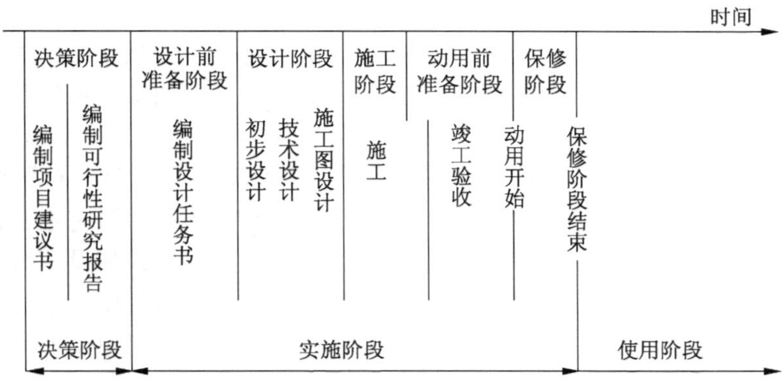

图 1.1 建设项目全生命周期

二、工程项目建设程序

工程项目建设程序是指工程项目从策划、评估、决策、设计、施工到竣工验收、投入生产或交付使用的整个建设过程中，各项工作必须遵循的先后次序。工程项目建设程序是工程建设过程客观规律的反映，是建设工程项目科学决策和顺利进行的重要保证。工程项目建设程序是人们长期在工程项目建设实践中得出来的经验总结，不能任意颠倒，但可以合理交叉。

1. 我国建设程序的发展历程

建设工程的一切活动虽然属于国民经济的特定领域（与生产领域和流通领域相对而言），但是与国民经济的各个部门息息相关，影响社会生产和人民生活的水平。因此，一切建设项目的投资方向、工程规模、区域布置等重大问题必须按照各个时期的经济建设方针，服从国家长远规划。国家和地区的各级主管部门对于建设项目的立项、决策、资金筹集、物资分配，以及涉外事宜等重要方面要实行有效的宏观控制，根据权限划分为国家、部门和地区（即各省、市、自治区）三级管理。这些管理的内容是工程项目建设程序的重要组成部分。

（1）20 世纪 50 年代至 70 年代

1951 年原政务院财经委员会颁发了《基本建设工作程序暂行办法》。其侧重对基本建设计划的核准和先设计后施工的步骤做了具体规定，将基本建设的全部过程分为四个阶段，即计划的拟订及核准、设计工作、施工与拨款、工程决算与验收交接。其大致的顺序如下：首先根据原国家计划委员会国家长期计划范围内规定的各项建设项目与指标，确定建设对象，然后开始草拟设计任务书（或称设计计划任务书）；在编制设计任务书之前和设计过程中，做好调查勘察和建设地址选定工作；在设计完成后，制订基本建设年度计划；在拨款施工过程中进行检查监督；竣工之后，进行验收交接，并办理工程决算。

（2）20 世纪 70 年代末至 80 年代

1978 年，由原国家计委、国家建委、财政部联合颁发了《关于基本建设程序的若干规定》，规定中述及一个项目从计划建设到建成投产，一般要经过下述几个阶段：根据发展国民经济长远规划和布局的要求，编制计划任务书，选定建设地点；经批准后，进行勘察设计；初步设计经过批准，列入国家年度计划后，组织施工；工程按照设计内容建成，进行验收、交付生产使用。其全部过程包括计划任务书、建设地点的选择、设计文件、建设准备、施工、生产准备、竣工验收及交付生产。

（3）20 世纪 90 年代以后

1991 年 12 月，原国家计划经济委员会下发文件明确规定，将现行国内投资项目的设计任务书和利用外资项目的可行性研究报告统一称为可行性研究报告，取消设计任务书的名称。文件还规定今后所有国内投资项目和利用外资的建设项目，在批准项目建议书以后，并在进行可行性研究的基础上，一律编报可行性研究报告，其内容及深度要求与以前的设计任务书相同，经批准的可行性报告是确定建设项目、编制设计文件的依据。

根据国民经济发展长远规划，经过初步调查研究，由项目的主办单位编制项目建议书，按照投资管理权限向所属的投资管理部门推荐拟建项目，经批准后列入建设前期工作计划。投资主管部门对所推荐的拟建项目进行综合平衡，在条件成熟时选择一批有需要且有前途的建设项目交与项目的主办单位委托设计或工程咨询单位进行可行性研究。对于可行的项目，在经过预审、修改、复审和评估后，提出可行性研究报告，上报投资主管部门批准后，此项目即算成立，可安排年度建设计划，进行工程设计和建设前期的准备工作。项目的主办单位，应组建或指定建设主管单位，对外进行各类协议和合同的谈判、预约或签订，进行勘察设计、厂址选择、土地征用、资金筹集等一系列准备工作。

根据批准的设计文件（初步设计、技术设计、施工详图设计），组织招标投标，签订工程承包合同，组织设备材料的订货、供应、运输、开展施工，同时进行生产准备工作，于工程结尾时，组织调整试车，办理交工和竣工验收，使建设项目按预定目标进入生产阶段。

2．我国目前的建设程序

（1）策划决策阶段

策划决策阶段又称建设前期工作阶段，主要包括编报项目建议书和可行性研究报告两项工作。

① 项目建议书。对于政府投资工程项目，编报项目建议书是项目建设最初阶段的工作。其主要作用是推荐建设项目，以便在一个确定的地区或部门内，以自然资源和市场预测为基础，选择建设项目。项目建议书经批准后，可进行可行性研究工作，但并不表明项目非上不可，项目建议不是项目的最终决策。

② 可行性研究报告。可行性研究是在项目建议书被批准后，对项目在技术上和经济上是否可行所进行的科学分析和论证。《国务院关于投资体制改革的决定》指出，对于企业不使用政府资金投资建设的项目，一律不再实行审批制，实行核准制和登记备案制来区别不同的情况。对于《政府核准的投资项目目录》以外的企业投资项目，实行备案制。

（2）勘察设计阶段

① 勘察过程。复杂工程分为初勘和详勘两个阶段，为设计提供实际依据。

② 设计过程。设计过程一般划分为两个阶段，即初步设计阶段和施工图设计阶段，对于大型复杂项目，可根据不同行业的特点和需要，在初步设计之后增加技术设计阶段。初步设计是设计的第一步，如果初步设计提出的总概算超过可行性研究报告投资估算的10%或其他主要指标需要变动，要重新报批可行性研究报告。初步设计经主管部门审批后，建设项目被列入国家固定资产投资计划，方可进行下一步的施工图设计。施工图一经审查批准，不得擅自进行修改，必须重新报请原审批部门，由原审批部门委托审查机构审查后再批准实施。

（3）建设准备阶段

建设准备阶段主要包括：组建项目法人、征地、拆迁、“三通一平”乃至“七通一平”；组织材料、设备订货；办理建设工程质量监督手续；委托工程监理；准备必要的施工图纸；组织施工招投标，择优选定施工单位；办理施工许可证等。按规定做好施工准备工作，具备开工条件后，建设单位申请开工，进入施工安装阶段。

（4）施工阶段

建设工程具备开工条件并取得施工许可证后方可开工。项目新开工时间，按设计文件中规定的任何一项永久性工程第一次正式破土开槽时间确定；不需开槽的以正式打桩的时间为开工时间；铁路、公路、水库等以开始进行土石方工程的时间为正式开工时间。

（5）生产准备阶段

对于生产性建设项目，在其竣工投产前，建设单位应适时地组织专门班子或机构，有计划地做好生产准备工作，包括招收、培训生产人员；组织有关人员参加设备安装、调试和工程验收；落实原材料供应；组建生产管理机构，健全生产规章制度等。生产准备是由建设阶段转入经营的一项重要工作。

（6）竣工验收阶段

工程竣工验收是全面考核建设成果、检验设计和施工质量的重要步骤，也是建设项目转入生产和使用的标志。验收合格后，建设单位编制竣工决算，项目正式投入使用。

（7）项目后评价阶段

建设项目后评价是工程项目竣工投产、生产运营一段时间后，再对项目的立项决策、设计施工、竣工投产、生产运营等全过程进行系统评价的一种技术活动，是固定资产管理的一项重要内容，也是固定资产投资管理的最后一个环节。

三、工程项目报建审批

一般一个工程项目要开始建设，项目建设活动实施前要到政府相关主管部门办理各种审批手续，拿到各种批文许可后方能开展建设程序各阶段的工作。项目报建的审批主要是就项目选址、用地规划、土地出让、投资审批、环境评价、勘察设计方案、消防安全等各方面获取相关部门的批文或许可。

不同的工程建设项目，不同的时期和建设地点，所需要履行的各项审批手续可能不尽相同。为方便理解，我们以广州市某开发区内房屋建设工程审批手续为例加以说明，如图1.2所示。

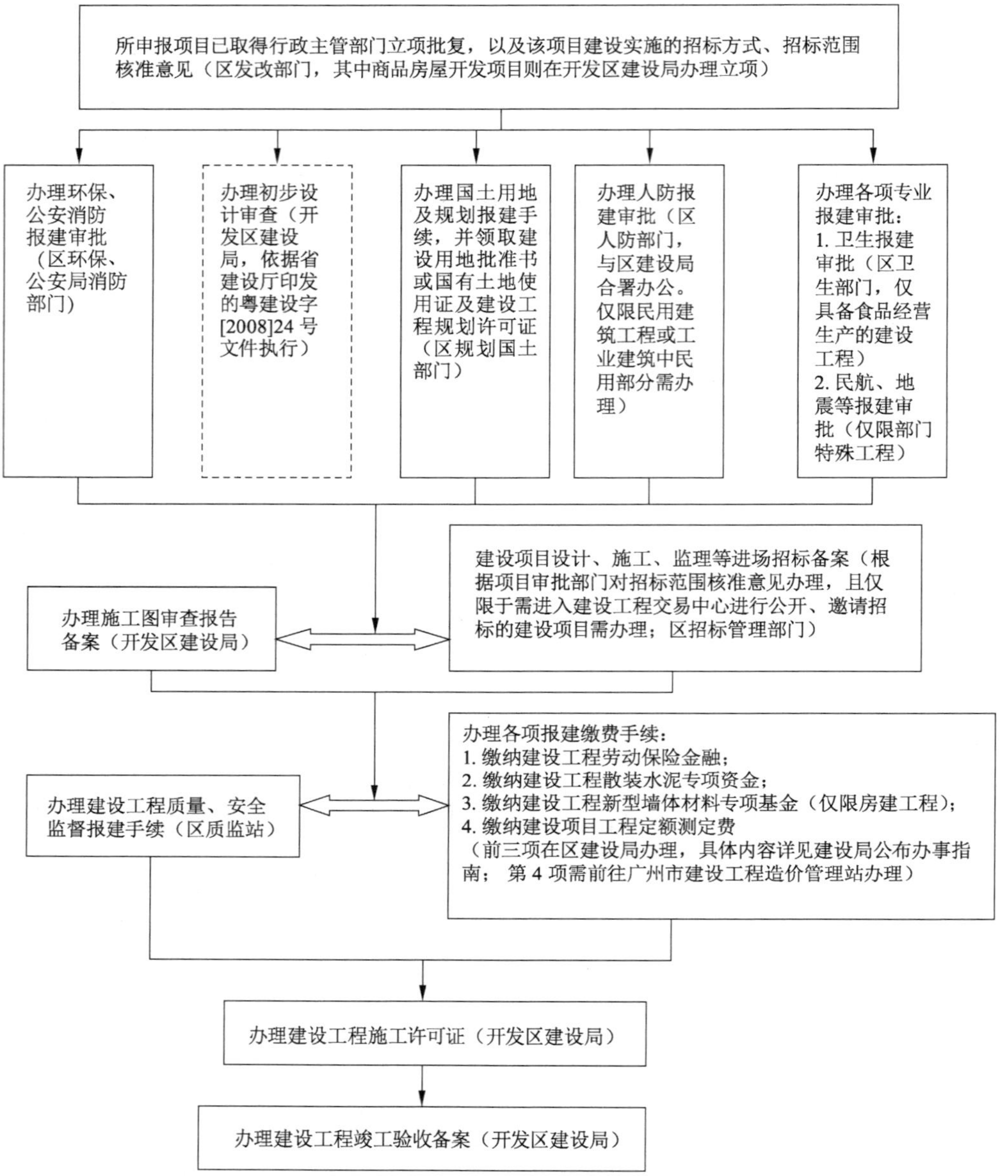

注：1. 本流程图主要针对建设项目涉及该局审批事项的部分前期阶段、施工许可阶段及后续验收阶段的相关报建流程，其中涉及规划、国土等其他行政主管部门的审批事项，依据对应的办事流程和指南办理；

2. [虚线框] 表示非必经环节；——→表示根据项目具体情况选择的流程方向。

图 1.2　广州市某开发区工程项目报建审批程序流程

习题一

一、单项选择题

1. 投资方、开发方和由咨询公司提供的代表业主方利益的项目管理服务都属于（　　）的项目管理。

A. 业主方　　B. 监理工程师　　C. 施工单位　　D. 甲方

2. 项目的投资目标、进度目标和质量目标之间的关系是（　　）。

A. 相互独立　　B. 完全矛盾

C. 对立统一的关系　　D. 有时相互联系，有时毫无关系

3. 设计方的项目管理工作主要在（　　）阶段进行。

A. 准备　　B. 设计

C. 施工　　D. 动用前准备阶段或保修阶段

4. 供货方项目管理的目标包括供货方的成本目标、供货的进度目标和供货的（　　）。

A. 投资目标　　B. 财务目标　　C. 销售额目标　　D. 质量目标

5. 建设工程项目管理规划涉及项目整个实施阶段，它属于（　　）项目管理的范畴。

A. 承包商　　B. 业主方　　C. 监理工程师　　D. 乙方

6. （　　）是指工程总承包企业按照合同约定，承担工程项目设计和施工，并对承包工程的质量、安全、工期、造价全面负责。

A. 设计采购施工总承包　　B. 设计—施工总承包

C. 设计总承包　　D. 施工总承包

7. 定义开发或建设的任务和意义是建设工程项目（　　）策划的主要任务。

A. 决策阶段　　B. 实施阶段　　C. 可行性研究阶段　　D. 使用阶段

二、多项选择题

1. 按建设工程项目参与方的工作性质和组织特征，项目管理可分为（　　）。

A. 业主方的项目管理　　B. 设计方的项目管理

C. 施工方的项目管理　　D. 供货方的项目管理

E. 监理方的项目管理

2. 业主方项目管理服务于业主的利益，其项目管理的目标包括（　　）。

A. 项目的投资目标　　B. 项目的进度目标

C. 项目的质量目标　　D. 项目的成本目标

E. 项目的利润目标

3. 建设工程项目的全寿命周期包括（　　）。

A. 决策阶段　　B. 实施阶段

C. 使用阶段　　D. 可行性研究阶段

E. 设计阶段

4．设计方作为项目建设的一个参与方，其项目管理的目标包括（　　）。

A．投资目标　　B．设计的成本目标

C．设计的进度目标　　D．设计的质量目标

E．利润目标

5．施工方项目管理的任务包括（　　）。

A．施工安全管理　　B．施工成本控制

C．施工进度控制　　D．施工合同管理

E．设计信息管理

三、简答题

1．鲁布革工程的经验主要有哪几点？

2．什么叫项目？项目有哪些基本特征？

3．什么叫项目管理和工程项目管理？简述工程项目管理的特点。

4．工程项目管理的职能有哪些？内容有哪些？

5．简述建设施工中项目管理的意义。

6．什么是建设工程项目管理？它有哪些内容和内涵？

7．建设工程项目管理有哪些方法？

8．根据建设工程项目管理的不同主体，建设工程项目管理的类型有哪些？

四、工程技能训练

“宁南第一高楼”沦为“第一违建”

位于南京市雨花台区安德门地铁站附近的瑞尔大厦曾被誉为“宁南第一高楼”，紧靠南京市100路公交总站，距离安德门地铁枢纽站只有几步之遥，地理位置优越，商业价值十分突出。瑞尔大厦共23层，主体结构高108 m，框架剪力墙结构，总建筑面积30 000 m^2。大楼原本计划1～4层为商铺，7～22层为住宅用房，其中5，6，23层为办公用房；项目2004年开工，2006年封顶。但就在大厦外立面装修进行到一半时突然停工，时至2012年12月，瑞尔大厦已停工超过6年之久，投资过亿的项目成为典型的烂尾楼。

经了解，瑞尔大厦所处地块雨花西路266号在南京市规划用地许可（宁城南规划用地〔2003〕0026号）上，建设项目本该是“雨花台区招商及工业产品展示中心”，项目建设单位是雨花台发展局，而瑞尔大厦开发商瑞尔集团是2004年初通过招商，进入雨花台占用该地块进行开发，先期并未取得合法的土地规划许可证和国土部门的土地使用许可证，在工程快完工时被查出该项目建设手续不全，是一个典型的违章建筑，被勒令停工。瑞尔大厦停工已经超过6年，造成的资源浪费和经济损失无法估量，对市容环境也有非常不良的影响，成了南京市民心中永远的痛。

请结合上述案例情境，就自己所学知识分析一下，瑞尔大厦项目运作过程中有哪些不妥之处？正确的项目报建程序应该如何？

第二章　建设工程项目管理组织

工程项目管理组织就是应用系统论与组织论的原理和组织工具对项目实施过程中所采用的组织形式、组织结构等进行分析和组织管理。应用系统论的原理，一个工程项目可以成为一个系统。系统可大可小，如一个企业、一个学校、一个科研项目或一个建设项目都可以视为一个系统，不同系统的目标不同，从而形成的组织观念、组织方法和组织手段也就不同，使得上述各种系统的运行方式也不同。如果把一个建设项目的项目管理视为一个系统，其目标决定了项目管理的组织，而项目管理的组织是项目管理的目标能否实现的决定性因素，可见项目管理组织的重要性。控制项目目标的主要措施包括组织措施、管理措施、经济措施和技术措施，其中组织措施是最重要的措施。如果对一个建设工程的项目管理进行诊断，首先应分析其组织措施存在的问题。

案例导入

某从事医药研发的上市公司，因公司发展，需要修建一座科研大楼，该公司成立了以工程部经理为项目经理的科研大楼项目。该项目的成员主要来自工程部，也有来自财务部负责项目建设资金管理的财务人员，以及来自人事部负责项目人事管理工作的职员。工程进入施工阶段后，为保证后续施工连续进行，必须事先采购大量的材料。当工程部的职员将材料采购计划报给主管工程财务的人员时，主管工程财务的人员认为大量地提前采购材料增加了成本，这将影响财务部资金管理目标的实现，因此他们拒绝为提前采购提供资金，为此工程部的职员和主管工程财务的人员之间产生了严重的分歧。项目经理也开始抱怨人事部门在人员安排上不及时，有时在人员数量的安排上不能满足施工的需要，甚至开始怀疑他们的工作效率，而人事部门的工作人员则感到很委屈，他们认为造成上述情况的责任在工程部，因为工程部没有给人事部及时提供人力资源计划。人事部经理认为，项目经理只从有利于项目的角度考虑问题，而他们必须从公司整体运作来进行人员调配，而不是只服务于一个项目。

根据上述背景思考一下：该科研大楼建设项目运作过程中项目组织出现了哪些问题？

第一节　建设工程项目组织结构分析

一、组织论与组织工具

组织论是一门学科，主要研究系统的组织结构模式、组织分工和工作流程组织（图 2. 1），它是与项目管理学相关的一门非常重要的基础理论学科。组织结构模式反映了一个组织系统中各子系统之间或各元素（各工作部门或各管理人员）之间的指令关系。指令关系指的是哪一个工作部门或哪一位管理人员可以对哪一个工作部门或哪一位管理人员下达工作指令。

组织分工反映了一个组织系统中各子系统或各元素的工作任务分工和管理职能分工。组织结构模式和组织分工都是一种相对静态的组织关系。

工作流程组织则可反映一个组织系统中各项工作之间的逻辑关系，是一种动态关系。图 2. 1 中的物质流程组织对于建设工程项目而言，指的是项目实施任务的工作流程组织，如设计的工作流程组织可以是方案设计—初步设计—技术设计—施工图设计，也可以是方案设计—初步设计（扩大初步设计）—施工图设计；施工作业也有多个可能的工作流程。

组织工具是组织论的应用手段，用图或表等形式表示各种组织关系，包括项目结构图、组织结构图（管理组织结构图）、工作任务分工表、管理职能分工表和工作流程图等。

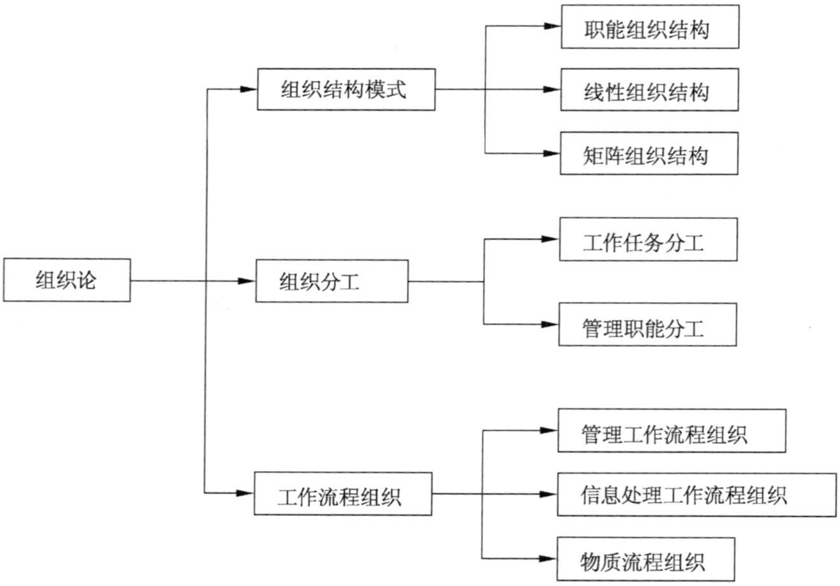

图 2. 1　组织论的基本内容

二、项目结构图

项目结构图（Work Breakdown Structure，WBS，或称 Project Diagram）是一个组织工具，它通过树状图的方式对一个项目的结构进行逐层分解，以反映组成该项目的所有工作任务（图 2. 2）。项目结构图中，矩形框表示工作任务（或第一层、第二层子项目等），矩形框之间的连接用连线表示。

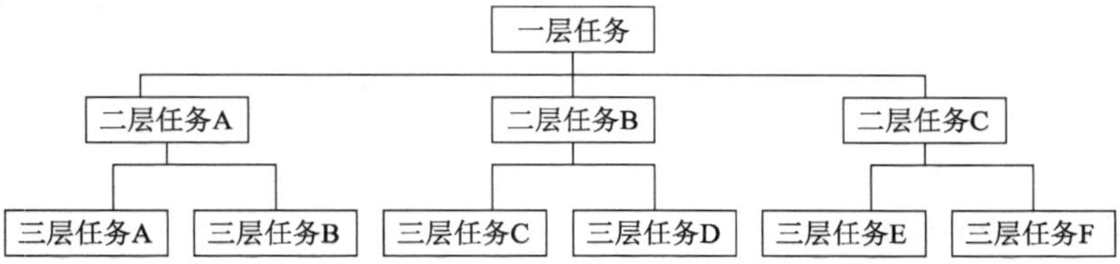

图 2. 2 项目结构图

图 2. 3 所示是某学校新校区建设项目结构图的一个示例，它是一个群体项目，可按照功能区进行第一层次的分解，即宿舍楼、教学楼、实验楼等建设任务；如对其进行第二层次的分解，其中宿舍楼工程又可有土建工程、管道工程、电气工程等。如果分解到第二层次，还不太便于管理项目，第二层次的项目组成部分还可再分解，如宿舍楼的土建工程又可以分为基础部分、主体部分、装修部分等；基础部分还可以再分解为开槽、混凝土基础、回填土等。

一些居住建筑开发项目，可根据建设的时间对项目的结构进行逐层分解，如第一期工程、第二期工程、第三期工程等。而一些工业建设项目往往按其生产子系统的构成对项目的结构进行逐层分解。

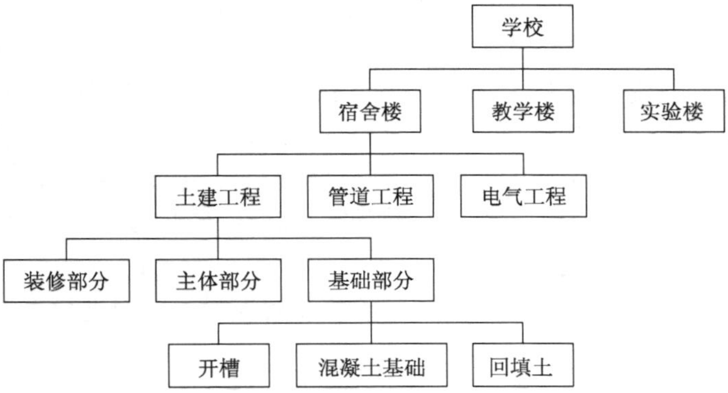

图 2. 3 某学校新校区建设项目结构图

以上所列举的是群体工程的项目结构分解，单体工程如有必要（如投资、进度和质量控制的需要）也应进行项目结构分解，如一栋高层办公大楼可分解为地下工程、裙房结构工程、高层主体结构工程、建筑装饰工程、幕墙工程、建筑设备工程（不包括弱电工程）、弱电工程及室外总体工程等。

同一个建设工程项目可有不同的项目结构的分解方法，项目结构的分解应与整个工程实施的部署相结合，并与将采用的合同结构相结合。

三、项目结构分解的原则

项目结构分解并没有统一的模式，不同的项目有不同的分解方法，但应结合项目的特点并参考以下原则进行：

① 考虑项目进展的总体部署。

② 考虑项目的组成。

③ 有利于项目实施任务（设计、施工和物资采购）的发包和项目实施任务的进行，并结合合同结构。

④ 有利于项目目标的控制。

⑤ 结合项目管理的组织结构等。

四、项目结构的编码

项目编码是管理信息化的一个基础性环节，通过一些约定的编码方法来编排一组号码，通过计算机扫描识读就能迅速准确地获取这些信息，如 11 位的手机号码，某些位置的数字代表不同的行政区域；每个人的身份证都有编码，最新版编码由 18 位数字组成，其中的几个字段分别表示地域、出生年月日和性别等；交通车辆也有编码，表示城市和购买顺序等。编码由一个系列符号（如文字）和数字组成，编码工作是信息处理的一项重要的基础工作。

一个建设工程项目有不同类型和不同用途的信息，为了有组织地存储信息，方便信息的检索和信息的加工整理，必须对项目的信息进行编码，如项目的结构编码、项目管理组织结构编码、项目的政府主管部门和各参与单位编码（组织编码）、项目实施的工作项编码（项目实施的工作过程的编码）、项目的投资项编码（业主方）/成本项编码（施工方）、项目的进度项（进度计划的工作项）编码、项目进展报告和各类报表编码、合同编码、函件编码及工程档案编码等。

以上这些编码是因不同的用途而编制的，如投资项编码（业主方）/成本项编码（施工方）服务于投资控制工作/成本控制工作；进度项编码服务于进度控制工作。

项目结构的编码是依据项目结构图，对项目结构每一层的每一个组成部分进行编码，如图 2.4 所示。项目结构的编码和用于投资控制、进度控制、质量控制、合同管理和信息管理等管理工作的编码既有紧密的有机联系又有区别。项目结构图和项目结构的编码是编制上述其他编码的基础。

更详细的项目编码方式及编码的内容等将在后面的内容中进行详细介绍。

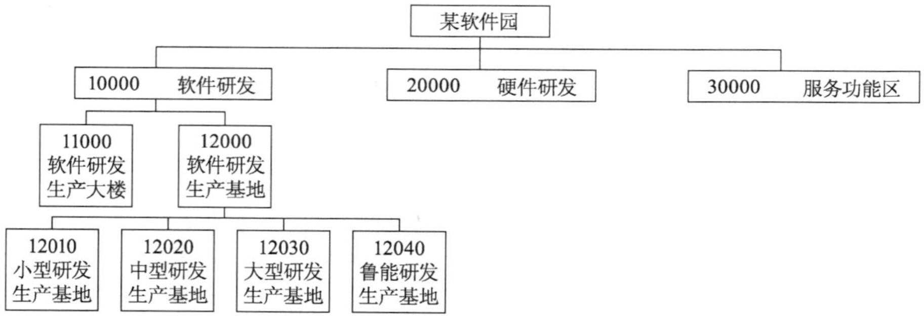

图 2.4 某工程项目的项目结构图

第二节 建设工程项目管理的组织结构类型

无论是企业的项目管理、设计单位的项目管理、监理的项目管理，还是承包商的项目管理，均需建立一个科学的管理组织机构，这是实施项目管理的基础。项目组织规划设计的目的是在一定的要求和条件下，制定出一个能实现项目目标的理想的管理组织机构，并根据项目管理的要求，确定各部门职责及各职位间的关系。

为了保证企业组织的科学性，建立组织机构时必须坚持以下原则：

① 适应企业战略目标的原则。组织机构的建立，本身就是为了实现企业的经营目标，为此，建立的组织机构必须与企业的战略目标相适应。

② 统一领导与分级管理相结合的原则。统一领导体现为适度的集权。企业必须建立以经理为中心的生产经营指挥系统，将企业的经营决策权、组织指挥权、评价奖惩权等相对集中在公司一级的管理机构，以协调企业的工作。适度集权，是形成统一指挥，使领导者权责一致的重要手段。当然，统一领导并不是把一切权力都集中在一个人手中。实行统一领导的同时，还必须实行分级管理。因为一个人的经验、能力是有限的，不可能做到事无巨细。

所谓分级管理，即把一部分权力授予有关部门或下级组织的负责人，让他们在授权的范围内独立地从事管理工作。分级管理，可以充分发挥各职能部门和各级组织的积极性、主动性，让全企业有效地运转。统一领导和分级管理是集权与分权的具体体现，二者是辩证统一的关系，相互补充，缺一不可。正确处理二者关系的关键是权责一致，权责一致即权力与责任一致，有责应有权，有权应有责，应避免有权无责和有责无权。企业内部的每一个部门、每一级组织，都必须在明确职责范围的基础上授予相应的权力，并统一服从企业的最高决策者的领导。

③ 分工与协作相结合的原则。在分级管理时，对工作任务和职权进行分解，并设置一定的组织机构和配置专门的人员，称为分工。分工的目的是实现专业化管理，提高工作效率。但分工并不是分家，因为企业是一个整体，各部门、各级组织之间都存在着内在联系。必须在一个共同目标的约束下运行才能保证整体功能的发挥。也就是说，在强调分工的同时，要加强协作，加强各部门之间、各组织之间、各类人员之间在工作上的配合。

此外，应当指出的是，企业组织的分工要粗细适度，分工过细势必导致机构重复、责任不清；分工过粗又不利于专业化管理的发展。分工和协作的原则，就是要求人们在分工时注意粗细适当地划分工作和岗位，并明确各部门、各级组织之间的协作关系。

④ 合理管理幅度和管理层次的原则。管理幅度和管理层次存在一定的制约关系。

⑤ 精干高效的原则。精干高效是建立企业组织机构的一个最基本的原则，也是检验组织机构是否科学和合理的主要标准。在建立组织机构时，应尽量做到机构精简、人员精干、层次分明、关系清楚，从而保证整个组织高效地工作。机构的建立，

应以事设机构，不能因人而设机构。

⑥ 责权对等、才职相称的原则。

⑦ 均衡与稳定的原则。

⑧ 有利于信息沟通的原则。

一、工程项目管理组织机构的基本形式

一般组织结构模式可用组织结构图来描述，组织结构图是一个重要的组织工具，反映一个组织系统中各组成部门（组成元素）之间的组织关系（指令关系），如图 2.5 所示。

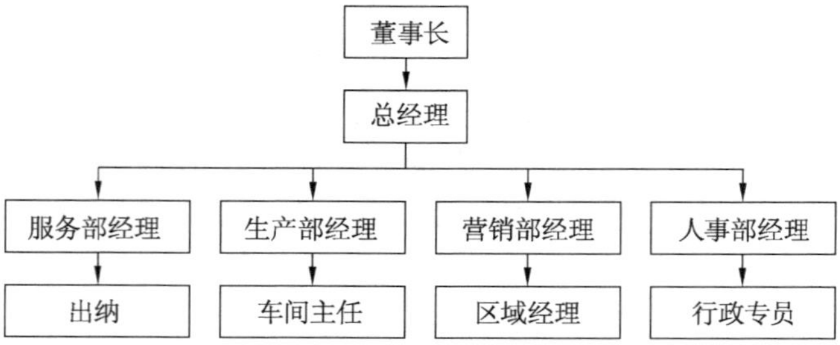

图 2.5　组织结构图

在组织结构图中，矩形框表示工作部门，上级工作部门对其直接下属工作部门的指令关系用单向箭线表示。

组织论的三个重要的组织工具——项目结构图、组织结构图和合同结构图（图 2.6）的区别，见表 2.1。

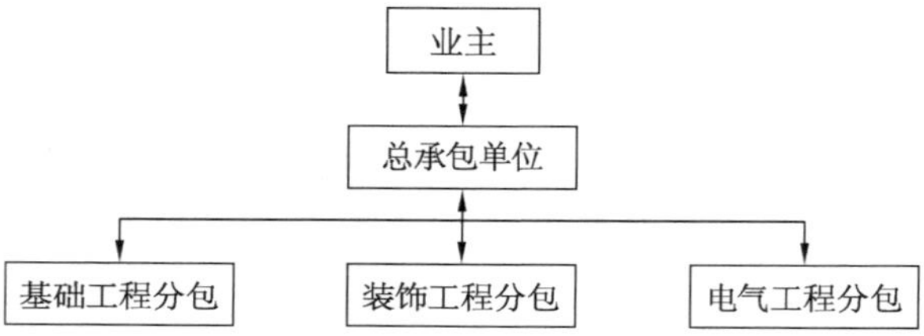

图 2.6　合同结构图

表 2.1　项目结构图、组织结构图和合同结构图的区别

名称	表达的含义	图中矩形框的含义	矩形框连接的表示
项目结构图	对一个项目的结构进行逐层分解，以反映组成该项目的所有工作任务（该项目的组成部分）	一个项目的组成部分	直线
组织结构图	反映一个组织中各组成部分（组成元素）之间的组织关系（指令关系）	一个组织系统中的组成部分（工作部门）	单向箭线
合同结构图	反映一个建设项目参与单位之间的合同关系	一个建设项目的参与单位	双向箭线

常用的组织结构模式有直线式组织结构、职能式组织结构、直线—职能式组织结

构、矩阵式组织结构、事业部式组织结构等多种形式。采用何种组织结构形式应根据具体的项目，分析每种组织结构形式的优缺点而定。

1. 直线式组织结构

直线式是最简单的集权式组织结构形式，又称军队式结构，其领导关系按垂直系统建立，不设专门的职能机构，自上而下形同直线。它的特点是企业各级行政单位从上到下实行垂直领导，下属部门只接受一个上级的指令，各级主管负责人对所属单位的一切问题负责。厂部不另设职能机构（可设职能人员协助主管人工作），一切管理职能基本上都由行政主管自己执行，如图 2. 7 所示。

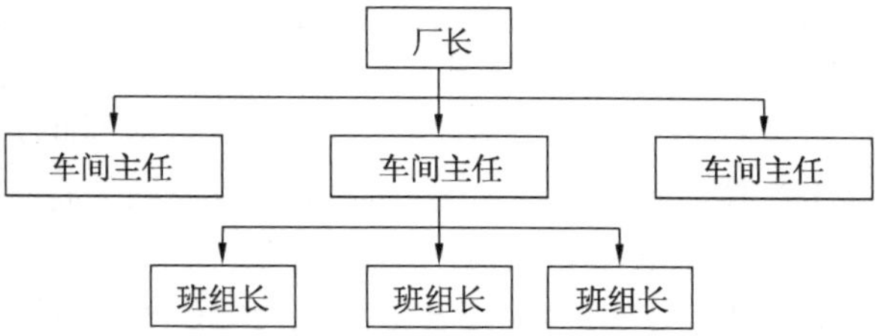

图 2. 7 直线式组织结构

直线式组织结构的优点：结构比较简单，责任分明，命令统一。

直线式组织结构的缺点：要求行政负责人通晓多种知识和技能，亲自处理各种业务。在业务比较复杂、企业规模比较大的情况下，把所有管理职能都集中到最高主管一人身上，显然是难以做到的。

直线式组织结构的适用范围：直线式只适用于技术简单、规模不大的小型项目。现代的建筑项目一般不采取这种组织结构形式。

2. 职能式组织结构

职能式组织结构，又称分职式或分部式组织结构，是指行政组织同一层级横向划分为若干个部门，每个部门业务性质和基本职能相同，但互不统属、相互分工合作的组织体制，如图 2. 8 所示。

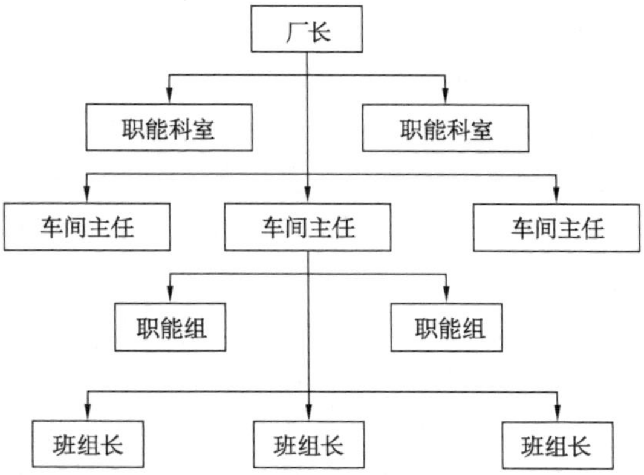

图 2. 8 职能式组织结构

职能式组织结构，是各级行政单位除主管负责人外，还相应地设立的一些职能机构。如在厂长下面设立的职能机构和人员，负责协助厂长从事职能管理工作。这种结构要求行政主管把相应的管理职责和权力交给相关的职能机构，各职能机构就有权在自己业务范围内向下级行政单位发号施令。因此，下级行政负责人除了接受上级行政主管人指挥外，还必须接受上级各职能机构领导的指挥。由于职能式组织结构形式有明显的缺陷，现代企业一般都不采用。职能式组织和线性组织一样，存在各级管理等级，但是组织的每一个环节按被执行的每个职能隶属于不同的领导者，因而这种组织的特点是多种从属状态。例如，在任何一个高等学校里都是纯粹的职能式组织，在学校里的学生隶属于不同的系、系主任和行政机关。

职能式组织结构的优点：行政组织按职能或业务性质分工管理，选聘专业人才，利于发挥专业特长；利于业务专精，思考周密，提高管理水平；同类业务划归同一部门，职有专司，责任确定；利于建立有效的工作秩序，防止顾此失彼和互相推诿，能适应现代化工业企业生产技术比较复杂、管理工作比较精细的特点；能充分发挥职能机构的专业管理作用，减轻职能领导人员的工作负担。

职能式组织结构的缺点：它妨碍了必要的集中领导和统一指挥，形成了多头领导，不利于建立和健全各级行政负责人和职能科室责任制，在中间管理层往往会出现“有功大家抢，有过大家推”的现象；另外，在上级行政领导和职能机构的指示或命令发生矛盾时，下级就无所适从，影响工作的正常进行，容易造成纪律松弛、生产管理秩序混乱的现象，不便于行政组织间各部门的整体协作，容易形成部门间各自为政的现象，使行政领导难以协调。

职能式组织结构的适用范围：无实际应用价值。因其存在难以克服的多头领导问题，在现代项目中一般不采用这种组织结构形式。

3. 直线—职能式组织结构

直线—职能式组织结构是现实中运用得最为广泛的一个组织形态，它是一种把直线式结构与职能式结构结合起来，以直线为基础，在各级行政负责人之下设置相应的职能部门，分别从事专业管理，作为该级领导者的参谋，实行主管统一指挥与职能部门参谋、指导相结合的组织结构形式。职能参谋部门拟订的计划、方案及有关指令，由直线主管批准下达；职能部门参谋只起业务指导作用，无权直接下达命令，各级行政领导人实行逐级负责，实行高度集权，如图 2.9 所示。

直线—职能式组织结构的优点：把直线式组织结构和职能式组织结构的优点结合起来，既能保持统一指挥，又能发挥参谋人员的作用；分工精细，责任清楚，各部门仅对自己应做的工作负责，效率较高，组织稳定性较高，在外部环境变化不大的情况下，易于发挥组织的集团效率。

直线—职能式组织结构的缺点：部门间缺乏信息交流，不利于集思广益地做出决策；直线部门与职能部门（参谋部门）之间目标不易统一，职能部门之间横向联系较差，信息传递路线较长，矛盾较多，上层主管的协调工作量大；难以从组织内部培养熟悉全面情况的管理人才；系统刚性大，适应性差，容易因循守旧，对新情况不易及时做出反应。

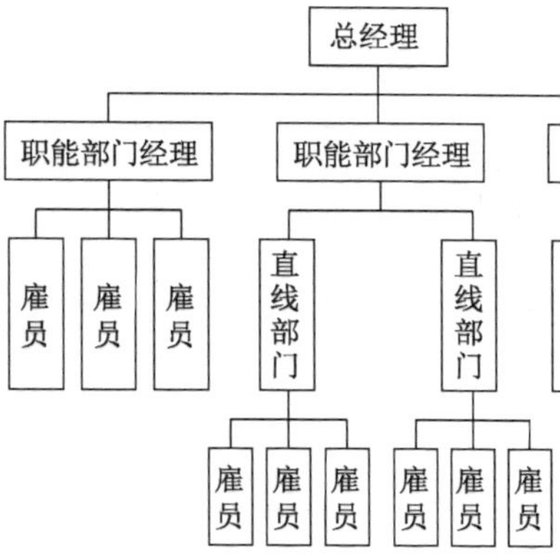

图 2.9　直线—职能式组织结构

直线—职能式组织结构的适用范围：适用于生产场所固定的各类项目。

4. 矩阵式组织结构

在组织结构上，把既有按职能划分的垂直领导系统，又有按产品（项目）划分的横向领导关系的结构，称为矩阵式组织结构。

矩阵式组织结构是为了改进直线—职能式组织结构横向联系差、缺乏弹性的缺点而形成的一种组织形式。一个大型建设项目如采用矩阵式组织结构模式，则纵向工作部门可以是投资控制、进度控制、合同管理、信息管理、人事管理、财务管理和物资管理等部门，而横向工作部门可以是各子项目的项目管理部。矩阵式组织结构适宜用于大的组织系统，目前在城市地铁建设中应用较为广泛。

在矩阵式组织结构中，每一项纵向和横向交汇的工作，指令来自于纵向和横向两个工作部门，因此其指令源为两个。当纵向和横向工作部门的指令发生矛盾时，由该组织系统的最高指挥者（部门），即图 2.10 所示的公司经理进行协调或决策。

在矩阵式组织结构中，为避免纵向和横向工作部门指令矛盾对工作的影响，可以采用以纵向工作部门指令为主或以横向工作部门指令为主的矩阵式组织结构模式，这样也可减轻该组织系统的最高指挥者（部门）的协调工作量。

矩阵式组织结构的优点：机动、灵活，可随项目的开发与结束进行组织或解散；这种结构是根据项目组织的，任务清楚，目的明确，各方面有专长的人都是有备而来，且从各方面抽调来的人员信任感、荣誉感、责任感强，有工作热情，在新的工作小组里能沟通、融合，能把自己的工作同整体工作联系在一起，为攻克难关、解决问题而献计献策，利于促进项目的实现；此外，还加强了不同部门之间的配合和信息交流，克服了直线—职能式组织结构中各部门互相脱节的现象。

矩阵式组织结构的缺点：项目负责人的责任大于权力，因为参加项目的人员来自不同的部门，隶属关系仍在原单位，只是为“会战”而来，所以项目负责人对他们管理困难，没有足够的激励手段与惩治手段，这种人员上的双重管理是矩阵式组织结构的先天缺陷；由于项目组成人员来自各个职能部门，当任务完成以后，仍要回原单位，因而容易产生临时观念，对工作有一定的影响。

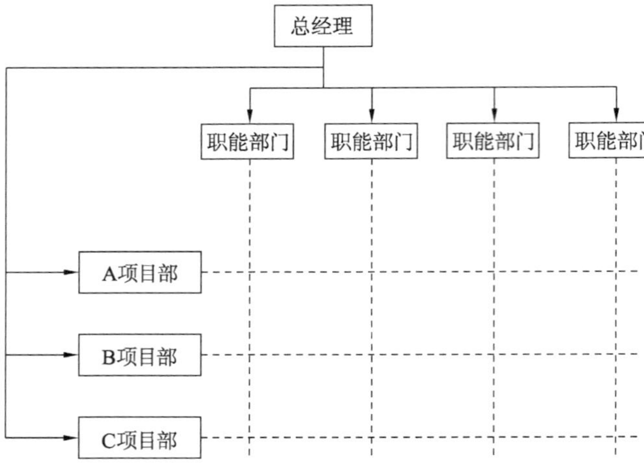

图 2.10　矩阵式组织结构

矩阵式组织结构的适用范围：适用于一些重大攻关项目，企业可用来完成涉及面广的、临时性的、复杂的重大工程项目或管理改革任务；特别适用于以开发实验为主的单位，如科学研究单位，尤其是应用性研究单位等；也适用于生产经营场所流动、单件性生产的项目，如建筑项目的中下层机构普遍采取这种形式。

5. 事业部式组织结构

事业部式组织结构是指以某个产品、地区或顾客为依据，将相关的研究开发、采购、生产、销售等部门结合成一个相对独立单位的组织结构形式。它表现为，在总公司领导下设立多个事业部，各事业部有各自独立的产品或市场，在经营管理上有很强的自主性，实行独立核算，是一种分权式管理结构。鉴于事业部式和超事业部式组织结构在建筑工程领域很少采用，这里不再赘述。

事业部式组织结构的优点：总公司的下属机构——事业部有比较大的权力，可以根据本事业部业务的实际情况灵活地经营，公司本部摆脱了日常事务的缠绕，有利于公司本部集中精力研究项目的大政方针。

事业部式组织结构的缺点：公司本部的权力相对弱化，不易控制下级单位。

事业部式组织结构的适用范围：适用于大型项目，特别是市场分散、产品类型多、跨地区的大型项目。

二、工程项目管理组织机构的设置原则

1. 目的性原则

建设项目组织机构设置的根本目标，是产生组织功能，实现建设项目管理总目标。从这一根本目标出发，就要求因目标而设事，因事设岗，按编制设定岗位人员，以职责定制度和授予权力。

2. 精干高效的原则

施工项目组织机构的人员设置，以能实现施工项目所要求的工作任务为原则，尽量简化机构，做到精干高效。人员配置要从严控制二三线人员，力求一专多能，一人多职。同时还要增加项目管理班子人员的知识含量，着眼于使用和学习锻炼相结合，

以提高人员素质。

3. 管理跨度和分层统一的原则

管理跨度也称管理幅度，它是指一个主管直接管理下属人员的数量。跨度大，管理人员的接触关系增多，处理人与人之间关系的数量随之增多。当跨度太大时，领导者和下属接触频率会太高，因此，在组织机构设计时，必须强调跨度适当。跨度的大小又和分层多少有关。一般来说，管理层次增多，跨度会减小；反之，层次减少，跨度会增大。这就要根据领导者的能力、建设项目的规模和复杂程度等因素去综合考虑。

4. 业务系统化管理原则

由于施工项目是一个开放的系统，由众多子系统组成一个大系统，各子系统之间，子系统内部各单位工程之间，不同组织、工种、工序之间，存在着大量结合部，这就要求项目组织也必须是一个完整的组织结构系统，恰当分层和设置部门，以便在结合部上能形成一个相互制约、相互联系的有机整体，防止职能分工、权限划分和信息沟通上相互矛盾或重叠。并且，要求在设计组织机构时以业务工作系统化原则为指导，周密考虑层间关系、分层与跨度关系、部门划分、授权范围、人员配备及信息沟通等；使组织机构自身成为一个严密的封闭组织系统，能够为完成项目管理的总目标而实行合理分工及协作。

5. 弹性和流动的原则

建设项目的生产活动具有单一性、流动性、阶段性等特点，这必然会导致生产对象数量、质量和地点改变，带来资源配置上品种和数量的变化。这就要求管理工作和管理组织机构随之进行相应调整，以使组织机构适应生产的变化，即要求按弹性和流动的原则来建立组织机构。

6. 项目组织和企业组织一体化的原则

项目组织是企业组织的有机组成部分，企业是它的母体，归根结底，项目组织是由企业组建的。从管理方面来看，企业是项目管理的外部环境，项目管理的人员全部来自企业，项目管理组织解体后，其人员仍回企业。即使进行组织机构调整，人员也是进出于企业人才市场的。施工项目的组织形式与企业的组织形式有关，不能离开企业的组织形式去谈项目的组织形式。

三、工程项目管理组织机构的设置依据

1. 项目内在联系

所谓项目内在联系，是指项目的组成要素之间的相互依赖关系及由此引起的项目组织和人员之间的依赖关系，包括技术联系、组织联系、个人间的联系等。

2. 人员配备要求

人员配备要求是以各部门的任务为前提的，对完成任务的人员的专业技能、合作精神等综合素质及时间安排等方面的要求。

3. 制约和限制

制约和限制是指项目组织内外存在的、影响项目组织采用某些机构模式及获得某些需要资源（如人员）的因素，常见的制约包括组织机构形式的特性、项目管理班子的喜好、期望的工作分工等。

四、工程项目管理组织部门划分的方法

工程项目管理组织部门的划分实际上是根据不同的标准，对项目管理活动或任务进行专业化分工，从而将整个项目组织分解成若干个相互依存的基本管理单位。

1. 按管理职能划分部门

这种方法是根据生产专业化的原则，以工作或任务的相似性来划分部门。这些部门可以被分为基本的职能部门和派生的职能部门。

按管理职能划分部门的优点：遵循分工和专业化的原则，有利于人力资源的有效利用和专业职能的充分发挥，使主管人员的精力集中在组织的基本任务上，从而有利于目标的实现，同时简化了培训工作。

按管理职能划分部门的缺点：各部门负责人长期只从事某种专门业务的管理，缺乏整体和全局观念，这就不可避免地会从部门本位主义的角度考虑问题，从而增加了部门间协调配合的难度。

2. 按项目结构划分部门

对某些大型工程枢纽或项目群而言，各个单项工程（单位工程），或由于地理位置分散，或由于施工工艺差异较大，或由于工程量太大、工程进度比较紧张，常常要被分成若干个标段分别进行招标，此时为便于项目管理，组织部门可能会按照项目结构划分。

按项目结构划分部门的优点：有利于各个标段合同工程目标的实现；有利于管理人才的培养。

按项目结构划分部门的缺点：可能需要较多的具有像总经理或项目经理那样能力的人去管理各个部门；各部门主管也可能从部门本位主义考虑问题，从而影响项目的统一指挥。

五、项目组织结构形式的选择

一个合理的组织结构形式对于工程项目的正常运行有非常重要的意义，但选择合理的组织结构形式并不是一件易事，要依据工程项目的特点和公司的资源来进行。

1. 组织形式选择的影响因素

一般来说，影响组织形式选择的因素主要包括：工程项目影响因素的不确定性；技术的难易和复杂程度；工程的规模和建设工期的长短；工程建设的外部条件；工程内部的依赖性等。

2. 项目组织结构形式选择的基本方法

工程项目组织结构形式选择通常可采用的基本方法有：

① 当项目较简单时，选择直线式组织结构形式比较合适。

② 当项目的技术要求较高时，采用职能式组织结构形式会有较好的适应性。

③ 当公司要管理数量较多的类似项目，或复杂的大型项目分解为多个子项目进行管理时，采用矩阵式组织结构会有较好的效果。

在选择项目的组织结构时，其首要问题是确定将要完成的工作的种类。首先，根据项目的初步目标来完成；其次，确定实现每个目标的主要任务；再次，要把工作分解成若干个“工作集合”；最后，考虑每个人的工作内容、个性和技术要求，以及所

要面对的客户。同时，上级组织的内外环境也是一个非常重要的因素。在了解各种组织结构和它们的优缺点之后，公司就可以选择能实现最有效工作的组织结构形式。

第三节　建设工程项目管理的工作任务

一项工程项目的建设需要业主方、设计单位、供货单位和工程管理咨询单位等参与，各方都有各自的项目管理的任务，上述各方都应该编制各自的项目管理任务分工表。

一、工作任务分工

在编制项目管理任务分工表前，首先要对项目管理任务进行明确详细的分工，对项目实施各阶段的费用（对建设方是投资，对施工方是成本）控制、进度控制、质量控制、安全管理、合同管理、信息管理和组织与协调等管理任务进行详细分解，在项目管理任务分解的基础上定义项目经理和费用控制、进度控制、质量控制、安全管理、合同管理、信息管理和组织与协调等主管工作部门或主管人员的工作任务。

二、工作任务分工表

项目管理任务分工表作为项目的组织设计文件的一部分，每一个建设项目都应编制。在编制项目管理任务分工表前，应结合项目的特点，对项目实施的各阶段的费用（投资或成本）控制、进度控制、质量控制、安全管理、合同管理、信息管理和组织与协调等管理任务进行详细分解。在项目管理任务分解的基础上，明确项目经理和费用（投资或成本）控制、进度控制、质量控制、安全管理、合同管理、信息管理和组织与协调等主管工作部门或主管人员的工作任务，从而编制工作任务分工表（表 2.2），明确各项任务由哪个工作部门（个人）负责，哪些工作部门（或个人）配合参与。

表 2.2　工作任务分工表示例

工作部门 工作任务	项目经理部	投资控制部	进度控制部	质量控制部	合同控制部	信息管理部

第四节　建设工程项目管理职能分工

管理是由多个环节组成的过程，即提出问题、筹划、决策、执行、检查。业主方和项目各参与方，如设计单位、供货单位和工程管理咨询单位等都有各自的项目管理的任务和管理职能分工，上述各方都应该编制各自的项目管理职能分工表。下面举例来解释管理职能的含义。

1．提出问题

通过进度计划值和实际值的比较，发现进度推迟了。

2. 筹划

加快进度有多种可能的方案，如改一班工作制为两班工作制，增加施工设备和改变施工方法，应对这三个方案进行比较。

3. 决策

从上述三个可能的方案中选择一个将被执行的方案，即增加夜班作业。

4. 执行

落实夜班施工的条件，组织夜班施工。

5. 检查

检查增加夜班施工的决策是否被执行，如已执行，则检查执行的效果如何。

管理职能分工表是用表的形式反映项目管理班子内部项目经理、各工作部门和各工作岗位对各项工作任务的项目管理职能分工，表中用拉丁字母表示管理职能。管理职能分工表也可用于企业管理。表 2.3 是某项目的管理职能分工表。

如通过增加夜班施工，工程进度的问题解决了，但发现新的问题，施工成本增加了，这样就进入了管理的一个新的循环：提出问题、筹划、决策、执行和检查。整个施工过程中管理工作就是不断发现问题和不断解决问题的过程。

以上不同的管理职能可由不同的职能部门承担，如：

① 进度控制部门负责跟踪和提出有关进度的问题。

② 施工协调部门对进度问题进行分析，提出三个可能的方案，并对其进行比较。

③ 项目经理在三个可供选择的方案中，决定采用第一个方案，即增加夜班作业。

④ 施工协调部门负责执行项目经理的决策，组织夜班施工。

⑤ 项目经理助理检查夜班施工后的效果。

表 2.3　项目部主要工作任务及管理职能分工表

阶段	编号	工作任务	集团、公司领导	项目部经理	专业工程师	档案管理员
施工准备阶段	11	编制《项目建设管理大纲》	D	PE	I	
	12	“三通一平”	C	DC	IPE	
	13	选定工程承包商、材料供应商	D	PI	I	
	14	签订合同	D	IPC	E	
	15	地质勘查	C	C	IEC	
	16	规划放线	C	C	IEC	
	17	工程开工手续	DC	IC	IE	
	18	临建设施及临水、临电	D	IPC	IE	
	19	施工图会审	DC	IPEC	IE	
	20	“四新”工程技术、经济评估	D	IPC	I	
	21	编制项目施工进度总体计划	D	IPC	IE	
	22	分包单位及材料进场计划	C	IPC	IE	
	23	工程资金使用计划	D	IPC	IE	

续表

阶段	编号	工作任务		集团、公司领导	项目部经理	专业工程师	档案管理员
工程施工阶段	24	质量控制	材料定板	D	IPC	IE	
			材料进场验收	C	DC	IPEC	
			分部、分项工程验收	C	DC	IPEC	
			样板工程验收	C	DC	IPEC	
			施工质量问题、事故处理	D	PC	IEC	
	25	进度控制	项目施工进度总计划	D	PC	IE	
			单项工程进度计划	D	PC	IE	
			施工总进度计划	C	DC	PC	
			工程形象进度周报、月报	C	C	IE	
			工期签证	D	PC	IEC	
	26	投资控制	施工方案审核		D	IPEC	
			工程设计变更	D	IPC	IEC	
			工程现场签证	DC	DC	IPEC	
			年度、月度工程款计划	D	PC	IEC	
			工程款支付	D	PC	IEC	
			工程结算	D	PC	IC	
	27	合同管理	签订合同	D	PC	IEC	I
			合同台账	C	C	I	IE
			合同存档	C	C		IE
	28	信息管理	往来文件管理	C	C	I	E
			工程资料管理	C	C	I	E
			工程档案管理	C	C	I	E
			设计变更、工程现场签证台账	C	C	I	E
			合作单位评估	D	PC	IEC	
	29	组织协调	部门内部组织协调		DE	I	I
			公司内部协调	D	IPE	I	I
			合作单位组织协调		DE	IPE	
			政府职能部门协调	D	IPE	IE	
			相关往来单位、机构协调	D	IPE	IE	
			周边村民工作协调	D	IPE	IE	

续表

阶段	编号	工作任务	集团、公司领导	项目部经理	专业工程师	档案管理员
验收阶段	30	竣工验收	D	IPEC	I	
	31	交楼验房	D	IPEC	I	
	32	售后维修	D	IPC	I	
	33	与物业公司交接	DE	IP	IP	

职能代号：I—信息，P—决策准备，D—决策，E—执行，C—检查

第五节　建设工程项目管理的工作流程组织

一、工作流程组织的任务

根据每一个建设项目的特点，从多个可能的工作流程方案中确定几个主要的工作流程组织，如设计准备工作的流程、设计工作的流程、施工招标工作的流程、物资采购工作的流程、施工作业的流程、各项管理工作（投资控制、进度控制、质量控制、合同管理和信息管理等）的流程，这也就是工作流程组织的任务，即定义工作的流程。

工作流程图可视需要逐层细化，如初步设计阶段投资控制工作流程图、施工图设计阶段投资控制工作流程图、施工阶段投资控制工作流程图等。

业主方和项目各参与方，如工程管理咨询单位、设计单位、施工单位和供货单位等都有各自的工作流程组织的任务。

二、工作流程图

工作流程图是一个重要的组织工具。工作流程图用图的形式反映一个组织系统中各项工作之间的逻辑关系，它可用以描述工作流程组织，如图 2. 11 所示。工作流程图用矩形框表示工作，箭线表示工作之间的逻辑关系，菱形框表示判别条件。工作流程组织包括管理工作流程组织、信息管理工作流程组织和物质流程组织。

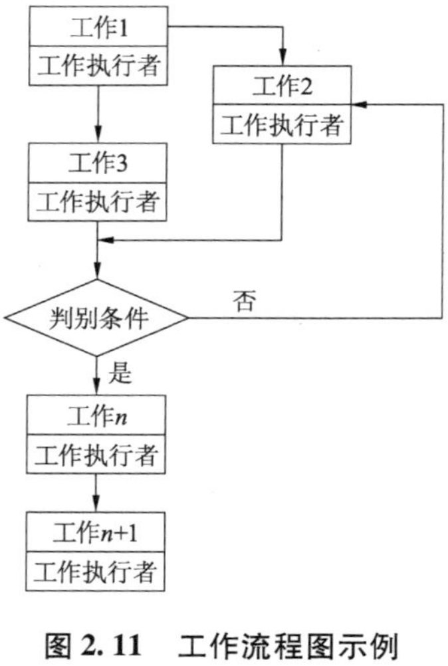

图 2. 11　工作流程图示例

下面再以设计变更的示例进一步解释工作流程图的含义和图的表示方法。

设计变更在工程实施过程中时有发生，设计变更可能由业主方提出，也可能由施工方或设计方提出。一般设计变更的处理涉及监理工程师、设计单位、施工单位或业主方。图 2. 12 是某工程设计变更的工作流程图，反映了上述各方的工作顺序关系。

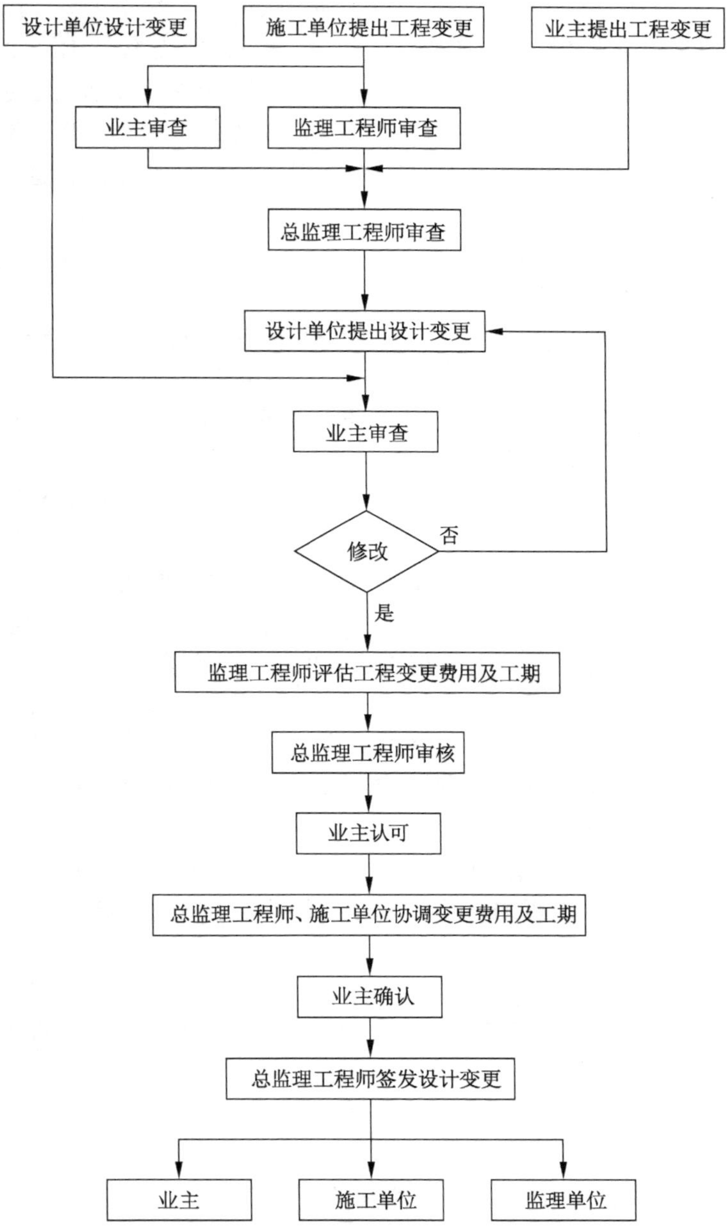

图 2. 12　设计变更工作流程图示例

习题二

一、单项选择题

1. 组织论主要研究系统的组织结构模式和组织分工，以及（　　）。

A. 工作流程组织　B. 工作职责组织　C. 技术流程组织　D. 技术职责组织

2. 在（　　）组织结构中，每一个工作部门可能有多个矛盾的指令源。

A. 直线式　B. 职能式　C. 矩阵式　D. 事业部式

3. 每个部门只有唯一的一个上级工作部门，指令是唯一的，这种组织结构是（　　）组织结构。

A. 直线式　B. 职能式　C. 矩阵式　D. 事业部式

4. 矩阵式组织结构较适宜用于（　　）。

A. 地区分散的组织系统　B. 地区集团中的组织系统

C. 小的组织系统　D. 大的组织系统

5. 反映一个组织系统中各子系统之间指令关系的是（　　）。

A. 组织结构模式　B. 职能分工表　C. 项目合同　D. 工作流程图

6. 矩阵式组织结构中，指令来自于纵向和横向工作部门，其指令源有（　　）。

A. 一个　B. 两个　C. 三个　D. 多个

7. 在组织结构模式中，（　　）组织结构是一种较新型的组织结构。

A. 直线式　B. 职能式　C. 直线—职能式　D. 矩阵式

8. 组织论认为，（　　）是目标能否实现的决定性因素。

A. 沟通　B. 协调　C. 组织　D. 战略

9. 项目管理目标能否实现的决定性因素是（　　）。

A. 项目管理的组织　B. 项目经理的能力　C. 项目目标的分解　D. 项目合同关系

10. 改善目标控制的工作流程属于控制项目目标的（　　）。

A. 管理措施　B. 技术措施　C. 组织措施　D. 经济措施

11. 如果对一个建设工程的项目管理进行诊断，首先应分析其（　　）方面存在的问题。

A. 技术　B. 合同　C. 经济　D. 组织

12. 对一个项目的结构进行逐层分解，以反映组成该项目的所有工作任务的是（　　）。

A. 项目管理职能分工表　B. 项目管理任务分工表

C. 项目工作流程图　D. 项目结构图

13. 项目结构图描述的是（　　）之间的关系。

A. 工作部门　B. 工作人员　C. 工作对象　D. 工作单位

14. 项目质量、进度、投资控制编码的基础是（　　）及其编码。

A. 项目合同　B. 项目信息图　C. 项目物资采购图　D. 项目结构图

15. 反映一个组织系统中各项工作之间逻辑关系的是（　　）。

A. 组织结构模式　B. 任务分工表　C. 项目结构图　D. 工作流程图

16. 进度控制工作流程图反映进度控制组织系统中各项工作之间的（　　）。

A. 信息　B. 指令　C. 职能　D. 逻辑

17. 通过合同结构图可以清晰地了解项目各参与方的（　　）。

A. 工作职责　B. 工作流程　C. 合同组织　D. 指令关系

18. 反映业主方和项目各参与方之间的合同关系可以用（　　）。

A. 项目结构图　B. 合同结构图

C. 项目任务分工图　D. 合同工作关系图

二、多项选择题

1. 组织论是与项目管理学相关的一门重要的基础理论学科，其主要研究系统的（　　）。

A. 工作流程组织　B. 技术流程组织

C. 组织目标　D. 组织分工

E. 组织结构模式

2. 下列关于矩阵式组织结构的描述，正确的是（　　）。

A. 指令源是唯一的　B. 指令源有两个

C. 指令路径过长　D. 适用于大的组织系统

E. 适用于小的组织系统

3. 项目管理基本的组织工具有（　　）。

A. 责权利关系图　B. 组织结构图

C. 任务分工表　D. 管理职能分工表

E. 工作流程图

4. 在一个建设项目实施过程中，属于工作流程组织范畴的有（　　）。

A. 管理工作的流程　B. 技术工艺的流程

C. 设计工作的流程　D. 物资采购工作的流程

E. 信息处理的流程

5. 施工单位项目管理任务分工表可以用于确定（　　）的任务分工。

A. 项目经理　B. 企业内部各部门

C. 项目各参与方　D. 项目主管工作部门或主管人员

E. 企业内部各工作人员

三、简答题

1. 项目结构分解有哪些原则?

2. 工程项目管理组织结构有哪几种基本形式?

3. 工程项目管理组织机构设置原则有哪些? 其内容是什么?

4. 项目组织结构形式选择的基本方法有哪些?

四、工程技能训练

某新建大型会展工程，总占地面积21 968 m^2，总建筑面积26 865 m^2，建筑总长度36.12 m，主体结构4层，现浇混凝土框架结构体系，外立面饰面采用全玻璃幕墙，但该施工企业缺乏玻璃幕墙施工经验，对玻璃幕墙施工有难度，而工期又很紧。该施工企业为一大型综合施工企业，管理水平较高，企业人员素质较高，专业人才众多，项目经理为国家一级注册建造师。

根据上述背景回答以下问题：

1. 该项目适合哪种项目组织形式？说明理由。
2. 施工项目管理组织的主要形式有哪些？各自的适用范围是什么？

第三章　建设工程项目经理

建设工程项目经理（以下简称项目经理）是项目经理部的灵魂和最高决策者，项目经理的理念和经营管理水平直接影响着项目经理部的工作效率和业绩。只有优秀睿智的项目经理领导的项目经理部，才是高效精干并具有创新开拓精神的工程项目管理责任主体。优秀的项目经理部既是企业经济效益和社会信誉的直接责任人，又是业主对项目投资的最基本保障。

建设工程项目经理应该具备的素质，以及如何培养和选拔，关系到建筑施工企业的正常经营与发展。现行的建造师执业资格是选拔建设工程项目经理的首要条件。

案例导入

王先生是某承包建筑工程的老板，一年多前，某房地产开发商开发一个楼盘，一家建筑公司中标。随后，该建筑公司的项目经理又把楼盘的其中三栋楼的工程，转包给王先生施工，由王先生负责包工包料施工完毕。期间，建筑公司多次直接支付工程款给王先生购买建材的供应商，但屡有欠款。最后，建筑公司还欠王先生100多万元的工程款，而王先生也欠一些小工头和建材商的款项。临近春节，建材商和小工头找王先生要工钱。王先生很着急，但因建筑公司没有支付工程款，所以他也没有钱，对于王先生的处境，该如何处理？建筑公司项目经理发包的工程，可否直接要求建筑公司支付工程款？

第一节　项目经理

一、项目经理的概念

建设工程项目经理，是指企业为建立以项目管理为核心，确保工程项目功能、质量、安全、进度、成本、环保等各项管理目标实现的重要职业岗位和责任主体，是企业法定代表人在某一建设工程项目上的授权委托代理人。

二、项目经理的地位

一个建设工程项目是一项一次性的整体任务，在完成这个任务的过程中必须有一个最高的责任者和组织者，这就是我们通常所说的建设工程项目经理。

项目经理是企业的法定代表人在建设工程项目上的委托代理人，是对建设工程项目管理实施阶段全面负责的管理者，在整个建设活动中占有举足轻重的地位。确立建设工程项目经理的地位是搞好建设工程项目管理的关键。

① 项目经理是企业法人代表在建设工程项目上负责管理和合同履行的一次性委托代理人，是项目管理的责任人。从企业内部看，项目经理是建设工程项目实施过程所有工作的总负责人，是项目动态管理的体现者，是项目生产要素合理投入和优化组合的组织者。从对外方面看，作为企业法人代表的企业经理，不直接对每个建设单位负责，而是由项目经理在授权范围内对建设单位直接负责。由此可见，项目经理是项目目标的全面实现者，既要对建设单位的成果性目标负责，又要对企业的效益性目标负责。

② 项目经理是协调各方面关系，使之相互紧密协作、配合的桥梁和纽带。他承担着项目管理目标实现的全部责任，既承担履行合同责任、履行合同义务，又执行合同条款，处理合同纠纷，受法律的约束和保护。

③ 项目经理对项目实施进行控制，是各种信息的集散中心。自下、自外而来的信息，通过各种渠道汇集给项目经理；项目经理又通过指令、计划和协议等，对下、对外发布信息。通过信息的集散达到控制的目的，使项目管理取得成功。

④ 项目经理是建设工程项目责、权、利的主体。项目经理是项目总体的组织管理者，即他是项目范围内人、财、物、技术信息和管理等所有生产要素的组织管理人，是不同于技术、财务等专业的总负责人。项目经理必须把组织管理职责放在首位。首先，项目经理必须是项目实施阶段的责任主体，是实现项目目标的最高责任者，而且目标的实现还应该不超出限定的资源条件。责任是实现项目经理负责制的核心，它构成了项目经理工作的压力，是确定项目经理权力和利益的依据。对项目经理的上级管理部门来说，最重要的工作之一就是把项目经理的这种压力转化为动力。其次，项目经理必须是项目的权力主体。权力是确保项目经理能够承担起责任的条件与手段，所以权力的范围，必须视项目经理责任的要求而定。如果没有必要的权力，项目经理就无法对工作负责。最后，项目经理还必须是项目的利益主体，利益是项目经理工作的动力，是由于项目经理有相应的责任而得到的报酬，所以利益的形式及利益的多少也应该视项目经理的责任而定。如果没有一定的利益，项目经理就不愿负有相应的责任，也不会认真行使相应的权力，项目经理也难以处理好与国家、企业、项目经理部和职工之间的利益关系。

三、项目经理应具备的素质

选择什么样的人担任项目经理，取决于两个方面：一方面要看建设工程项目的需要，不同的项目需要不同素质的人才；另一方面还要看施工企业储备人选的素质。建筑企业应该培养一批合格的项目经理，以便根据工程的需要进行选择。项目经理应具备的基本素质如下：

1．政治素质

项目经理是建筑企业的重要管理者，故应具备较高的政治素质和职业道德。项目经理必须具有思想觉悟高、政策观念强的社会道德品质，爱国守法，在建设工程项目管理中能自觉地坚持正确的经营方向，认真执行党和国家的方针、政策，遵守国家的法律和地方法规，执行上级主管部门的有关决定，自觉维护国家的利益，保护国家财产，正确处理国家、企业和职工三者之间的利益关系，并且坚持原则、善于管理、勇于负责、不怕吃苦，有较强的事业心和责任感。

2. 领导素质

项目经理是一名领导者，因此应具有较高的组织能力，具体应满足下列要求。

（1）博学多识，明礼诚信

项目经理应具有马列主义、现代管理、科学技术、心理学等基础知识，见多识广、眼界开阔，能够客观公正地处理各种关系。

（2）多谋善断，灵活机变

项目经理应具有独立解决问题和与外界洽谈业务的能力，思维敏捷，善于抓住最佳的时机，并能当机立断，坚决果断地去实施。当情况发生变化时，能够随机应变地追踪决策，巧妙地处理问题。

（3）团结友爱，知人善任

用人要知人所长，用其所长，避其所短；尊贤爱才，大公无私，不任人唯亲，不任人唯资，不任人为顺，不任人唯全；宽容大度，有容人之量；善于合作，吃苦在先，享受在后，关心别人胜于关心自己。

（4）公道正直，勤俭自强

项目经理应以身作则，办事公平，为人正直，敬业奉献，律人先律己，责人先责己。

（5）铁面无私，赏罚严明

项目经理应对被领导者赏功罚过，不讲情面，以此建立管理权威，提高管理效率；赏要从严，罚要谨慎。

3. 知识素质

项目经理应当是内行、专家，要求具有大、中专以上学历或相应的水平，懂得建筑施工技术知识、经济知识、经营管理知识和法律知识，特别要精通项目管理的基本理论和方法，懂得建筑工程项目管理的规律；具有较强的决策能力、组织能力、指挥能力、应变能力，也就是经营管理能力；能够带领项目经理部班子成员，团结广大群众共同工作。此外，承担外资工程的项目经理还应掌握一门外语。

4. 实践经验

每个项目经理必须具有一定的施工实践经历，并且按规定应有一定的实践锻炼。只有具备了实践经验，才能灵活自如地处理各种可能遇到的实际问题。

5. 身体素质

由于项目经理不但要担当繁重的工作，而且工作条件和生活条件都因现场性强而相当艰苦，因此，其必须年富力强，具有健康的身体，以便保持充沛的精力和旺盛的意志。

美国项目管理专家约翰·宾认为项目经理应具备的基本素质有六条：一是具有本专业技术知识；二是有工作干劲，主动承担责任；三是具有成熟而客观的判断能力，成熟是指有经验，能够看出问题，客观是指能看到最终目标，而不是只顾眼前；四是具有管理能力；五是诚实可靠、言行一致，答应的事就一定做到；六是机智、精力充沛，能吃苦耐劳，随时都准备处理突发事件。

《建设工程项目经理执业导则》中概括的项目经理素质如下：

① 符合项目管理要求的能力，善于进行组织、协调与沟通。

② 相应的项目管理经验和业绩。

③ 项目管理需要的专业技术、管理、经济、法律和法规知识。

④ 良好的职业道德和团队协作精神，爱岗敬业，诚信尽责。

⑤ 身体健康。

知识拓展

《建设工程项目经理执业导则》概述

2011 年 8 月，由住房和城乡建设部标准定额研究所委托中国建筑业协会工程项目管理专业委员会、中国建筑第八工程局有限公司、同济大学等单位编写的《建设工程项目经理执业导则》（RISN－TG012－2011）正式颁布。

《建设工程项目经理执业导则》（以下简称《导则》），是在总结 20 年来项目经理职业化建设实践经验的基础上，编制完成的一部覆盖项目经理岗位工作职责、任职资格、岗位职业素质能力要求、职业道德等内容的行业指导性文件，填补了建筑业标准体系的空白。《导则》对于明确项目经理的工作内容，指导企业项目经理的培养、使用、考核与管理，提高工程项目管理整体水平，促进工程项目管理的规范化和标准化、国际化发展，具有极为重要的作用。特别要提出的是，项目经理职业化建设的目标是人才培养专业化、岗位要求标准化、企业任用科学化、人才流动市场化、行业管理规范化和队伍建设职业化。《导则》的颁布，就是以岗位要求标准化和企业任用科学化，有力地促进人才培养专业化和行业管理规范化，以及项目经理职业化的科学发展。

《导则》的编写以《建设工程项目管理规范》为纲，是在《建设工程项目管理规范》之下对项目经理工作的强化与细化。其目的是以科学客观的标准，对项目经理的职业意识进行引导，对项目经理的工作实践进行指导，对项目经理的从业行为进行规范，对项目经理的管理绩效进行度量。《导则》内容全面，体系完善，实用性、可操作性强；既体现了中国建筑业的特点，又与国际通行做法接轨；具有创新性，总结提炼了我国建筑业企业工程项目管理创新经验的精髓与实践成果。

四、项目经理的选拔

《建设工程项目经理执业导则》中概括了目前我国选拔项目经理的三种方式。

1. 自荐上岗

由本人提出申请，经企业项目经理管理部门考核，由法定代表人签发项目经理聘任书聘任上岗。

2．委托上岗

企业项目经理管理部门推荐，经本人同意，由法定代表人签发项目经理聘任书聘任上岗。

3．竞聘上岗

企业根据工程项目合同条件和内部有关规定程序进行公开竞聘，中选后由法定代表人签发项目经理聘任书聘任上岗。

项目经理一经任命产生后，其身份是企业法定代表人在项目上的委托授权代理人，他与企业经理虽然是上下级关系，但双方经过协商，要签订项目管理目标责任书，如无特殊原因，在项目未完成前不宜随意更换项目经理。

五、项目经理的基本工作和经常性工作

1．项目经理的基本工作

（1）规划建设工程项目管理目标

项目经理应当对质量、工期、成本目标制订规划；应当组织项目经理部班子成员对目标系统做出详细规划，进行目标管理。目标规划工作，从根本上决定了项目管理的效能。再者，确定了项目管理目标，就可以使职员的活动有中心，把职员的活动拧到了一股绳上。

（2）制定制度和规范

制定制度和规范即建立合理而有效的项目管理组织机构，以及制定重要的规章制度和规范（规程），从而保证规划目标的实现。规章制度和规范必须符合现代管理的基本原理，必须面向全体职工，使他们乐于接受，以推进规划目标的实现。规章制度和规范由项目经理组织执行机构制定，项目经理给予审批、督促和进行效果考核。

（3）选用人才

一个优秀的项目经理，必须下一番功夫去选择好项目经理部班子成员及主要的业务人员。项目经理在选人时，应坚持精干高效原则，选得其才，用得其能，置得其所。

2．项目经理的经常性工作

（1）决策

项目经理对重大决策必须按照完整的科学方法进行。项目经理不需要包揽一切决策，只有如下两种情况要求项目经理及时明确地做出决断。

一是出现了非规范事件，即例外性事件。例如特别的合同变更，对某种特殊材料的购买，领导重要指示的执行决策等。

二是下级请示的重大问题，即涉及项目目标的全局性问题，项目经理要及时明确地做出决断，不要模棱两可，更不可遇到问题绕着走。

（2）深入实际

项目经理必须经常深入实际，密切联系群众，这样才能体察下情，了解实际，从而能够发现问题，便于开展领导工作，把关键工作做在最恰当的时候。

(3) 继续学习

项目管理涉及现代生产、科学技术和经营管理，它往往集中了这三者的最新成就。因此，项目经理必须接受继续教育。事实上，群众的水平是在不断提高的，项目经理如果不学习，就不能很好地领导水平提高了的下属，也不能很好地解决出现的新问题。项目经理必须不断抛弃老旧的知识，及时学习新知识、新思想和新方法，要跟上改革的形势，适应国内、国际市场的需求。

(4) 实施合同

对合同中确定的各项目标的实现进行有效的协调与控制，协调各种关系，组织全体职工实现工期、质量、成本、安全、文明施工目标，提高经济效益。

第二节　建设工程项目经理责任制

一、项目经理责任制的概念

随着社会主义市场经济体制的建立和建筑企业项目管理体制改革的不断深化，建筑企业已经形成了比较完善的经营管理体系。一方面，由于企业的工程任务是通过建筑市场招投标获得的，企业和建设单位签订合同的各项条款要求最终通过各项经济活动转到以项目为中心的总包管理上来；另一方面，企业对国家确保要完成的各项经济技术指标也要通过项目管理目标落实到项目上来，因此，企业必须建立和完善以建筑工程项目管理为基点的责任管理机制。所以，项目经理责任制是完成建设单位和国家对企业要求的最终落脚点。强化建立项目经理全面组织生产各要素优化配置的责任、权力、利益和风险机制，更有利于对建设工程项目、工期、质量、成本、安全等各项目标实施强有力的管理。否则，项目管理就缺乏动力和压力，也缺乏法律保证。

1. 项目经理责任制的含义

项目经理责任制，是指以项目经理为责任主体的建设工程项目管理目标责任制度，用以确立项目经理部与企业、职工三者之间的责、权、利关系。它是以建设工程项目为对象，以项目经理全面负责为前提，以项目目标责任书为依据，以创优质工程为目标，以求得项目产品的最佳经济效益为目的，实行从建设工程项目开工到竣工验收交工的一次性全过程的管理。

2. 项目经理责任制的特点

项目经理责任制和其他承包经营制相比有以下特点：

(1) 对象终一性

项目经理责任制始终以建设工程项目为对象，对建筑产品形成过程全面负责，不同于过去企业的年度或阶段性承包。

(2) 主体直接性

它实行经理负责制，全员管理、标价分离、指标考核、项目核算，确保上缴、节约增效、超额奖励的复合型指标责任制，重点突出了项目经理个人的主要责任。

（3）内容全面性

项目经理责任制是根据先进、合理、实用、可行的原则，以保证提高工程质量、缩短工期、降低成本、保证安全和文明施工等各项目标为内容的全过程的目标责任制。它明显地区别于单项或利润指标承包。

（4）责任风险性

项目经理责任制充分体现了“指标突出、责任明确、利益直接、考核严格”的基本要求。其最终结果与项目经理部成员，特别是与项目经理的奖罚等个人利益直接挂钩，经济利益与责任风险同在。

二、项目经理责任制的作用

项目经理责任制在建设工程项目管理中的作用，主要表现在以下方面：

① 有利于明确项目经理与企业和职工三者之间的责、权、利、效关系。

② 有利于运用经济手段强化建设工程项目的法制管理。

③ 有利于项目规范化、科学化管理和提高产品质量。

④ 有利于促进和提高企业项目管理的经济效益和社会效益，不断解放和发展生产力。

三、项目经理责任制管理目标确立的原则

1. 实事求是的原则

建设工程项目目标管理责任书制定形式和指标确定是责任制的重要内容，企业应力求从建设工程项目管理的实际出发，做到如下几点：一是具有先进性。不搞“保险承包”，在指标的确定上，应以先进水平为标准，避免“不费力、无风险、稳收入”的现象出现。二是具有合理性。不搞“一刀切”，针对不同的工程类型和施工条件，采取不同的经济技术指标，不同的职能人员实行不同的岗位责任制，力争做到大家在同一起跑线上的平等竞争，减少分配不公现象。三是具有可行性。不追求形式，对因不可抗力而导致项目管理目标责任难以实施的，应及时调整，以使每个责任人既要感到风险压力，又能充满必胜的信念，避免“以包代保”“以包代管”等现象。

2. 兼顾企业、项目经理和职工三者利益的原则

在项目经理责任制中，企业、项目经理和职工三者的根本利益是一致的。一方面，建设工程项目责任制应把保证企业利益放在首位；另一方面，也应维护项目经理和职工的正当利益，特别是在确定个人收入基数时，应切实贯彻按劳分配、多劳多得的原则。

3. 责、权、利、效统一的原则

责、权、利、效的统一，是项目经理责任制的一项基本原则，这里需要特别注意的是，必须把效（即企业的经济效益和社会效益）放在重要地位。因为虽尽到了责任，获得相应的权力和利益，但未必一定就会产生好的效益，责、权、利的结合应最终围绕企业的整体效益来运行。

四、项目经理责任制的主体与重点

项目经理责任制的主体是项目经理个人全面负责，项目管理班子集体全员管理。

建设工程项目管理的成果不仅仅是项目经理个人的功劳。项目管理班子是一个集体，没有集体的团结协作就不会取得成功。由于领导班子明确了分工，使每个成员都分担了一定的责任，大家一致对国家和企业负责，共同享受企业的利益。但是由于责任不同，承担的风险也不同，比如质量项目经理是要承担终身责任，所以，项目经理责任制的主体必然是项目经理。

项目经理责任制的重点必须放在管理上。管理是科学性、规律性的活动。如果说企业经理是战略家，那么项目经理就应当是战术家。企业经理决定打不打这一仗，是决策者的责任；项目经理研究如何打好这一仗，是管理者的责任。因此，项目经理责任制要注重管理的内涵和运用。

五、实行项目经理责任制的条件

实行项目经理责任制，必须坚持管理层与劳务（作业）层分离的原则，依靠市场，实行业务系统化管理，通过人、财、物各要素的优化组合，既发挥系统管理的有效职能，使管理向专业化、科学化发展，又赋予项目经理一定的权力，促使建设工程项目高速、优质、低耗地全面完成。项目经理责任制必须具备下列条件：

① 项目任务落实、开工手续齐全，具有切实可行的项目管理规划大纲或施工组织总设计。

② 各种工程技术资料、施工图纸、劳动力配备、三大主材落实，能按计划提供。

③ 由一批懂技术、会管理、敢负责并掌握建筑工程项目管理技术的人才组织成一个精干、得力、高效的项目管理班子。

④ 建立企业业务工作系统化管理，使企业具有为项目经理部提供人力资源、材料、设备及生活设施等各项服务的功能。

第三节　建设工程项目经理的责、权、利

一、项目经理的职责

项目经理应履行下列职责：

① 代表企业实施施工项目管理。贯彻执行国家法律、法规、方针、政策和强制性标准，执行企业的管理制度，维护企业的合法权益。

②“项目管理目标责任书”规定的职责。

③ 主持编制项目管理实施规划，并对项目目标进行系统管理。

④ 对进入现场的资源进行优化配置和动态管理。

⑤ 建立质量管理体系和职业健康安全管理体系并组织实施。

⑥ 在授权范围内负责与企业管理层、劳务作业层、各协作单位、发包人、分包人和监理工程师等协调，解决项目中出现的问题。

⑦ 在授权范围内处理项目经理部与国家、企业、分包单位及职工之间的利益分配。

⑧ 搜集工程资料，准备结算资料，参与工程竣工验收。

⑨ 接受审计，处理项目经理部解体的善后工作。

⑩ 协助企业进行项目的检查、鉴定和评奖申报工作。

二、项目经理的权限

项目经理应具有以下权限：

① 参与企业进行的施工项目投标和签订施工合同。

② 参与组建项目经理部，确定项目经理部的组织形式，选择、聘任管理人员，确定管理人员的职责，并定期进行考核、评价和奖惩。

③ 主持项目经理部工作，组织制定施工项目的各项管理制度。

④ 在企业财务制度规定的范围内，根据企业法定代表人授权和施工项目管理的需要，决定资金的投入和使用。

⑤ 制定项目经理部的计酬办法。

⑥ 参与选择并使用具有相应资质的分包人。

⑦ 在授权范围内，按物资采购程序性文件的规定行使采购权。

⑧ 在授权范围内，协调和处理与施工项目管理有关的内部与外部事项。

⑨ 法定代表人授予的其他权力。

三、项目经理的利益

项目经理应享有下列利益：

① 获得工资与奖励。

② 项目完成后，按照“项目管理目标责任书”的规定，经审计后给予奖励或处罚。

③ 除按“项目管理目标责任书”可获得物质奖励外，还可获得表彰、记功等奖励。

第四节　建造师执业资格制度

建造师执业资格制度于 1834 年起源于英国，迄今已有 180 多年的历史，世界上许多国家已经建立了这项制度。国际建造师协会成立大会于 1997 年在华盛顿正式召开。截至 2017 年第三季度，我国建筑业企业单位数量共计 84 185 个，共吸纳了 4 698.73万从业人员。在从事建设工程项目总承包和施工管理的广大专业技术人员中，特别是在施工项目经理队伍中，建立建造师执业资格制度是非常必要的。

一、我国建造师执业资格制度的建立

2002 年 12 月 5 日，原人事部、建设部联合印发了《建造师执业资格制度暂行规定》（人发〔2002〕111 号），这标志着我国建造师执业资格制度正式建立。该规定明确指出，我国的建造师是指从事建设工程项目总承包和施工管理关键岗位的专业技术人员，分为一级建造师和二级建造师。这项制度的建立，促进了我国工程项目管理人员素质和管理水平的提高，促进了我们进一步开拓国际建筑市场。

2003 年 2 月 27 日，《国务院关于取消第二批行政审批项目和改变一批行政审批项目管理方式的决定》（国发〔2003〕5号）规定："取消建筑施工企业项目经理资质核准，由注册建造师代替，并设立过渡期。"

2003年4月23日，《关于建筑业企业项目经理资质管理制度向建造师执业资格制度过渡有关问题的通知》（建市〔2003〕86号）中规范了过渡期项目经理的任职条件和过渡期满后项目经理的任职条件。

建筑业企业项目经理资质管理制度向建造师执业资格制度过渡的时间定为5年，即从2003年2月27日（国发〔2003〕5号）起至2008年2月27日止。在过渡期内，原项目经理资质证书继续有效。对于具有建筑企业项目经理资质证书的人员，在取得建造师注册证书后，其项目经理资质证书应缴回原发证机关。过渡期满后，项目经理资质证书停止使用。

从国发〔2003〕5号文印发之日起，各级建设行政主管部门、国务院有关专业部门、中央管理的企业及有关行业协会不再审批建筑业企业项目经理资质。

在过渡期内，大、中型工程项目的项目经理的补充，由获取建造师执业资格的渠道实现；小型工程项目的项目经理的补充，可由企业依据原三级项目经理的资质条件考核合格后聘用。

在过渡期内，凡持有项目经理资质证书或者建造师注册证书的人员，经其所在企业聘用后均可担任工程项目施工的项目经理。过渡期满后，大、中型工程项目施工的项目经理必须由取得建造师注册证书的人员担任；但取得建造师注册证书的人员是否担任工程项目施工的项目经理，由企业自主决定。

二、建造师执业资格证书

一级建造师执业资格实行全国统一大纲、统一命题、统一组织的考试制度，由原人事部、建设部共同组织实施，原则上每年举行一次考试。二级建造师执业资格实行全国统一大纲，各省、自治区、直辖市命题并组织的考试制度。考试内容分为综合知识与能力和专业知识与能力两部分，报考人员要符合有关文件规定的相应条件。对一级、二级建造师执业资格考试合格的人员，可分别获得中华人民共和国一级建造师执业资格证书和中华人民共和国二级建造师执业资格证书。取得建造师执业资格证书的人员，必须经过注册登记，才能以建造师的名义执业。

按照原建设部颁布的《建筑业企业资质等级标准》，一级建造师可以担任特级、一级建筑业企业资质的建设工程项目施工的项目经理；二级建造师可以担任二级及以下建筑业企业资质的建设工程项目施工的项目经理。

三、注册建造师与项目经理的关系

建造师是一种专业人员的名称，而项目经理是一个工作岗位的名称。建造师与项目经理所从事的都是建设工程的管理，但执业范围不同。建造师执业的覆盖面较大，可涉及工程建设项目管理的许多方面，担任项目经理只是建造师执业中的一项，除此之外，还可以从事法律、行政法规或国务院建设行政主管部门规定的其他业务及其他施工活动的管理工作；而项目经理则限于企业内某一特定工程的项目管理。建造师选择工作的权利相对自由，可在社会市场上有序流动，有较大的活动空间；项目经理岗位则是企业设定的，项目经理是企业法人代表授权或聘用的一次性的工程项目施工管理者。

我国在全面实施建造师执业资格制度后仍然要坚持落实项目经理岗位责任制。项目经理岗位是保证工程项目建设质量、安全、工期的重要岗位，要充分发挥有关行业协会的作用，加强项目经理培训，不断提高项目经理队伍素质；要加强对建筑业企业项目经理市场行为的监督管理，对发生重大工程质量安全事故或市场违法违规行为的项目经理，必须依法予以严肃处理。国发〔2003〕5 号文取消的是项目经理资质的行政审批，而不是取消项目经理。这里发生变化的是，大、中型工程项目的项目经理必须由取得建造师执业资格的建造师担任。注册建造师资格是担任大、中型工程项目经理的一个必要条件，是国家的强制性要求。小型工程项目的项目经理可以由不是建造师的人员担任。

习题三

一、单项选择题

1. 施工项目管理规划大纲是由企业（　　）之前编制的，旨在作为投标依据、满足招标文件要求及签订合同要求的文件。

A. 管理层在投标　　B. 项目经理在投标

C. 管理层在施工开工　　D. 项目经理在施工开工

2. 施工项目管理实施规划是（　　）主持编制的，旨在指导项目实施阶段管理的文件。

A. 在投标之前，由企业管理层　　B. 在投标之前，由项目经理

C. 在施工开工之前，由企业管理层　　D. 在施工开工之前，由项目经理

3. 施工项目管理实施规划的技术经济指标分析中不包括的规划指标是（　　）。

A. 成本指标　　B. 工期完成率　　C. 质量标准　　D. 机械化水平

4. 项目经理责任制规定了应该由（　　）与劳务作业层签订劳务分包合同。

A. 项目经理　　B. 项目管理层　　C. 企业管理层　D. 企业法人

5. 关于项目经理部的运行，下列说法正确的是（　　）。

A. 应按责任制度运行，控制管理人员的管理行为，以实现项目管理目标

B. 应按规章制度的规定运行，控制管理人员和分包人的管理行为，以实现项目管理目标

C. 应按合同运行，控制管理人员和分包人的管理行为，以实现项目管理目标

D. 应按责任制度运行，控制管理人员和分包人的管理行为，以实现项目管理目标

6. 承揽大型项目的项目经理部管理人员中的高级职称人数不应低于经理部成员总数的（　　）。

A. 20%　　B. 15%　　C. 12%　　D. 10%

7. 下列职责中，（　　）不是项目经理的职责。

A. 负责质量计划制订与实施　　B. 搞好组织协调

C．进行现场文明施工管理　　　　　　D．组织编制项目管理实施规划

8．项目经理不负责管理的过程是（　　）。

A．竣工验收　　B．施工阶段　　C．投标过程　　D．开工准备

9．大、中型项目宜按（　　）组织结构形式设置项目经理部。

A．直线—职能式　B．项目式　　C．事业部式　　D．矩阵式

10．设立项目经理部的步骤有：① 确定项目经理部的层次、职能部门和工作岗位；② 对项目管理目标责任书确定的目标进行分解；③ 确定管理任务和组织形式；④ 制定规章制度和目标责任考核奖惩制度；⑤ 确定人员、职责、权限。正确的先后顺序为（　）。

A．③⑤①②④　　　　B．③①⑤②④

C．①③⑤④②　　　　D．①⑤③②④

二、多项选择题

1．项目经理责任制的作用是确定了（　　）。

A．项目经理在企业中的地位

B．企业的层次及其相互关系

C．项目经理在项目管理目标责任体系中的地位

D．项目经理在项目管理中的地位

E．项目经理的基本责任、权限和利益

2．设立项目经理部应根据（　　）。

A．项目管理规划大纲确定的组织形式

B．施工项目的规模、结构复杂程度、专业特点、人员素质和地域范围

C．施工项目的规模、复杂程度和专业特点

D．部门和人员设置应满足目标控制的需要，项目经理部不应固化

E．应建立有益于组织运转的规章制度

3．项目管理目标责任书的特点是（　　）。

A．一次性

B．由企业法定代表人确定

C．从企业的全局出发确定

D．涉及的内容多

E．确定了项目经理部应达到的目标

三、简答题

1．项目经理的产生方式有哪几种？

2．对项目经理的素质要求主要有哪些？

3．项目经理责任制的主要原则有哪些？

四、工程技能训练

北京某公司在新疆某地投标承包了一栋写字楼工程，钢框架结构，面积为 78 000 m^2，高级装修。合同规定，建筑安装工程总造价 11 亿元，工期为 2 年，质量创结构长城杯奖和鲁班奖。公司拟委派项目经理，成立项目经理部进行施工项目管理。在项目管

理期间，项目经理执行《建设工程项目管理规范》的各项规定。

根据上述背景回答以下问题：

1. 对委派的项目经理有什么资格要求？为什么？对其素质有什么要求？

2. 应成立什么模式的项目经理部？为什么？高级职称员工应该有多少？执行哪些原则？运行中有哪些要求？

3. 项目经理部通过什么文件从企业获得任务？该文件的主要内容是什么？

第四章　建设工程项目成本管理

建设工程项目成本管理是指项目在施工过程中，在保证满足工程质量、工期等合同要求的前提下，对项目实施过程中所发生的各项费用，通过计划、组织、控制和协调等活动实现预定的成本目标。对影响建设项目成本的各种因素加强管理，并采取各种有效的措施控制成本，通过技术、经济和管理活动达到预定目标。将施工中实际发生的各种消耗和支出严格控制在成本计划范围内，随时揭示并及时反馈，严格审查各项费用是否符合标准，计算实际成本和计划成本之间的差异并对其进行分析，消除施工中的损失浪费现象，发现和总结经验，通过成本控制与管理，最终实现甚至超过预期的成本目标。建设工程项目成本管理是尽可能地降低成本费用的一种科学的管理活动，以便实现赢利的目的。成本控制与管理贯穿于项目管理活动的全过程，从项目中标、开始签约到施工准备、现场施工，直到竣工验收，每个环节都离不开成本控制与管理工作。

案例导入

某多层砖混住宅群体项目，共计14幢单项工程，总造价为3 240万元。其项目成本控制指导书确定：制造总成本为3 000万元，控制目标为各单项工程约215万元，其中工程直接费中的材料费为160万元，人工费为30万元，机械费为10万元，工程间接费为15万元，阶段性控制比例为基础40%、主体35%、设备安装10%、装饰装修15%。实际施工中，在进行阶段性考核时，统计基础完工时的材料费共计投入912万元，较控制目标超出16万元。通过认真总结分析，认为施工项目成本超耗的主要原因有：砖的采购价格不稳定，有的较市场价格过高；砌筑质量不合格，造成返工致使材料浪费严重等。

经项目研究决定，进一步规范了物资采购行为，加强了信息指导价的搜集，摸清了市场行情，重新选择了材料供应商；调整、更换了施工队伍的技术人员，引进了高素质的技术工人，全面加强了质量管理，认真做好施工组织工作。

主体工程提前7 d完工，仅周转材料一项就节约了近2万元，累计材料费1 632万元。通过采取积极有效的控制措施，不仅找回了基础部分的材料成本超耗，还节约了近48万元。最后，整个工程实际成本2 915万元，成本降低率达2.83%。在整个成本控制考核过程中，奖励作业班组3万元，极大地增强了工人节约创新的积极性与工作热情，收到了很好的成本控制效果。

第一节 建设项目施工成本的构成

一、施工项目成本的基本知识

1. 施工项目成本的概念

施工项目成本是指建设企业在以施工项目作为成本核算对象的施工过程中，所耗费的生产资料转移价值和劳动者的必要劳动所创造的价值的货币形式，即某施工项目在施工中所发生的全部生产费用总和，包括所有消耗的主辅材料、构配件、周转材料的摊销费或租赁费，施工机械台班费或租赁费，支付给生产工人的工资、奖金，以及项目经理部为组织、管理工程施工所发生的全部费用支出。

施工项目成本不包括劳动者为社会所创造的价值（如税金和计划利润），也不应包括不构成施工项目价值的一切非生产支出。

施工项目成本是建筑业企业的产品成本，亦称工程成本。一般以项目的单位工程为核算对象，通过各单位工程成本核算的综合来反映施工项目成本。

2. 施工项目成本的类型

施工项目成本按不同的分类标准分为不同的类型。

（1）按成本的核算方法划分

① 预算成本：是指根据施工图计算的工程和预算单价确定的工程成本，反映了为完成工程项目建筑安装任务所需的直接费用和间接费用。

② 实际成本：是指项目在施工生产过程中实际发生的，并按一定的成本核算对象和成本项目归集的生产费用支出的总和。

③ 目标成本：是指按企业的施工预算确定的目标成本，这一目标成本是在项目经理领导下组织施工、充分挖掘潜力、采取有效的技术组织措施和加强管理经济核算的基础上，预先确定的工程项目的成本目标。

（2）按成本的构成划分

① 直接成本：是指施工过程中耗费的构成工程实体或有助于工程实体形成的各项费用支出，是可以直接计入工程对象的费用，包括人工费、材料费、施工机械使用费和施工措施费等。

② 间接成本：是指为施工准备、组织和管理施工生产的全部费用的支出，是非直接用于也无法直接计入工程对象，但为进行工程施工所必须发生的费用，包括管理人员工资、办公费、差旅交通费、规费等。

（3）按成本习性划分

① 固定成本：是指反映工程项目中固定资产的购置、使用、归集等内容的成本。

② 变动成本：是指直接用于材料费、施工人员工资变动费用的成本。

3. 建设工程项目施工成本管理的任务

施工成本管理就是要在保证工期和质量满足要求的情况下，采取相应的管理措施（包括组织措施、经济措施、技术措施、合同措施）把成本控制在计划范围内，并进一步寻求最大程度的成本节约。施工成本管理的任务和环节主要包括施工成本预测、施工成本计划、施工成本控制、施工成本核算、施工成本分析和施工成本考核。

二、施工项目成本的构成

施工项目成本由直接成本和间接成本两部分构成。

1. 直接成本

直接成本是指施工过程中耗费的构成工程实体或有助于工程形成，并可以直接计入成本核算对象的各项支出。具体包括：

① 人工费：是指直接从事建筑安装工程施工的生产工人开支的各项费用，包括工资、奖金、工资性质的津贴、生产工人的辅助工资、职工福利费、生产工人的劳动保护费等。

② 材料费：是指施工过程中耗用的构成工程实体的各种材料费用，包括原材料、辅助材料、构配件、零件、半成品的费用，以及周转材料的摊销费和租赁费。

③ 机械使用费：是指施工过程中使用机械所发生的费用，包括使用自有施工机械的费用、外租施工机械的租赁费，以及施工机械安装、拆卸和进出场费。

④ 其他直接费（措施费）：是指除上述三项费用以外的直接用于施工过程的费用，包括材料二次搬运费、临时设施摊销费、生产工具使用费、检验试验费、工程定位复测费、工程点交费、场地清理费，以及冬雨季施工增加费、夜间施工增加费、仪器仪表使用费、特殊工程培训费、特殊地区施工增加费。

2. 间接成本

间接成本是指项目经理部为施工准备、组织和管理施工生产所发生的，与成本核算对象相关联的全部施工间接支出。具体包括：

① 工作人员薪金：是指现场项目管理人员的工资、奖金、工资性质的津贴等。

② 劳动保护费：是指现场管理人员按规定标准发放的劳动保护用品的购置费和修理费、防暑降温费，以及在有碍身体健康环境中施工的保健费用等。

③ 职工福利费：是指按现场项目管理人员工资总额14%提取的福利费。

④ 办公费、差旅交通费、固定资产使用费、工具用具使用费。

⑤ 保险费：是指施工管理用的财产、车辆保险及高空、井下、海上作业特殊工种的安全保险费等。

⑥ 社会保险（养老保险、医疗保险、失业保险、工伤保险、生育保险）和住房公积金。

⑦ 工程排污费：是指施工现场按规定交纳的排污费用。

⑧ 其他费用：

工程保修费：是指工程施工交付使用后在规定的保修期内的修理费用。

工会经费：是指按现场管理人员的工资总额的2%计提工会经费。

教育经费：是指按现场管理人员的工资总额的1.5%提取使用的职工教育经费。

业务活动经费：是指按“小额、合理、必需”原则使用的业务活动经费。

税金：是指应由项目负担的房产税、车船使用税、土地使用税、印花税等。

劳保统筹费：是指按工资总额一定比例交纳的劳保统筹基金。

利息支出：是指项目在银行开户的存贷款利息收支净额。

其他财务费用：汇兑净损失、调剂外汇手续费、银行手续费用等。

第二节　建设项目施工成本计划

建设项目施工成本计划是施工项目成本管理的一个重要环节，是实现降低施工项目成本任务的指导性文件。从某种意义上来说，编制施工项目成本计划也是施工项目成本预测的继续。如果对承包项目所编制的成本计划达不到目标成本要求，就必须组织施工项目管理班子的有关人员重新研究以寻找降低成本的途径，再进行重新编制；从第一次所编的成本计划到改变成第二次或第三次的成本计划直至最终定案，实际上这意味着进行了一次次的成本预测；同时编制成本计划的过程也是一次动员施工项目经理部全体职工，挖掘降低成本潜力的过程，是检验施工技术质量管理、工期管理、物资消耗和劳动力资源管理等效果的全过程。

施工项目成本计划是在项目经理负责下，在成本预测的基础上进行的，以货币形式规定施工项目进行中的施工生产耗费的计划总水平。通过施工项目的成本计划可以确定对比项目总投资应实现的计划成本降低额与降低率，并且按成本管理层次、有关成本项目，以及项目进展的各阶段对成本计划加以分解，以制订各级成本实施方案。

一、施工成本计划的类型

1．按成本计划的构成划分

（1）直接成本计划

直接成本计划主要反映构成直接成本的各种材料、人工、机械费等预算价值，以及计划降低额和计划降低率。

（2）间接成本计划

间接成本计划主要反映施工现场管理费用的计划数、预算收入数及降低额。间接成本计划应根据工程项目的核算期，以项目总收入的管理费为基础，制订各部门费用的收支计划，汇总后作为工程项目的管理费用的计划。在间接成本计划中，收入应与取费口径一致，支出应与会计核算中管理费用的二级科目一致。

2．按其编制的方法划分

（1）预算成本计划

预算成本计划是指主要以施工图中的工程实物量，套以施工工料消耗定额，计算工料消耗量，并进行工料汇总，然后统一以货币形式反映其施工耗费水平的计划。

（2）实际成本计划

实际成本计划是指报告期内企业根据自身的生产技术条件和企业管理水平对实际发生的各项施工费用而制订的成本计划。

3．按成本计划反映的内容范围划分

（1）项目总成本计划

项目总成本计划是指整个工程项目所有费用的总计划。

（2）项目子成本计划

项目子成本计划是指反映各分项工程的费用情况的计划。

4．按成本习性划分

（1）固定成本计划

固定成本计划是指反映工程项目中固定资产的购置、使用、归集等内容的计划。

（2）变动成本计划

变动成本计划反映的是直接用于材料费、施工人员工资变动费用的计划。

二、施工项目成本计划的作用

施工项目成本计划是施工项目管理六大环节中的重要一环，因此，正确编制施工项目成本计划有非常重要的作用。

1．成本计划是对生产耗费进行控制、分析和考核的重要依据

成本计划可作为对生产耗费进行事前预计、事中检查控制和事后考核评价的重要依据。许多施工单位仅单纯重视项目成本管理的事中控制及事后考核，却忽视甚至省略了至关重要的事前计划，使得成本管理从一开始就缺乏目标，对于控制考核，也无从对比，产生很大的盲目性。施工项目成本计划一经确定，就应层层落实到部门、班组，并应经常将实际生产耗费与成本计划进行对比分析。发现执行过程中存在的问题，及时采取措施，改进和完善成本管理工作，以保证施工项目成本计划各项指标得以实现。

2．成本计划是编制其他有关施工计划的基础

每一个施工项目都有着自己的项目计划，这是一个完整的体系。在这个体系中，成本计划与其他各方面的计划有着密切的联系，它们既相互依存又相互制约。例如，编制项目流动资金计划、企业利润计划等都需要成本计划的资料，同时成本计划也需要以施工方案、物资与价格计划等为基础。因此，正确编制施工项目成本计划，是编制其他计划的重要保证。

3．成本计划是开展增产节约、降低产品成本的保证

成本计划是全体职工共同奋斗的目标。为了保证成本计划和成本控制目标的实现，企业必须加强成本管理责任制，把成本计划的各项指标进行层层分解，步步落实到各部门、班组乃至个人，实行归口管理并做到责、权、利相结合，检查评比和奖惩有根有据，使开展增产节约、降低产品成本、执行和完成各项成本计划指标成为上下一致、左右协调、人人自觉努力完成的共同行动。

4．成本计划是体现目标管理的一种具体形式

成本计划是建立施工项目成本管理责任制、开展成本控制和核算的基础。一般来说，一个施工项目成本计划应包括从开工到竣工所必需的施工成本，它是该施工项目降低成本的指导文件，是设立目标成本的依据。可以说，成本计划是目标成本的一种形式。

三、施工项目成本计划编制的原则

为了使成本计划能够发挥它的积极作用，在编制成本计划时应掌握以下原则。

1．从实际情况出发的原则

编制成本计划必须根据国家的方针政策，从企业的实际情况出发，充分挖掘企业

内部潜力，使降低成本指标既积极可靠，又切实可行。施工项目管理部门降低成本的潜力在于正确选择施工方案，合理组织施工；提高劳动生产率；改善材料供应，降低材料消耗，提高机械利用率、节约施工管理费用等。但要注意，不能为了降低成本而偷工减料、忽视质量、不顾机械的维护修理而高强度使用机械、片面增加劳动强度、加班加点，或减掉合理的劳保费用、忽视安全工作等。

2．与其他计划结合的原则

编制成本计划，必须与施工项目的其他各项计划（如施工方案、生产进度、财务计划、材料供应及耗费计划等）密切结合，保持平衡。成本计划一方面要根据施工项目的生产、技术组织措施、劳动工资、材料供应等计划来编制；另一方面，其他各种计划指标受影响时，应考虑适应降低成本的要求，与成本计划密切配合，而不能单纯考虑每一种计划本身的需要。

3．采用先进的技术经济定额的原则

编制成本计划，必须以各种先进的技术经济定额为依据，并针对工程的具体特点，采取切实可行的技术组织措施做保证。只有这样，才能使编制的成本计划既具有科学根据，又有实现的可能，也只有这样，才能使编制的成本计划起到促进和激励的作用。

4．统一领导、分级管理的原则

编制成本计划，应实行统一领导、分级管理的原则，采取走群众路线的工作方法，在项目经理的领导下，以财务和计划部门为中心，发动全体职工共同进行，总结降低成本的经验，找出降低成本的正确途径，使成本计划的制订和执行具有广泛的群众基础。

5．弹性原则

编制成本计划，应留有充分的余地，保持计划的一定弹性。在计划期内，项目经理部的内部或外部的技术经济状况和供产销条件，很可能发生一些编制计划时所未预料到的变化，尤其是材料供应、市场价格千变万化，给计划拟订带来很大困难。因而在编制计划时应充分考虑到上述情况，从而使计划保持一定的应变能力。

四、施工成本计划的编制依据

施工成本计划是施工项目成本控制的一个重要环节，是实现降低施工成本任务的指导性文件，如果针对施工项目所编制的成本计划达不到目标成本要求，就必须组织施工项目管理班子的有关人员重新研究以寻找降低成本的途径，重新进行编制。同时编制成本计划的过程也是动员全体施工项目管理人员的过程，是挖掘降低成本潜力的过程，是检验施工技术质量管理、工期管理、物资消耗和劳动力消耗管理等是否落实的过程。

编制施工成本计划，需要广泛搜集相关资料并进行整理，以作为施工成本计划编制的依据。在此基础上，根据有关设计文件、工程承包合同、施工组织设计、施工成本预测资料等，按照施工项目应投入的生产要素，结合各种因素的变化和拟采取的各种措施，估算施工项目生产费用支出的总水平，进而提出施工项目的成本计划控制指标，确定目标总成本。目标总成本确定以后，应将总目标分解落实到各个机构，以便于进行子项目或工序的控制。最后，通过综合平衡，编制完成施工成本计划。施工成本计划的编制依据具体包括以下几个方面：

① 投标报价文件。

② 企业定额、施工预算资料。

③ 施工组织设计或施工方案。

④ 人工、材料、机械台班的市场价。

⑤ 企业颁布的材料指导价、企业内部机械台班价格、劳动力内部挂牌价格。

⑥ 周转设备内部租赁价格、摊销损耗标准。

⑦ 已签订的工程合同、分包合同（或估价书）。

⑧ 结构件外加工计划和合同。

⑨ 有关财务成本核算制度和财务历史资料。

⑩ 施工成本预测资料。

⑪ 拟采取的降低施工成本的措施。

⑫ 其他相关资料，如相关的施工图纸及文件。

五、施工项目成本计划的编制程序

施工项目成本计划的编制工作，是一项非常重要的工作，不应仅仅把它看作几张计划表的编制，更重要的是项目成本管理的决策过程，即选定技术上可行、经济上合理的最优降低成本方案。同时，通过成本计划把目标成本层层分解，落实到施工过程的每个环节，以调动全体职工的积极性，有效地进行成本控制。编制成本计划的程序，因项目的规模大小、管理要求不同而不同，大、中型项目一般采用分级编制的方式，即先由各部门提出部门的成本计划，再由项目经理部汇总编制全项目工程的成本计划；小型项目一般采用集中编制方式，即由项目经理部先编制各部门的成本计划，再汇总编制全项目的成本计划。无论采用哪种方式，其编制的基本程序如下：

1. 搜集和整理资料

广泛搜集资料并进行归纳整理是编制成本计划的第一步。所搜集的资料也即编制成本计划的依据。主要包括以下资料：

① 国家和上级有关部门有关编制成本计划的法规文件。

② 项目经理部与企业签订的承包合同及企业下达的成本降低额、降低率和其他有关技术经济指标。

③ 有关成本预测及决策资料。

④ 施工项目的施工图预算、施工预算。

⑤ 施工组织设计资料。

⑥ 施工项目使用的机械设备生产能力及其利用情况。

⑦ 施工项目的材料消耗、物资供应、劳动工资及劳动效率等计划资料。

⑧ 计划期内的物资消耗定额、劳动工时定额、费用定额等资料。

⑨ 以往同类项目成本计划的实际执行情况及有关技术经济指标完成情况的分析资料。

⑩ 同行业同类项目的成本、定额、技术经济指标资料及增产节约的经验和有效

措施。

⑪ 本企业的历史先进水平和当时的先进经验及采取的措施。

⑫ 国外同类项目的先进成本水平、情况等资料。

此外，还应深入分析当前情况和未来的发展趋势，了解影响成本升降的各种有利和不利因素，研究如何克服不利因素和降低成本的具体措施、近期影响成本的风险因素等，为编制成本计划提供丰富具体和可靠的成本资料。

2. 估算计划成本（即确定目标成本）

财务部门在掌握了丰富的资料，并加以整理分析，特别是在对近期成本计划完成情况进行分析的基础上，根据有关的设计、施工等计划，按照工程项目应投入的物资、材料、劳动力、机械、能源及各种设施等，结合计划期内各种因素的变化和准备采取的各种增产节约措施，进行反复测算、修订、平衡后，估算生产费用支出的总水平，进而提出全项目的成本计划控制指标，最终确定目标成本。目标成本的分解法一般采用工作分解法。

工作分解法又称工程分解结构（Work Breakdown Structure，WBS），即以施工图设计为基础，以本企业做出的项目施工组织设计及技术方案为依据，以实际价格和计划的物资、材料、人工、机械等消耗量为基准，估算工程项目的实际成本费用，据以确定成本目标。其具体步骤如下：

① 把整个工程项目逐级分解为内容单一便于进行单位工料成本估算的小项或工序，按小项自下而上估算。

② 汇总得到整个工程项目的估算值。

③ 考虑风险系数与物价指数，对估算结果加以修正。

利用上述 WBS 系统进行成本估算时，工作划分得越细、越具体，价格的确定和工程量估计越容易，工作分解自上而下逐级展开，成本估算自下而上，将各级成本估算逐级累加，便得到整个工程项目的成本估算。在此基础上分级分类计算的工程项目的成本，既是投标报价的基础，又是成本控制的依据，也是和其他工程项目预算做比较和进行盈利水平估计的基础。成本估算的公式如下：

估算成本 = 可确认单位的数量 × 历史基础成本 × 现在市场因素系数 × 未来物价上涨系数

式中，“可确认单位的数量”是指钢材吨数、木材的立方米数、人工的工时数等；“历史基础成本”是指基准年的单位成本；“现在市场因素系数”是指从基准年到现在的物价上涨指数。

3. 编制成本计划草案

对大、中型项目，经项目经理部批准下达成本计划指标后，各职能部门应充分发动群众进行认真讨论，在总结上期成本计划完成情况的基础上，结合本期计划指标，找出完成本期计划的有利和不利因素，提出挖掘潜力、克服不利因素的具体措施，以保证计划任务的完成。为了使指标真正落实，各部门应尽可能将指标分解落实下达到各班组及个人，使得目标成本的降低额和降低率得到充分讨论、反馈、再修订，使成本计划既能够切合实际，又能成为群众共同奋斗的目标。

4. 综合平衡，编制正式的成本计划

在各职能部门上报了部门成本计划和费用预算后，项目经理部首先应结合各项技术经济措施，检查各计划和费用预算是否合理可行，并进行综合平衡，使各部门计划和费用预算之间相互协调、衔接。其次，要从全局出发，在保证企业下达的成本降低任务或本项目目标成本实现的情况下，以生产计划为中心，分析研究成本计划与生产计划、劳动工时计划、材料成本与物资供应计划、工资成本与工资基金计划、资金计划等的相互协调平衡。经反复讨论多次综合平衡，最后确定的成本计划指标，即可作为编制成本计划的依据，项目经理部正式编制的成本计划上报企业有关部门后，可正式下达至各职能部门执行。

六、施工项目成本计划的编制方法

施工项目成本计划工作主要是在项目经理负责下，在目标成本基础上进行的。编制中的关键前提——确定目标成本，是成本计划的核心，是成本管理所要达到的目的。成本目标通常以项目成本总降低额和降低率来定量表示。项目成本目标的方向性、综合性和预测性，决定了必须选择科学的确定目标的方法。

1. 常用的施工项目成本计划法

在概、预算编制力量较强且定额比较完备的情况下，特别是施工图预算与施工预算编制经验比较丰富的施工企业，工程项目的成本目标可由定额估算法产生。所谓施工图预算，它是以施工图为依据，按照预算定额和规定的取费标准及图纸工程量计算出项目成本，反映为完成施工项目建筑安装任务所需的直接成本和间接成本。它是招、投标中计算标底的依据、评标的尺度，是控制项目成本支出、衡量成本节约或超支的标准，也是施工项目考核经营成果的基础。施工预算是施工单位（各项目经理部）根据施工定额编制的，作为施工单位内部经济核算的依据。

过去，通常以两算对比差额与技术组织措施带来的节约额来估算计划成本的降低额，公式如下：

计划成本降低额 = 两算对比定额差 + 技术组织措施计划节约额

随着社会主义市场经济体制的建立，一些施工单位对这种定额估算法又做了修改，其步骤及公式如下：

① 根据已有的投标、预算资料，确定中标合同价与施工图预算的总价格差和施工图预算与施工预算的总价格差。

② 根据技术组织措施计划，确定技术组织措施带来的项目节约额。

③ 对施工预算未能包含的项目，包括施工有关项目和管理费用项目，参照估算。

④ 对实际成本可能明显超出或低于定额的主要子项，按实际支出水平估算出其实际与定额水平之差。

⑤ 充分考虑不可预见因素、工期制约因素及风险因素、市场价格波动因素，加以试算调整，得出综合影响下的施工项目成本计划。

⑥ 综合计算整个项目的目标成本降低额及降低率。

目标成本降低额 =［①+②－③±④］×［①+⑤］

目标成本降低率＝目标成本降低额/项目的预算成本

2．计划成本法

施工项目成本计划中的计划成本编制方法，通常有以下几种：

（1）施工预算法

施工预算法，是指主要以施工图中的工程实物量，套以施工工料消耗定额，计算工料消耗量，并进行工料汇总，然后统一以货币形式反映其施工生产耗费水平。以施工工料消耗定额所计算的施工生产耗费水平，基本是一个不变的常数。一个施工项目要实现较高的经济效益（即提高降低成本水平），就必须在这个常数基础上采取技术节约措施，以降低消耗定额的单位消耗量和降低价格等措施，来达到成本计划的目标成本水平。因此，采用施工预算法编制成本计划时，必须考虑结合技术节约措施计划，以进一步降低施工生产耗费水平。公式如下：

施工预算法的计划成本（目标成本）＝施工预算施工生产耗费水平×（工料消耗费用－技术节约措施计划节约额）

【例1】　某施工项目按照施工预算的工程实际量，套以施工工料消耗定额，所计算消耗费用为580万元，技术节约措施计划节约额为16.5万元。计算计划成本。

解：施工项目计划成本＝580－16.5＝563.5万元

（2）技术节约措施法

技术节约措施法，是指以该施工项目计划采取的技术组织措施和节约措施所能取得的经济效果为施工项目成本降低额，然后求施工项目的计划成本的方法。公式如下：

施工项目计划成本＝施工项目预算成本－技术节约措施计划节约额（降低成本额）

【例2】　某施工项目造价为672.2万元，扣除计划利润和税金及企业管理独立费，经计算其预算成本为565.6万元，该施工项目的技术节约措施节约额为31.2万元。计算计划成本。

解：施工项目计划成本＝565.6－31.2＝534.4万元

（3）成本习性法

成本习性法，是固定成本和变动成本在编制成本计划中的应用，主要是按照成本习性，将成本分成固定成本和变动成本两类，以此作为计划成本。具体划分可采用费用分解法。

① 材料费：与产量有直接联系，属于变动成本。

② 人工费：如果采用计件超额工资形式，其计件工资部分属于变动成本，奖金、效益工资和浮动工资部分，应计入变动成本。

③ 机械使用费：机械使用费中有些费用随产量增减而变动，如燃料、动力费，属变动成本；有些费用不随产量变动，如机械折旧费，大修理费，机修工、操作工的工资等，属于固定成本。此外还有机械的场外运输费和机械组装拆卸、替换配件、润滑擦拭等经常修理费，由于不直接用于生产，也不随产量增减成正比例变动，而是在生产能力得到充分利用的情况下，产量增长时所分摊的费用就少一些，产量下降时所分摊的费用就多一些，所以这部分费用为介于固定成本和变动成本之间的半变动成本。可按一定比例划归固定成本与变动成本。

④ 其他直接费用：如水、电、风、汽等费用，以及现场发生的材料二次搬运费。该费用多数产量有关，属于变动成本。

⑤ 施工管理费：施工管理费中大部分在一定的产量范围内与产量的增减没有直接联系，如工作人员工资、生产工人辅助工资、工资附加费、办公费、差旅费、交通费、固定资产使用费、职工教育经费、上级管理费等，基本上属于固定成本。检验试验费、外单位管理费等与产量增减有直接联系，则属于变动成本范围，此外，劳动保护费中的劳保服装费、防暑降温费、防寒用品费，基本上都属于固定成本，因为劳动部门对此都有规定的领用标准和使用年限。技术安全措施费、保健费，大部分与产量有关，属无变动性质。工具用具使用费中，行政管理部门使用的家具费属固定成本；工人领用工具随管理制度不同而不同，有些企业对机修工、电工及钢筋、车、钳、刨工的工具按定额配备，规定使用年限，定期以旧换新，属于固定成本，而对民工、木工、抹灰工、油漆工的工具采取定额人工数定价包干，则又属于变动成本。

按成本习性划分为固定成本和变动成本后，可用下列公式计算施工项目计划成本：

施工项目计划成本＝施工项目固定成本总额（C1）＋施工项目变动成本总额（C2）

【例3】 某施工项目，经过分部分项测算，测得其变动成本总额为1 568万元，固定成本总额为526万元。计算计划成本。

解： 施工项目计划成本＝1 568＋526＝2 094 万元

（4）按实计算法

按实计算法，就是施工项目经理部有关职能部门以该项目施工图预算的工料分析资料为控制计划成本的依据。根据施工项目经理部执行施工定额的实际水平和要求，由各职能部门归口计算各项计划成本。

① 人工费的计划成本：由项目管理部的人力资源部门计算。

人工费的计划成本＝计划用工量×实际水平工资率

式中，计划用工量＝某项工程量/工日定额，工日定额可根据实际水平，考虑先进性，适当提高定额。

② 材料费计划成本：由项目管理部的材料部门计算。

材料费的计划成本 =（主要材料的计划用量 × 实际价格）+（装饰材料的计划用量 × 实际价格）+（周转材料的使用量 × 日期 × 租赁）+ 构配件费用

知识拓展

施工项目成本计划的风险分析

在编制施工项目成本计划时，人们不可避免地会遇到一定的风险因素。因为中共十四大明确提出，我国以建立社会主义市场经济体制为经济体制改革的目标，宏观调控与市场调节成为配置社会资源的两种方式，通过价格杠杆和竞争机制，使有限的资源配置到效益好的企业，这就必将促使企业间的资源竞争加剧、风险增大。

在成本计划编制中可能存在着以下几方面的因素导致成本支出加大，甚至形成亏损。

① 由于技术上、工艺上的变更，造成施工方案的变化。

② 交通、能源、环保方面的要求带来的变化。

③ 原材料价格变化、通货膨胀带来的变化。

④ 工资及福利方面的变化。

⑤ 气候带来的自然灾害。

⑥ 可能发生的工程索赔、反索赔事件。

⑦ 国际、国内可能发生的战争、骚乱事件。

⑧ 国际结算中的汇率风险等。

在成本计划中，对上述各可能风险因素都应加以不同程度的考虑，一旦发生变化能及时修正计划。

第三节　建设项目施工成本控制

施工成本控制是指在施工过程中，对影响施工成本的各种因素加强管理，并采取各种有效措施，将施工中实际发生的各种消耗和支出严格控制在成本计划范围内，随时揭示并及时反馈，严格审查各项费用是否符合标准，计算实际成本和计划成本之间的差异并进行分析，进而采取多种措施，消除施工中的损失、浪费现象。建设工程项目施工成本控制应贯穿于项目从投标阶段开始直至竣工验收的全过程，它是建设工程企业全面成本管理的重要环节。施工成本控制可分为事先控制、事中控制和事后控制。在项目的施工过程中，需按动态控制原理对实际施工成本的发生过程进行有效的控制。

一、建设工程项目成本控制的依据与原则

1. 建设工程项目成本控制的概念

建设工程项目成本控制是指在项目实施全过程中，借助各种理论、方法、手段、措施并通过一定的程序，在保证满足进度目标、质量目标的同时，力争使项目的实际建造费用不超出计划额度的要求，并基于合理使用人力、财力、物力的原则，努力提高项目投资经济效益、社会效益和生态环境效益，从而圆满实现项目的成本费用控制目标。

2. 成本控制的基础工作

项目成本管理的关键是控制项目成本，这就要求首先做好项目成本管理的基础工作。只有加强项目内部管理，形成完善的成本控制机制，才能使成本管理落到实处。

（1）牢固树立成本意识

在项目管理过程中，只有树立起全过程成本控制意识，将成本管理的观念贯彻到项目管理工作的每个方面，才能真正将成本管理落到实处。推进项目成本管理，必须树立全员、全面和全过程控制的意识。全员控制是指成本控制不是某个人的职责，而是涉及项目各单位、各部门和个人。每个部门乃至个人都要肩负成本责任，真正树立全员控制的观念。全面控制是指成本控制不是单纯地就成本管理进行成本管理，而是涵盖项目管理的方方面面，应围绕成本管理开展项目管理工作。全过程控制是指项目成本的发生贯穿于项目整个周期，因此从投标开始至中标后的实施完工都要有成本控制的意识。从目前现状来看，在这个过程中，施工、竣工阶段的成本管理意识较强，而标前成本管理意识较为薄弱。特别是当前有的建筑施工企业标前成本管理意识缺乏，成本预算不到位，造成有的项目中标后即亏损的现象。

（2）建立完善的组织机构

要搞好项目成本控制，必须首先解决“谁来抓”“如何抓”的问题。项目目标责任成本管理能不能落实到位，能不能深入到底，关键在于有没有健全的组织机构。为推行成本管理，各单位要成立包括工程技术、施工管理、财会、合同、物资、审监、人力资源等相关部门领导及成员组成的成本管理领导小组，负责项目部的成本管理、指导和考核。项目部也要成立相应的目标成本管理领导小组，负责本项目部目标责任成本的管理、实施、核算和考核。各业务部门之间要加强横向联系和配合，充分发挥业务部门的职能作用，使各项工作有章可循、有法可依，自觉做好项目部的成本管理工作。

（3）完善制度建设及相应的措施

要加强项目成本管理的制度建设，并对这些制度进行细化，制订配套措施，使这些制度具有可操作性，从而使项目成本管理从制度转化为实践成为可能。围绕责任成本管理，要大力加强财务管理体系建设，加强固定资产、存货、货币资金、担保、对外投资等内部控制规范的制定，制定和完善预算管理、资金账户管理、效绩考核、项目部财务管理等方面的办法，完善项目成本管理的方法、程序，注重成本管理制度的实践性和可操作性，为成本控制创造有利可行的条件。

3. 施工项目成本控制原则

施工项目成本控制是施工企业项目成本管理的关键工作，可以说成本管理的最终目的是降低成本，提高效益。每一个施工企业都应根据自身的施工水平和能力，制定企业内部定额，其根本目的是在实现施工项目的质量和工期目标的同时，给企业创造最大的经济效益。所以，成本控制应遵循以下原则：

（1）全面成本控制原则

成本控制贯穿于施工项目的全过程，涉及项目的各个方面，是全过程的、全员参与的、全方位的项目成本控制。项目成本涉及项目组织中的各个部门、单位和班组的工作业绩，关系着每个职工的切身利益，所以是全员控制的过程，要求做到人人有责、人人参与。项目成本管理的全过程控制就是从项目论证、勘察、设计、施工，一直到完工验收各个阶段都要进行成本的控制。

（2）动态控制原则

施工项目是一次性的，成本控制应随着项目的进展情况随时变化，即动态控制。因为施工准备阶段的成本控制只是根据施工组织设计的具体内容确定成本目标、编制成本计划、制订成本控制的方案，为今后的成本控制做好准备；而竣工阶段的成本控制，由于成本盈亏已基本成定局，即使发生了问题，也已来不及纠正。因此，施工过程中阶段成本控制的好坏，对项目经济效益的高低具有关键的作用。

（3）目标管理原则

目标管理是贯彻执行施工成本计划的一种方法，它把成本控制计划的方针、任务、目的和措施等逐一加以分解，提出进一步的具体要求，并分别落实到执行计划的部门、单位和个人。施工企业应根据施工合同确定施工项目的成本目标，并实行目标项目成本管理。目标管理的主要内容包括：目标的确定和分解，目标的责任落实和执行，执行结果的检查，评价目标和修正目标，形成目标管理的计划、执行、检查、处理循环，即 PDCA 循环。

（4）责、权、利相结合的原则

这是成本控制得以实现的重要保证。在成本控制过程中，项目经理及各专业管理人员都负有一定的成本责任，从而形成了整个责任网络。要使成本责任得以落实，责任人应享有一定的权限，即在规定的权力范围内可以决定某项费用能否开支、如何开支，行使对项目成本的实质控制。如物资采购人员在采购材料时，应享有选择供应商的权力，以确保材料成本相对最低。项目经理对各部门在成本控制中的业绩要进行定期检查和考评，要与工资、奖金挂钩，做到奖罚分明。实践证明，只有责、权、利结合，才能使成本控制真正落到实处。

（5）例外原则

实施成本控制过程应遵循“例外”管理方法，所谓“例外”，是指在工程项目建设活动中那些不经常出现却具有关键性的问题，对成本目标的顺利完成影响重大，也必须予以高度重视。在项目实施过程中属于“例外”的情况通常有如下几个方面：

一是从金额上来看有重大的差异，不论是正差异还是负差异，都属于例外问题。成本差额的确定，应根据项目的具体情况确定差额占原标准的百分率。

二是尽管有些成本差异虽未超过规定的百分率或最低金额，但一直在控制线的附近徘徊，亦应视为“例外”。意味着原来的成本预测可能不正确，要及时根据实际情况进行调整。

三是项目成本管理人员无法控制的成本项目，即使发生重大的差异，也应视为“例外”，如征地、拆迁、临时租用费用的上升等。

四是对项目施工全过程都有影响的成本项目，即使差异没有达到重要的地位，也应受到项目成本管理人员的密切注意。如片面强调节约机械维修费，在短期内虽可再降低成本，但因维修不足可能造成未来的停工修理，从而影响施工生产的顺利进行。

二、建设工程项目成本控制的依据

建设工程项目施工成本控制要有科学的依据，要从客观事实出发，施工项目的各种文件、合同、图纸、计划等施工资料都是成本控制的依据。成本控制的依据重点包括以下几方面：

1. 工程承包合同

施工成本控制要以工程承包合同为依据，围绕合同的有关规定，从预算收入和实际成本两方面，努力挖掘增收节支潜力，在合同规定的权限内尽量降低成本。

2. 施工成本计划

施工成本计划是根据施工项目的具体情况制订的施工成本控制方案，既包括预定的具体成本控制目标，又包括实现控制目标的措施和规划，是施工成本控制的指导文件。

3. 进度报告

进度报告提供了每一时刻的工程实际完成量、工程施工成本实际支付情况等重要信息。施工成本控制工作通过实际情况与施工成本计划相比较，找出二者之间的差别，分析偏差产生的原因，从而采取措施改进以后的工作。此外，进度报告还有助于管理者及时发现工程实施中存在的问题，并在事态还未造成重大损失之前采取有效措施，尽量避免损失，从而提高经济效益。

4. 工程变更

在项目的实施过程中，鉴于各方面的原因，工程变更是很难避免的。工程变更一般包括设计变更、进度计划变更、施工条件变更、技术规范和标准变更、施工次序变更和工程数量变更等。一旦出现变更，工程量、工期、成本都必将发生变化，从而使得施工成本控制工作变得更加复杂和困难。因此，施工成本管理人员应当通过对变更要求中的各类数据的计算、分析，随时掌握变更情况，包括已发生的工程量、将要发生的工程量、工期是否拖延、支付情况等重要信息，判断变更及变更可能带来的索赔额度等，保证在不降低施工质量的前提下，做好成本控制工作。

5. 其他

有关施工组织设计、分包合同、施工图纸、劳动定额等资料都是成本控制的依据。

三、施工成本控制的步骤

施工成本控制的程序体现了动态跟踪控制的原理，如图 4. 1 所示。成本控制报告可单独编制，也可以根据需要与进度、质量、安全和其他进展报告结合，提出综合进展报告。

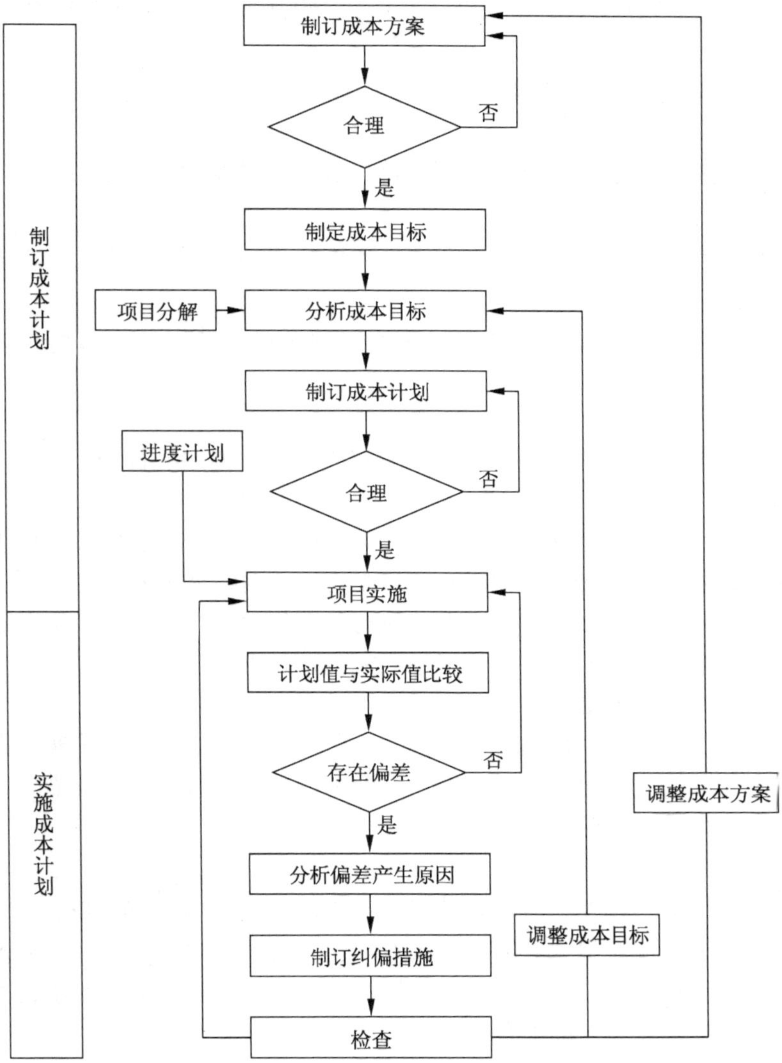

图 4.1　建设工程项目成本控制程序

1．成本控制应满足的要求

① 要按照计划成本目标值来控制生产要素的采购价格，并认真做好材料、设备进场数量和质量的检查、验收与保管。

② 要控制生产要素的利用效率和消耗定额，如任务单管理、限额领料、验收报告审核等；同时要做好不可预见成本风险的分析和预控工作，包括编制相应的应急措施等。

③ 控制影响效率和消耗量的其他因素（如工程变更等）所引起的成本增加。

④ 把施工成本管理责任制度与对项目管理者的激励机制结合起来，以增强管理

人员的成本意识和控制能力。

⑤ 承包人必须有一套健全的项目财务管理制度，按规定的权限和程序对项目资金的使用和费用的结算支付进行审核、审批，使其成为施工成本控制的一个重要手段。

2. 项目成本控制的基本步骤

（1）比较

比较是指通过比较实际与计划费用，确定有无偏差及偏差大小。

（2）分析

分析即确定偏差的严重性及产生偏差的原因。

（3）预测

预测是指按偏差发展趋势估计项目完成时的费用，并以此作为成本控制的决策依据。

（4）纠偏

纠偏即根据偏差分析、预测结果，采取相应的缩小偏差的行动。

（5）反馈

反馈是指基于对纠偏措施执行情况、效果的确认，决定是否继续实施上述步骤。

通过措施调整，持续进行纠偏活动，或是在必要时，调整不合理的项目成本方案或成本目标。如果原来方案可行，可继续执行。若纠偏方案不可行，则重新制订纠偏方案。通过若干次的反馈使得纠偏方案不断完善、合理可行。

四、施工成本控制的措施

为了取得施工项目成本控制的理想成效，应当从多方面采取措施实施控制，降低施工项目成本管理的途径应该科学合理、符合规范。通常可以将这些措施归纳为组织措施、技术措施、经济措施和合同措施。

1. 组织措施

组织措施是从施工成本管理的组织方面采取的措施。施工成本控制是全员的活动，如实行项目经理责任制，落实施工成本管理的组织机构和人员，明确各级施工成本管理人员的任务和职能分工、权利和责任。施工成本管理不单是专业成本管理人员的工作，各级项目管理人员都负有成本控制责任。

组织措施的另一方面是编制施工成本控制工作计划，确定合理详细的工作流程。要做好施工采购规划，通过生产要素的优化配置、合理使用、动态管理，有效控制实际成本；加强施工定额管理和施工任务单管理，控制物资、劳动的消耗；加强施工调度，避免因施工计划不周和盲目调度造成窝工、机械利用率降低、物料积压等而使施工成本增加。

成本控制工作只有建立在科学管理的基础之上，具备合理的管理体制、完善的规章制度、稳定的作业秩序及完整准确的信息传递，才能取得成效。组织措施是其他各类措施的前提和保障，而且一般不需要增加什么费用，运用得当可以收到良好的效果。

2. 技术措施

施工过程中降低成本的技术措施包括：进行技术经济分析，确定最佳的施工方案，结合施工方法，进行材料使用的比选，在满足功能要求的前提下，通过代用、改变配合比、使用添加剂等方法降低材料消耗的费用；确定最合适的施工机械、设备使用方案，结合项目的施工组织设计及自然地理条件，降低材料的库存成本和运输成本；应用先进的施工技术、运用新材料、使用新型机械设备等。

技术措施不仅对解决施工成本管理过程中的技术问题是不可缺少的，而且对纠正施工成本管理目标偏差也有相当重要的作用。因此，运用技术纠偏措施的关键，一是要能提出多个不同的技术方案，二是要对不同的技术方案进行技术经济分析。

3. 经济措施

经济措施是最常用的一种措施。管理人员应编制资金使用计划，确定、分解施工成本管理目标。对施工成本管理目标进行风险分析，并制订防范性对策。对各种支出，应认真做好资金的使用计划，并在施工中严格控制各项开支。及时准确地记录、搜集、整理、核算实际发生的成本。对各种变更，及时做好增减账，及时落实业主签证，及时结算工程款。通过偏差分析和未完工程预测，发现一些将引起未完工程施工成本增加的潜在的问题，对这些问题应以主动控制为出发点，及时采取预防措施。

经济措施主要从人工费、材料费、机械费、质量管理等方面入手。

（1）人工费的控制

要从用工数量控制，有针对性地减少或缩短某些工序的工日消耗量，从而达到降低工日消耗、控制工程成本的目的。

（2）材料费的控制

按量、价分离的原则，主要做好两个方面的工作：一是对材料用量的控制，一方面，坚持实行限额领料制度；另一方面，改进施工技术，推广使用降低材料消耗的各种新技术、新工艺、新材料。二是对材料进行性能分析，在保证施工质量的前提下，力求用低价材料代替高价材料。

（3）机械费的控制

尽量减少施工中所消耗的机械台班量，通过合理施工组织、机械调配，提高机械设备的利用率和效率。

（4）加强质量管理，控制返工率

在施工过程中，要严把工程质量关，各级质量自检人员定点、定岗、定责，加强施工工序的质量自检和管理工作，采取防范措施，消除质量问题，做到工程一次成型，一次合格，杜绝返工现象的发生，避免造成因不必要的人、财、物等大量的投入而加大工程成本。

4. 合同措施

采用合同措施控制施工成本，应贯穿整个合同周期，包括从合同谈判开始到合同终结的全过程。一方面，选用合适的合同结构，对各种合同结构模式进行分析、比较，在合同谈判时，要争取选用适合于工程规模、性质和特点的合同结构模式。另一方面，在合同的条款中应仔细考虑一切影响成本和效益的因素，特别是潜在的风险因素。通过对引起成本变动的风险因素的识别和分析，采取必要的风险对策，如通过合理的方式，增加承担风险的个体数量，降低损失发生的比例，并最终使这些策略反映在合同的具体条款中。在合同执行期间，合同管理的措施要密切关注对方合同执行的情况，以寻求合同索赔的机会；同时也要密切关注自己履行合同的情况，以防止被对方索赔。

总之，施工项目成本管理与成本控制是相辅相成的，只有加强施工项目成本的管理与分析，才能控制住项目成本；只有实现项目成本控制目标，加强施工项目成本管理才具有真实意义。施工项目成本控制体现了施工项目成本管理的本质和核心内容，是施工项目成本管理绩效的最终体现。

五、施工项目成本控制的内容

施工项目成本控制在不同阶段的工作内容见表4.1。

表4.1　施工项目成本控制工作内容

项目施工阶段	内容
投标承包阶段	对项目工程成本进行预测、决策；中标后组建与项目规模相适应的项目经理部，以减少管理费用；公司以承包合同价格为依据，向项目经理部下达成本目标
施工准备阶段	审核图纸，选择经济合理、切实可行的施工方案；制订降低成本的技术组织措施；项目经理部确定自己的项目成本目标；进行目标分解反复测算平衡后得出正式计划成本
施工阶段	制订、落实、检查各部门、各级成本责任制；执行、检查成本计划，控制成本费用；加强材料、机械管理，保证质量，杜绝浪费，减少损失；搞好合同索赔工作，及时办理收入账，避免经济损失；加强经常性的分部分项工程成本核算分析，以及月、季、年度成本核算分析，及时反馈，以纠正成本的不利偏差
竣工验收、保修阶段	尽量缩短收尾工作时间，合理精减人员；及时办理工程结算，不得遗漏；控制竣工验收费用；控制保修阶段费用；计算实际成本；总结成本控制经验

六、施工项目成本控制方法

① 以施工图预算控制成本支出。

② 以施工预算控制人力资源和物质资源的消耗。

③ 建立资源消耗台账，实行资源消耗中间控制。

④ 应用成本与进度同步跟踪的方法控制分部分项工程成本。

⑤ 建立项目成本审核签证制度，控制成本费用支出。

⑥ 坚持现场管理标准化，杜绝浪费现象发生。

⑦ 定期开展“三同步”检查，防止项目成本盈亏异常。“三同步”即统计核算、业务核算、会计核算同步。

⑧ 应用成本控制的财务方法即成本分析表法来控制项目成本。

⑨ 加强质量管理，控制质量成本。质量成本是指为确保工程质量而发生的费用以及没有达到满意的质量所造成的损失。

应用案例

【案例】

洛阳顺兴工业园厂房工程，位于洛阳高新开发区，由机械工业部第四设计院设计，为五层框架结构工业厂房，基础为桩基础，上部为框架结构，平面形状为L形，总长114.4 m，总宽16.5 m，檐高22.5 m。层高为4.5 m，建筑面积为9 640.15 m^2。

基于该工程情况，项目部进行了研究，认为：虽然该工程造价较低，但其结构简单，为6 m间距的框架，加气砼砌块填充墙。整个工程内部隔墙较少，墙地均为毛墙毛地，粉刷简单，减少了后期粉刷时人工费不足的弊端。且在本次发包中，不包括桩基（桩基已经施工完毕），仅发包桩基以上部位，避免了桩基施工时天气的影响。施工工期为7个月，且从二层封顶后开始按节点进行付款。

根据该工程的情况，项目部做了成本控制方案。

由于二层封顶后才开始付款，前期资金压力较大，工期较短。为此决定聘请南方施工队伍，虽然他们的要价高于当地施工队伍，但其不受农忙季节的影响，且各工种人员配备齐全，避免了不同工种间不易协调的弊端，施工质量及工期都有保证。

在施工现场配合一台塔吊，保证主体阶段砼施工的垂直及水平运输的要求。

【分析】

项目成本控制的内容和特点。项目成本的控制，指在项目成本的形式过程中，对生产经营所消耗的人力资源、物质资源和费用开支进行指导、监督、调节和限制，及时纠正将要发生和已经发生的偏差，把各项生产费用控制在计划成本的范围之内，保证成本目标的实现。

根据该工程的特点，对项目成本进行分解，并针对项目成本可能的偏差制订一系列的措施和对策。

做好成本预测，加强前期成本控制。成本预测就是对影响成本的各种因素在采取相应降低成本措施做出充分分析的基础上，结合企业施工技术条件和发展目标，运用一定的科学方法，对一定时期或一个成本项目的成本水平、成本目标进行测算、分析和预见。

成本预测是一个完整的决策过程。通过预测可以为企业降低成本，指明方向和途径，为此，应选择最优计划方案，提供科学的依据。基于此，对工程的前期做了成本预测，加强前期成本控制。一是做好投标工作。市场经济的发展使施工企业经常处于“找饭吃”的紧张状态，僧多粥少，市场竞争十分激烈。而项目目前没有在建工程，以至于许多设备及周转材料处于荒废阶段，还要缴纳仓库占地费用，为此急于接到目前这个项目。所以对市场进行了充分调研，并结合项目自身的特点进行了很大程度的让利。二是中标后的价格分解。中标价一般由直接费及间接费组成，直接费又包括定额直接费和措施费等，定额直接费中的人工费通常都是赔钱的。由于市场的透明度增加，材料费也通常是持平阶段，而机械费中由于有自己的设备，所以该部分费用可以降低的幅度较大。在措施费中模板、脚手架、塔吊等都属于自有资产，降低幅度相应增大。通过这些比较分析，将中标价定为在预算价的基础上让利15%。

【成本控制】

成本控制是加强成本管理降低工程成本的关键环节。除了建立成本控制责任制外，还需从以下几个方面实际控制：

1．人工费的控制

重点是定额的控制，在主体施工阶段，项目部和一家南方的劳务公司签订了用工合同，他们全面负责主体阶段的施工，与劳务分包公司签订合同，一方面减少了不同工种阶段间协调不利的麻烦，减少了施工现场的管理人员数量；另一方面规避了发生安全事故时的高额索赔。同时对他们提出了工期的要求，促进了劳动力的合理安排，这样既能提高劳动生产率，又可以消除过多占用劳动力的现象。

2．材料费的控制

材料费的控制即对购买的价格、购买的数量、运费和材料用量等的控制。

3．机械使用费的控制

机械使用费的控制主要从以下6个方面入手：

一是项目部根据自己的施工生产特点，从实际情况出发向公司申请配备合理、经济的施工机械，对那些使用时间较短的特种施工机械，可以采用从外部租用的办法，对一些机械设备，以先进的科学技术给予改造，使其具有更多的功能，大大提高效率。

二是严格机械设备利用定额和油料消耗定额，开展单机、单车等多种形式的内部经济承包核算，从而达到增加机械设备的作业产量和进一步减少配件和油料的消耗。

三是加强对机械设备的日常性管理工作，平时编制好机械设备运转、维修、保养计划，做好设备管理保养工作，保证机械设备正常运转，提高设备完好率、利用率和使用效果，减少大修费用的支出，并在设备维修保养过程中，加强审批与监控，避免“带水”修理。

四是加强对设备及配件的采购与管理，机械配件是机械设备的易损件，更换频繁，对机械设备应严格按安全操作规程操作，严禁违规作业，保证其正常寿命，对正常机械配件的更换也应加强审批与监控，避免“水分”开支，增加成本。

五是实行计划管理和建立统筹调配机制，对企业内部或项目部的设备实行统一调配，实现资源共享。

六是关于固定资产更新决策，一定要集体决策，通过计算现金流量，权衡利弊，综合判断。

4. 其他直接费、间接费的控制

其他直接费是指施工过程中发生的材料二次搬运费、临时设施费、工具用具使用费、检验实验费、工程点交费、场地清理费等费用。这些费用具有较大的弹性，有些可能发生，有些可能不发生。就工程施工企业而言，发生较多的临时设施、工具用具、实验检验和场地清理等费用，对这些费用的控制也应采取相应的措施。间接费用项目繁多，包括管理人员的工资、奖金、办公费、差旅费、电话费、劳动保护费、上级管理费及其他费用等。

5. 加强工程质量管理，控制质量成本

质量成本是指为保证和提高建筑产品质量而进行的质量管理活动所花费的费用，或者说与质量管理、职能管理有关的成本，包括故障成本、预防成本、鉴定成本三部分。

项目部一次性完成合格的建筑产品也是降低成本的重要环节，应把工程质量管理当作成本管理的重要内容来抓，在施工生产中严把质量关。从施工前的测量放样、施工中材料投入及施工后工程质量养护等，都必须严格按工程质量要求作业，避免不必要的返工损失。

6. 加强工程施工中的索赔管理

从施工一开始，就要认真研究设计文件、图纸、合同条款和现场条件等，找准索赔的切入点，抓住机会，及时编制索赔资料，据理力争，把索赔工作贯穿于施工的全过程，提高索赔效果。

索赔证据必须符合特定条件：索赔证据必须具备及时性。索赔证据是施工过程中的记录或对施工合同履行过程中有关活动的认可。通常，后补的索赔证据很难被对方认可。所以索赔证据必须是索赔事件发生时双方签署，或以会议纪要的形式确定，且为决定性的决议。一切商讨性、意向性的意见或建议均不应算作有效的索赔证据，施工合同履行过程中的重大事件、特殊情况的记录应由业主、监理工程签署认可。在施工中要及时记录，保留证据。

通过在投标前及中标后的一系列控制成本措施的应用，洛阳顺兴工业园厂房项目取得了很好的效果，与同期施工的其他项目相比，成本节省了20%，达到了预期的盈利目标。

第四节　建设项目施工成本分析与考核

施工成本分析是在施工成本核算的基础上，对成本的形成过程和影响成本升降的因素进行分析，以寻求进一步降低成本的途径，包括有利偏差的挖掘和不利偏差的纠正。施工成本分析贯穿于施工成本管理的全过程，施工成本分析是在成本的形成过程中，主要利用施工项目的成本核算资料，与目标成本、预算成本及类似的施工项目的实际成本等进行比较，了解成本的变动情况，同时也要分析主要技术经济指标对成本的影响，系统地研究成本变动的因素，检查成本计划的合理性，并通过成本分析，深入揭示成本变动的规律，寻找降低施工项目成本的途径，以便有效地进行成本控制。成本偏差的控制，分析是关键，纠偏是核心，要针对分析得出偏差发生的原因，采取切实措施，加以纠正。

成本核算是成本分析与考核的基础，所以，要使成本分析与考核工作落到实处，首先要做好成本核算工作。

一、施工项目成本核算

施工项目成本核算是指将项目施工过程中所发生的各种费用和施工项目成本与计划目标成本，在保持统计口径一致的前提下进行对比，找出差异。它包括两个基本环节：一是按照规定的成本开支范围对施工费用进行归集，计算出施工费用的实际发生额；二是根据成本核算对象，采用适当的方法，计算出该施工项目的总成本和单位成本。施工项目成本核算所提供的各种成本信息，是成本预测、成本计划、成本控制、成本分析和成本考核等各个环节的依据。因此，加强施工项目成本核算工作，对降低施工项目成本、提高企业的经济效益有积极的作用。

1．施工项目成本核算的原则

为了发挥施工项目成本管理职能，提高施工项目管理水平，施工项目成本核算只有讲求质量，才能提供对决策有用的成本信息。要提高成本核算质量，除了建立合理、可行的施工项目成本管理系统外，很重要的一条，就是遵循成本核算的原则。

（1）确认原则

确认原则是指对各项经济业务中发生的成本，都必须按一定的标准和范围加以认定和记录。只要是为了经营目的所发生的或预期要发生的，并要求得以补偿的一切支出，都应作为成本来加以确认。正确的成本确认往往与一定的成本核算对象、范围和时期相联系，并必须按一定的确认标准来进行。这种确认标准具有相对的稳定性，主要侧重定量，但也会随着经济条件和管理要求的发展而变化。在成本核算中，往往要进行再确认，甚至是多次确认。如确认是否属于成本，是否属于特定核算对象的成本（如临时设施先算搭建成本，使用后算摊销费），以及是否属于核算当期成本等。

（2）分项核算原则

成本核算的分项应与会计核算的分期相一致，这样便于财务成果的确定。“成本计算一般应当按月进行”，这就明确了成本分期核算的基本原则。但要指出，成本的分期核算，与项目成本计算期不能混为一谈。无论生产情况如何，成本核算工作，包括费用的归集和分配等都必须按月进行。至于已完施工项目成本的结算，可以是定期的，按月结转，也可以是不定期的，等到工程竣工后一次结转。

（3）相关性原则

相关性原则也称决策有用原则。“会计信息应当符合国家宏观经济管理的要求，满足有关方面了解企业财务状况和经营成果的需要，满足企业加强内部经营管理的需要。”因此，成本核算要为施工企业成本管理目的服务，成本核算不只是简单的计算问题，要与管理融为一体，核算的结果是管理的依据。所以，在具体成本核算方法、程序和标准的选择上，在成本核算对象和范围的确定上，应与施工生产经营特点和成本管理要求特性相结合，并与施工企业一定时期的成本管理水平相适应。应正确地核算出符合项目管理目标的成本数据和指标，使项目成本核算真正成为领导的参谋和助手。无管理目标的成本核算是盲目和无益的，无决策作用的成本信息是没有价值的。

（4）一贯性原则

一贯性原则是指企业（项目）成本核算所采用的方法应前后一致。“企业也可以根据生产经营特点，生产经营组织类型和成本管理的要求自行确定成本计算方法。但一经确定，不得随意变动。”只有这样，才能使企业各期成本核算资料口径统一，前后连贯，相互可比。成本核算办法的一贯性原则体现在各个方面，如耗用材料的计价方法、折旧的计提方法、施工间接费的分配方法和未完施工的计价方法等。坚持一贯性原则，并不是一成不变，如确有必要变更，要有充分的理由对原成本核算方法进行改变的必要性做出解释，并说明这种改变对成本信息的影响。如果随意变动成本核算方法，并不加以说明，则有对成本、利润指标、盈亏状况弄虚作假的嫌疑。

可比性原则要求施工企业尽可能使用统一的成本核算、会计处理方法和程序，以便于横向比较；一贯性原则要求同一成本核算单位在不同时期尽可能采用相同的成本核算、会计处理方法和程序，以便于不同时期的纵向比较。

（5）实际成本核算原则

实际成本核算原则是指施工企业核算要采用实际成本计价。“企业应当按实际发生额核算费用和成本，采用定额成本或者计划成本方法的，应当合理计算成本差异，月终编制会计报表时，调整为实际成本。”即必须根据计算期内实际产量（已完工程量）及实际消耗和实际价格计算实际成本。

（6）及时性原则

及时性原则是指企业（项目）成本的核算、结转和成本信息的提供应当在规定时间内完成。需要指出的是，成本核算的及时性原则，并非越快越好，而是要求成本核算和成本信息的提供以确保真实为前提，在规定时间内核算完成，在成本信息尚未失去时效的情况下适时提供，确保不影响企业（项目）其他环节会计核算工作顺利进行。

（7）配比原则

配比原则是指营业收入与其相对应的成本、费用应当相互配合。为取得本期收入而发生的成本和费用，应与本期实现的收入在同一时期内确认入账，不得脱节，也不得提前或延后，以便正确计算和考核项目经营成果。

（8）权责发生制原则

权责发生制是指凡是当期已经实现的收入和已经发生或应当负担的费用，不论款项是否收付，都应作为当期的收入或费用处理；凡是不属于当期的收入和费用，即使款项已经在当期收付，都不应作为当期的收入和费用。权责发生制原则主要从时间选择上确定成本会计确认的基础，其核心是根据权责关系的实际发生和影响来确认企业的支出和收益。根据权责发生制进行收入与成本费用的核算，能够更加准确地反映特定会计期间真实的财务成本状况和经营成果。

（9）谨慎原则

谨慎原则是指在市场经济条件下，在成本、会计核算中应当对企业（项目）可能发生的损失和费用，做出合理预计，以增强抵御风险的能力。企业可以采用后进先出法、提取坏账准备、加速折旧法等。

（10）划分收益性支出与资本性支出原则

划分收益性支出与资本性支出是指成本会计核算应当严格区分收益性支出与资本性支出的界限，以正确地计算当期损益。所谓收益性支出是指该项支出发生是为了取得本期收益，即仅仅与本期收益的取得有关，如工资支付、水电费支出等。所谓资本性支出是指不仅为取得本期收益而发生的支出，同时该项支出的发生有助于以后会计期间的支出，如购建固定资产支出。

（11）重要性原则

重要性原则是指对于成本有重大影响的业务内容，应作为核算的重点，力求精确，而对于那些不太重要的琐碎的经济业务内容，可以相对从简处理，不要事无巨细，均做详细核算。坚持重要性原则能够使成本核算在全面的基础上保证重点，有助于加强对经济活动和经营决策有重大影响和有重要意义的关键性问题的核算，达到简化核算，节约人力、财力、物力，提高工作效率的目的。

（12）明晰性原则

明晰性原则是指项目成本记录必须直观、清晰、简明、可控，便于项目经理和项目管理人员了解成本信息的内涵，弄懂成本信息的内容并利用信息，有效地控制本项目的成本费用。

2. 施工项目成本核算的要求

为了圆满地达到施工项目成本管理和核算的目的，正确及时地核算施工项目成本，提供对决策有用的成本信息，提高施工项目成本管理水平，在施工项目成本核算中要遵守以下基本要求：

（1）划清成本、费用支出和非成本、费用支出的界限

这是指划清不同性质的支出，即划清资本性支出和收益性支出与其他支出、营业支出与营业外支出的界限。这个界限，也就是成本开支范围的界限。企业为取得本期收益而在本期内发生的各项支出，根据配比原则，应全部作为本期的成本或费用。只有这样才能保证在一定的时期内不会虚增或少计成本或费用。至于企业的营业外支出，是与企业施工生产经营无关的支出，所以不能构成工程成本。营业外收支净额是指与企业生产经营没有直接关系的各种营业外收入减去营业外支出后的余额。所以如误将营业外收支作为营业收支处理，就会虚增或少计工程成本或费用。

（2）正确划分各种成本、费用的界限

这是指对允许列入成本、费用开支范围的费用支出，在核算上应划清的几个界限。

一是施工项目工程成本和期间费用的界限。施工项目成本相当于工业产品的制造成本或营业成本。财务制度规定，工程施工发生的各项直接支出，包括人工费、材料费、机械使用费、其他直接费，直接计入工程成本；工程施工而发生的各项施工间接费（间接成本）分配计入工程成本。同时又规定，企业行政管理部门为组织和管理施工生产经营活动而发生的管理费用和财务费用应当作为期间费用，直接计入当期损

益。可见，期间费用与施工生产经营没有直接联系，费用的发生基本不受业务量的影响。在“制造成本法”下，它不是施工项目成本的一部分。所以正确划清两者的界限，是确保项目成本核算正确的重要条件。

二是划清本期工程成本与下期工程成本的界限。根据分期成本核算的原则，成本核算是要划分本期工程成本和下期工程成本。前者是指应由本期工程负担的生产耗费，无论其收付发生是否在本期，应全部计入本期的工程成本之中；后者是指不应由本期工程负担的生产耗费，无论其是否在本期内收付（发生），均不能计入本期工程成本。划清两者的界限，对于正确计算本期工程成本是十分重要的。实际上就是权责发生制原则的具体化，因此要正确核算各期的待摊费用和预提费用。

三是划清不同成本核算对象之间的成本界限。这是指要求各个成本核算对象的成本，不得“张冠李戴”，互相混淆，否则就会失去成本核算和管理的意义，造成成本不实，歪曲成本信息，引起决策上的重大失误。

四是划清未完工程成本与已完工程成本的界限。施工项目成本的真实程序取决于未完施工和已完工程成本界限的正确划分，以及未完施工和已完施工成本计算方法的正确度，按月结算方式下的期末未完施工，要求项目在期末应对未完施工进行盘点，按照预算定额规定的工序，折合成已完分部分项工程，再按照未完施工成本计算公式计算未完分部分项工程成本。

上述几个成本费用界限的划分过程，实际上也是成本计算过程。只有清楚划分成本的界限，施工项目成本核算才能正确完成。这些费用划分得是否正确，是检查评价项目成本核算是否遵循基本核算原则的重要标志。但应该指出，不能将成本费用界限划分的做法过于绝对化，因为有些费用的分配方法具有一定的假定性。成本费用界限划分只能做到相对正确，片面地花费大量人力、物力来追求成本划分的绝对精确是不符合成本效益原则的。

（3）加强成本核算的基础工作

① 建立各种财产物资的收发、领退、转移、报废、清查、盘点、索赔制度。

② 建立、健全与成本核算有关的各项原始记录和工程量统计制度。

③ 制定或修订工时、材料、费用等各项内部消耗定额，以及材料、结构件、作业、劳务的内部结算指导价。

④ 完善各种计量检测设施，严格计量检验制度，使项目成本核算具有可靠的基础。

（4）项目成本核算必须有账有据

成本核算中要运用大量数据资料，这些数据资料的来源必须真实可靠、准确、完整、及时；一定要以审核无误、手续齐备的原始凭证为依据。同时，还要根据内部管理和编制报表的需要，按照成本核算对象、成本项目、费用项目进行分类、归集，因此要设置必要的生产费用账册、正式成本账进行登记，并增设必要的成本辅助台账。

二、施工项目成本分析的方法

施工项目成本分析主要是利用施工项目的成本核算资料，与计划成本、预算成本等进行比较，了解成本的变动情况，系统地研究成本变动的因素，检查成本计划的合理性，并通过成本分析，揭示成本变动的规律，寻找降低施工项目成本的途径，以便达到成本控制的目的。施工成本分析的方法主要有比较法、因素分析法、差额计算法、比率法、费用偏差分析法等。

1. 比较法

比较法，又称指标对比分析法，就是通过技术经济指标的对比，检查目标的完成情况，分析产生差异的原因，进而挖掘内部潜力的方法。这种方法具有通俗易懂、简单易行、便于掌握的特点，因而得到了广泛的应用，但在应用时必须注意各技术经济指标的可比性。比较法的应用，通常有下列形式：

（1）实际指标与目标指标对比

以此检查目标完成情况，分析影响目标完成的积极因素和消极因素，以便及时采取措施，保证成本目标的实现。在进行实际指标与目标指标对比时，还应注意目标本身有无问题，如果目标本身出现问题，则应调整目标，重新正确评价实际工作的成绩。

（2）本期实际指标与上期实际指标对比

通过本期实际指标与上期实际指标对比，可以看出各项技术经济指标的变动情况，反映施工管理水平的提高程度。

（3）与本行业平均水平、先进水平对比

通过这种对比，可以反映本项目的技术管理和经济管理与行业的平均水平和先进水平的差距，进而采取措施赶超先进水平。

2. 因素分析法

因素分析法也称连环置换法，它是用来确定影响成本计划完成情况的各种因素及其影响程度的分析方法。其分析程序如下：

① 确定分析对象。

② 确定该项成本指标。

③ 计算计划数。

④ 将各因素的实际数逐个替换其计划（预算）数，替换后的实际数保留下来，并计算新的结果。

⑤ 每一次替代结果与前一次计算结果进行比较，并计算差额，其差额就是这一因素对计划完成情况的影响程度。

【例4】 某模板安装工程，计划工程量为30 000 m^2，计划劳动效率为0.8工时/m^2，工时单价20元/工时，影响模板安装人工费费用的三个因素为工程量、劳动效率和工时单价。实际工程量是32 000 m^2，劳动效率是0.7工时/m^2，工时单价25元/工时。采用因素分析法，按工程量、劳动效率、工时单价顺序对其进行。

解： 计划人工费用 $=20\times30\ 000\times0.8=480\ 000$ 元

实际人工费 $=32\ 000\times25\times0.7=560\ 000$ 元

成本差异 $=560\ 000-480\ 000=80\ 000$ 元

第一次替代：

由工程量单项变化引起的成本变化 = 实际工程量 × 计划劳动效率 × 计划工时单价

= 32 000 × 20 × 0.8 = 512 000 元

差异数 = 512 000 − 480 000 = 32 000 元

第二次替代：

由工时单项引起的成本变化 = 实际工程量 × 实际工时单价 × 计划劳动效率

= 32 000 × 25 × 0.8 = 640 000 元

差异数 = 640 000 − 512 000 = 128 000 元

第三次替代：

由劳动效率引起的成本变化 = 实际工程量 × 实际工时单价 × 实际劳动效率

= 32 000 × 25 × 0.7 = 560 000 元

差异数 = 560 000 − 640 000 = −80 000 元

3. 差额计算法

差额计算法是因素分析法的简化形式，二者的原理相同，但计算方式不同。差额计算法是利用各个因素的实际数与计划数的差额，按照一定的顺序计算对成本的影响程度。

对于上例用差额分析法计算：

工程量变化的影响：(32 000 − 30 000) × 20 × 0.8 = 32 000 元

工时单价变动的影响：32 000 × (25 − 20) × 0.8 = 128 000 元

劳动效率变化的影响：32 000 × 25 × (0.7 − 0.8) = −80 000 元

4. 比率法

比率法是指用两个以上指标的比例进行分析的方法。它的基本特点是先把对比分析的数值变成相对数，再观察其相互之间的关系。常用的比率法有以下几种：

(1) 相关比率法

由于项目经济活动的各个方面是相互联系、相互依存，又相互影响的，因而可以将两个性质不同而又相关的指标加以对比，求出比率，并以此来考察经营成果的好坏。例如，产值和工资是两个不同的概念，但它们的关系又是投入与产出的关系。在一般情况下，都希望以最少的工资支出完成最大的产值。因此，用产值工资率指标来考核人工费的支出水平，就很能说明问题。

(2) 构成比率法

构成比率法，又称比重分析法或结构对比分析法。通过构成比率，可以考察成本总量的构成情况及各成本项目占成本总量的比重，同时也可看出量、本、利的比例关系，即预算成本、实际成本和降低成本的比例关系，从而为寻求降低成本的途径，指明方向。

(3) 动态比率法

动态比率法，就是将同类指标不同时期的数值进行对比，求出比率，以分析该项指标的发展方向和发展速度。动态比率的计算，通常采用基期指数和环比指数两种方法。

5. 费用偏差分析法

（1）费用偏差分析的几个概念

费用偏差是指费用实际值与计划之间存在的差异，即

费用偏差 = 已完工程实际费用 − 已完工程计划费用

与费用偏差密切相关的是进度偏差，由于不考虑进度偏差就不能正确反映费用偏差的实际情况，所以有必要引入进度偏差的概念：

进度偏差 = 已完工程实际时间 − 已完工程计划时间

为了与费用偏差联系起来，进度偏差也可表示为

进度偏差 = 拟完工程计划费用 − 已完工程计划费用

所谓拟完工程计划费用，是指根据进度计划安排，在某一确定时间内所应完成的工程内容的计划费用。进度偏差结果为正值时，表示工期拖延；结果为负值时，表示工期提前。

在实际分析过程中，费用偏差又可进一步区分为以下几种：

① 局部偏差和累计偏差。所谓局部偏差，有两层含义：一是相对于总体建设工程项目而言，是指各单项工程、单位工程和分部分项工程的偏差；二是相对于项目实施的时间而言，是指每一控制周期所发生的偏差。累计偏差则是在项目已经实施的时间内累计发生的偏差。

② 绝对偏差和相对偏差。所谓绝对偏差，是指费用计划值与实际值比较所得差额；相对偏差即绝对偏差与费用计划值的商。

（2）费用偏差分析方法的种类

① 横道图法：如图 4.2 所示。

项目编码	项目名称	费用参数数额（万元）	费用偏差（万元）	进度偏差（万元）	原因
011	土方工程	70 50 60	10	−10	
012	打桩工程	80 66 100	−20	−34	
013	基础工程	80 80 60	20	20	
合计		230 196 220	10	−24	

图例：■ 已完成工程实际费用　□ 拟完工程计划费用　▨ 已完工程计划费用

图 4.2　费用偏差分析图（横道图法）

② 时标网络图法：如图 4.3 所示。

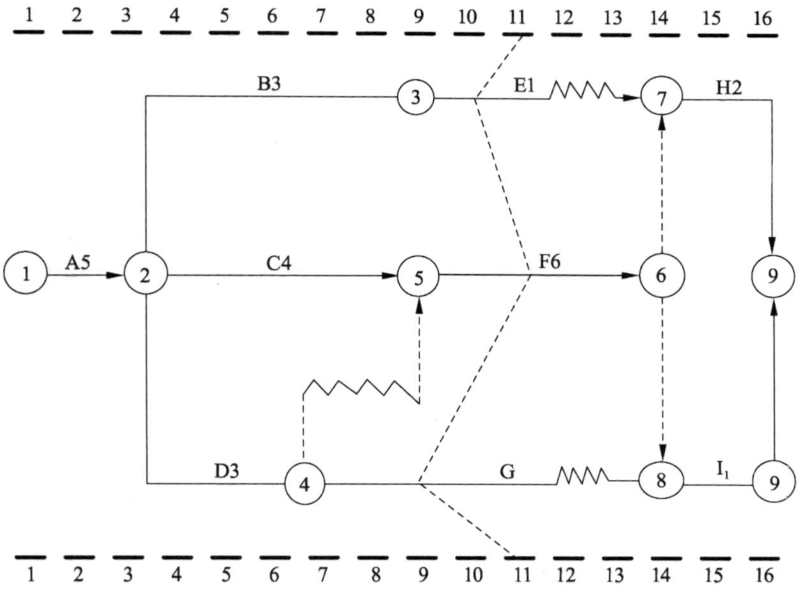

计划工期/月	1	2	3	4	5	6	7	8	9	10	11	12	13	14	15
拟完工程计划费用累计	5	10	20	30	40	50	60	70	80	90	100	106	112	115	118
已完工程实际费用累计	5	15	25	35	45	53	61	69	77	85	94	103	112	116	120

图 4.3 某工程时标网络计划

③ 表格法：某工程费用偏差分析见表 4.2。

表 4.2 费用偏差分析表

项目编码	(1)	011	012	013
项目名称	(2)	土方工程	打桩工程	基础工程
单位	(3)			
计划单位	(4)			
拟完工程量	(5)			
拟完工程计划费用	(6) = (4) × (5)	50	66	80
已完工程量	(7)			
已完工程计划费用	(8) = (4) × (7)	60	100	60
实际单价	(9)			
其他款项	(10)			
已完工程实际费用	(11) = (7) × (9) + (10)	70	80	80
费用局部偏差	(12) = (11) − (6)	10	−20	20
费用局部偏差程度	(13) = (11) ÷ (8)	1. 17	0. 8	1. 33

续表

项目编码	(1)	011	012	013
费用累计偏差	(14) = $\sum$(12)			
费用累计偏差程度	(15) = $\sum$(11) ÷ $\sum$(8)			
进度局部偏差	(16) = (6) − (8)	−10	−34	20
进度局部偏差程度	(17) = (6) ÷ (8)	0.83	0.66	1.33
进度累计偏差	(18) = $\sum$(16)			
进度累计偏差程度	(19) = $\sum$(6) ÷ $\sum$(8)			

④ 曲线法：三种费用偏差分析图（图 4.4）。

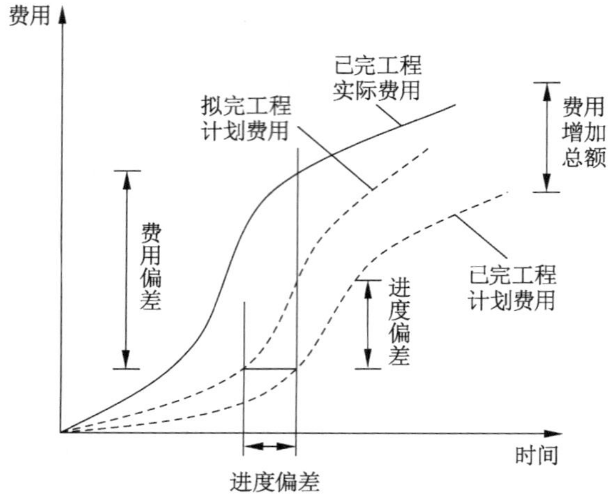

图 4.4　三种费用参数曲线

（3）费用偏差的形成原因分析及处理办法

① 成因分析：

第一，费用增加且工期拖延。这种类型是纠正偏差的主要对象。

第二，费用增加但工期提前。这种情况下要适当考虑工期提前带来的效益。

第三，工期拖延但费用节约。这种情况下是否采取纠偏措施要根据实际需要确定。

第四，工期提前且费用节约。这种情况是最理想的，不需要采取纠偏措施。

② 费用偏差的纠偏措施：主要包括组织措施、经济措施、技术措施和合同措施等。

三、施工成本考核

施工成本考核是指在施工项目完成后，按施工项目成本目标责任制的有关规定，将成本的实际指标与计划、定额、预算进行对比和考核，评定施工项目成本计划的完成情况和施工项目成本形成中的各责任者的业绩，并以此给予各责任者相应的奖励和处罚。通过成本考核，做到有奖有惩、赏罚分明，才能有效地调动每一位员工在各自施工岗位上努力完成目标成本的积极性，为降低施工项目成本和增加企业的资金积累，创造良好的环境。

施工成本考核是衡量成本降低的实际成果，也是对成本指标完成情况的总结和评价。成本考核制度包括考核的目的、时间、范围、对象、方式、依据、指标、组织领导、评价与奖惩原则等内容。

以施工成本降低额和施工成本降低率作为成本考核的主要指标，要加强组织管理层对项目管理部的指导，并充分依靠技术人员、管理人员和作业人员的经验和智慧，防止项目管理在企业内部异化为靠少数人承担风险的以包代管模式。成本考核也可分别考核组织管理层和项目经理部。

项目管理组织对项目经理部进行考核与奖惩时，既要防止虚盈实亏，也要避免实际成本归类差错等的影响，使施工成本考核真正做到公平、公正、公开，在此基础上兑现施工成本管理责任制的奖惩或激励措施。

总之，施工成本管理的每一个环节都是相互联系和相互作用的。成本预测是成本决策的前提，成本计划是成本决策所确定目标的具体化。成本计划控制则是对成本计划的实施进行控制和监督，保证决策的成本目标的实现。成本核算是对成本是否实现的最后检验，它所提供的成本信息为下一个施工项目成本预测和决策提供基础资料。成本考核是实现成本目标责任制的保证和实现决策目标的重要手段。

应用案例

某高层住宅楼的成本控制效益分析

某高层住宅楼，剪力墙结构，工程造价 3 500 万元，施工成本控制目标 3 200万元。其项目成本控制指导书中明确其控制重点为基础 1 600 万元、主体 1 200万元、设备安装 200 万元、装饰装修 200 万元，其中工程直接费中的材料费占 70%、人工费占 18%、机械费占 6%，工程间接费占 6%。

采取的成本控制措施要点有：加强施工组织，完善技术方案，保证材料供应，强化施工质量等。施工中，从对钢筋加工制作、绑扎，模板支设等关键工序入手，加强阶段性工程控制考核，最终，实际成本为材料费 2 180 万元、人工费 560 万元、机械费 180 万元、工程间接费 160 万元，共计 3 080 万元，成本降低率为 3.75%。由于明确了成本控制目标，采取了有力的控制措施，较好地实现了工程成本的有效控制。实践证明，在工程施工过程中，成本控制管理只有做到有计划、有步骤、有重点的逐步实施，真正强化成本目标管理控制的可指导性，做到有的放矢、准备充分，才能收到好的控制效果。

习题四

一、单项选择题

1. 施工成本控制的指导文件是（　　）。

A. 工程承包合同　B. 施工成本计划　C. 进度报告　D. 工程变更

2. 施工成本控制的正确步骤是（　　）。

A. 预测、比较、分析、纠偏、检查　B. 分析、预测、检查、比较、纠偏

C. 比较、预测、分析、检查、纠偏　D. 比较、分析、预测、纠偏、检查

3. 建设工程项目施工成本控制包括若干环节，其中最具实质性的是（　　）。

A. 纠偏　B. 分析　C. 比较　D. 检查

4. 建设工程项目施工成本偏差是指（　　）之差。

A. 已完工程实际施工成本与拟完工程计划施工成本

B. 已完工程计划施工成本与拟完工程计划施工成本

C. 已完工程实际施工成本与已完工程计划施工成本

D. 已完工程计划施工成本与拟完工程实际施工成本

5. 施工成本控制工作的核心是（　　）。

A. 预测　B. 比较　C. 分析　D. 纠偏

6. 某土方工程某月计划工程量为 2 600 m^3，计划成本为 15 元/m^3，月底检查时承包商实际完成工程量为 2 400 m^3，实际成本为 20 元/m^3，则该工程的施工成本偏差为（　　）元。

A. 9 000　B. －9 000　C. －12 000　D. 12 000

7. 如果把进度偏差与成本偏差联系起来，则进度偏差可表示为（　　）与已完工程计划施工成本的差异。

A. 拟完工程计划施工成本　B. 已完工程实际施工成本

C. 未完工程计划施工成本　D. 拟完工程实际施工成本

8. 根据进度计划安排在某一确定时间内所应完成的工程内容的计划施工成本是（　　）。

A. 已完工程计划施工成本　B. 拟完工程计划施工成本

C. 已完工程实际施工成本　D. 未完工程计划施工成本

9. 某土方工程某月计划工程量为 2 600 m^3，计划成本为 15 元/m^3，月底检查时承包商实际完成工程量为 2 400 m^3，实际成本为 20 元/m^3，则该工程用成本表示的进度偏差为（　　）元。

A. －3 000　B. －9 000　C. 3 000　D. 9 000

10. 下列方法中，可用于分析建设工程项目施工成本偏差的方法是（　　）。

A. 因素分析法和比较法　B. 曲线法和表格法

C. 连环置换法和比率法　D. 连环置换法和曲线法

11. 在建设工程项目施工成本分析方法中，可用来分析各种因素对成本的影响程度的方法是（　　）。

A. 相关比率法　　B. 比重分析法　　C. 连环置换法　　D. 动态比率法

12. 在进行施工成本偏差分析时，最常用的一种方法是（　　）。

A. 表格法　　B. 横道图法　　C. 曲线法　　D. 直方图法

13. 反映的信息量少，一般在项目的较高管理层应用的施工成本偏差分析是（　　）。

A. 排列图法　　B. 表格法　　C. 横道图法　　D. 曲线法

14. 应用曲线进行施工成本偏差分析时，已完工程实际成本曲线与已完工程计划成本曲线的竖向距离通常表示（　　）。

A. 进度累计偏差　　B. 施工成本累计偏差

C. 进度局部偏差　　D. 施工成本局部偏差

15. 应用曲线法进行施工成本偏差分析时，拟完工程计划成本曲线与已完工程计划成本曲线的水平距离通常表示（　　）。

A. 进度累计偏差　　B. 施工成本累计偏差

C. 进度局部偏差　　D. 施工成本局部偏差

16. 施工成本分析就是根据会计核算、业务核算和（　　）提供的资料，对施工成本的形成过程和影响成本升降的因素进行分析。

A. 单项核算　　B. 成本核算　　C. 综合核算　　D. 统计核算

17. 对资产、负债、所有者权益、营业收入、成本、利润等的核算，主要是通过（　　）来进行的。

A. 会计核算　　B. 单项核算　　C. 统计核算　　D. 业务核算

18. 既可对已发生的，又可对尚未发生或正在发生的经济活动进行核算的是（　　）。

A. 会计核算　　B. 成本核算　　C. 统计核算　　D. 业务核算

19. 通过（　　），可以计算当前的实际水平，确定变动速度，预测发展趋势。

A. 会计核算　　B. 单项核算　　C. 统计核算　　D. 业务核算

20. 某施工企业若想知道“三材”节约额的变动情况，从而考察施工管理水平是否提高，宜采用的成本分析方法是（　　）。

A. 因素分析法　　B. 指标对比分析法

C. 差额计算法　　D. 结构对比分析法

二、多项选择题

1. 下列可作为施工成本控制依据的是（　　）。

A. 承包合同　　B. 会计核算　　C. 进度报告

D. 工程变更　　E. 成本计划

2. 在施工成本控制的步骤中，处于核心和最具实质性的关键步骤是（　　）。

A. 比较　　B. 分析　　C. 预测

D. 纠偏　　E. 检查

3. 某混凝土工程某月计划工程量为110 m^3，计划成本为320 元/m^3，月底检查时承包商实际完成工程量为100 m^3，实际成本为300 元/m^3，则下列关于该工程施工成本偏差和进度偏差（用成本表示）的表述，正确的是（　　）。

A. 成本节约2 000元　　B. 成本超支2 000元
C. 成本节约5 200元　　D. 工期提前3 200元
E. 工期拖后3 200元

4. 常用的施工成本偏差分析方法有（　　）。

A. 网络图法　　B. 表格法　　C. 排列图法
D. 曲线法　　E. 横道图法

5. 一般情况下，只对已发生的经济活动进行核算的是（　　）。

A. 会计核算　　B. 业务核算　　C. 统计核算
D. 单项核算　　E. 综合核算

6. 下列属于施工成本分析的基本方法是（　　）。

A. 比较法　　B. 因素分析法　　C. 比率法
D. 差额计算法　　E. 年度成本分析法

7. 运用（　　），可以分析各个因素对成本的影响程度。

A. 比重分析法　　B. 比较法　　C. 因素分析法
D. 比率法　　E. 差额计算法

8. 在施工成本分析中，常用的比率法有（　　）。

A. 差额比率法　　B. 相关比率法　　C. 动态比率法
D. 静态比率法　　E. 构成比率法

9. 关于分部分项工程成本分析，下列说法正确的是（　　）。

A. 分部分项工程成本分析的对象为已完成分部分项工程
B. 分部分项工程成本分析方法是进行实际与目标成本比较
C. 必须对施工项目中的所有分部分项工程进行成本分析
D. 分部分项工程成本分析是施工项目成本分析的基础
E. 需要做到从开工到竣工进行系统的成本分析

10. 单位工程竣工成本分析包括（　　）。

A. 竣工成本分析　　B. 主要资源节超对比分析
C. 差额计算分析　　D. 主要技术节约措施及经济效果分析
E. 年度成本分析

三、工程技能训练

背景资料：某商业楼项目工程的数据见表4.4，绘制该项目的时间－成本累积曲线。

该项目有2 000 m^2 瓷砖面层地面施工任务，交由某分包商承担，计划于6个月内完成，计划的各工作项目单价和拟完成的工程量见表4.5。该工程进行了3个月以后，发现某些工作项目实际已完成的工程量及实际单价与原计划有偏差，其实际数也列于表4.6中。

其中，该项目的商品混凝土目标成本为443 040元，实际成本为473 697元，比目标成本增加了30 657元，详细资料见表4.6。

任务一：

① 确定施工项目进度计划，编制进度计划的横道图。

② 在横道图的基础上编制成本控制。

③ 计算规定时间 t 计划累积支出的成本额。

④ 绘制时间－成本累积曲线（S形曲线）。

任务二：

① 试计算并用表格法列出至第3个月末时各工作项目的拟完工程的计划投资、已完工程的计划投资、已完工程的实际投资，并分析投资局部偏差值、进度局部偏差值，以及投资累计偏差和进度累计偏差。

② 用横道图法表明各工作项目的进度及偏差情况。

③ 用曲线法表明该项施工任务的费用偏差情况。

（说明：本题假定各工作项目在3个月内均是以等速、等值进行的。）

任务三：用成本分析法分析成本增加的原因。

表4.4　工程数据资料

编码	项目名称	最早开始时间	工期/月	成本强度/（万元·月$^{-1}$）
1	场地平整	1月	1	20
2	基础施工	2月	3	15
3	主体工程施工	4月	5	30
4	砌筑工程施工	8月	3	20
5	屋面工程施工	10月	2	30
6	楼地面施工	11月	3	20
7	室内设施安装	11月	2	30
8	室内装饰	12月	1	20
9	其他工程	12月	1	10

表4.5　该工程工程量和单价

工作项目名称	平整场地	室内夯填土	垫层	缸砖面砂浆结合	踢脚
单位	100 m^2	100 m^3	100 m^2	100 m^2	100 m^2
计划拟完工程量（3个月）	150	20	60	100	13.55
计划单价/（元·单位$^{-1}$）	16	46	450	1 520	1 620
实际已完工程量（3个月）	150	18	48	70	9.5
实际单价（元·单位$^{-1}$）	16	46	450	1 800	1 650

表 4.6　商品混凝土目标成本与实际成本对比表

项目	单位	目标成本	实际成本	差额
产量	m^3	600	630	+30
单价	元	710	730	+20
损耗率	%	4	3	-1
成本	元	443 040	473 697	+30 657

第五章　建设工程项目进度管理

一个建设项目能否在预定的时间内完成，是建设项目最为重要的问题之一，也是进行项目管理所追求的目标之一。建设项目进度管理是指在既定的工期内，编制出经济合理的施工进度计划，并据此检查工程项目进度计划的执行情况，若发现实际执行情况与进度计划进度不一致时，及时分析原因，并采取必要的措施对原工程进度计划进行调整、修改。工程项目进度控制的最终目的是确保建设项目按合同或业主要求的预定时间启用或提前交付使用。工程项目能否按时交付使用直接影响到业主投资效益的实现及施工企业能否降低成本。因此，做好建设项目的进度管理是建筑企业工程管理的主要目标之一。

要有效控制工程进度，在进行建设工程管理的过程中，需要对工程项目建设各阶段的工作内容、工作程序、持续时间和衔接关系，根据进度总目标及资源优化配置的原则编制计划并付诸实施，然后在进度计划的实施过程中经常检查实际进度是否在按计划要求进行，对出现的偏差情况进行分析，采取补救措施或调整、修改原计划再付诸实施，如此循环，直到建设工程竣工验收交付使用。

案例导入

加强管理，难啃的硬骨头必须拿下

2010 年 11 月，兰州七里河黄河大桥改造（维修加固）工程、南滨河路污水工程施工现场一片繁忙，到处是忙碌的工人和来往的车辆。

全长 2 022 m 的南滨河路雨水管道工程，是我市第二批污水工程之一，全线采用开挖方式，预计工期为 110 d。七里河黄河大桥改造工程，是全社会关注的一项重点工程，是一个改造提升工程。大桥南北两个引桥跨滨河路桥洞已基本成形，原南引桥桥下的低凹路面在这次改造工程之后恢复成与路面同平，南引桥东西大道的路面工程只剩下最后一道铺油程序。从现场来看，之前拥堵的南滨河路南引桥段目前交通情况好转，过往车辆可实现缓慢通行。从南引桥看正在施工的河面段施工现场，工程进度已过大半，但已进入冬季，施工面临各种考验，为了让大桥早日通车，冬季施工的保障和保温措施已全部到位。

施工和监理单位精心、科学地组织施工方案，采取安全、成熟和可靠的施工措施，监理单位始终在一线，及时发现问题，及时解决。月底前必须完成南引桥桥洞下路面的第一层油面铺设，并且清除两侧的附属物和工程垃圾，使得南北滨河路交通畅通无阻。

思考：在这样复杂的建设工程施工现场，如何管理才能在保证工程质量的前提下，按期完工，甚至提前交工，把工程对交通、市民的影响降低到最低？

第一节　建设工程项目进度控制目标与任务

一、建设工程项目进度控制的目的

进度控制的目的是通过控制实现建设工程的进度目标。

建设项目是在动态条件下实施的，因此进度控制也就必须是一个动态的管理过程。

① 进度目标分析和论证的目的是论证进度目标是否合理，是否有可能实现。如果经过科学的论证，目标不可能实现，则必须调整目标。

② 在搜集资料和调查研究的基础上编制进度计划。

③ 进度计划的跟踪检查与调整包括定期跟踪检查所编制进度计划的执行情况，以及若其执行有偏差，则采取纠偏措施，并视情况调整进度计划。

二、建设工程项目进度控制的任务

建设工程项目管理有多种类型，代表不同利益方的项目管理方（业主方和项目参与各方）都有进度控制的任务，其控制的目标和时间范畴是不相同的。

业主方进度控制的任务是控制整个项目实施阶段的进度，包括设计准备阶段的工作进度、设计工作进度、施工进度、物资采购工作进度，以及项目动用前准备阶段的工作进度。

设计方进度控制的任务是根据设计任务委托合同对设计工作进度的要求对设计工作进行进度控制，这是设计履行合同的义务。另外，设计应尽可能使设计工作的进度与招标、施工和物资采购等工作进度相协调。

施工方进度控制的任务是依据施工任务委托合同对施工进度的要求控制施工进度，这是施工方履行合同的义务。

施工方是工程实施的一个重要参与方。许许多多的工程项目，特别是大型重点建设工程项目，工期要求十分紧迫，施工方的工程进度压力非常大，数百天的连续施工，一天两班制施工，甚至24 h连续施工时有发生。非正常有序的施工、盲目赶工，难免会导致施工质量问题和施工安全问题的出现，并且会引起施工成本的增加。因此，施工进度控制不仅关系到施工进度目标能否实现，还直接关系到工程的质量和成本。在工程施工实践中，必须树立和坚持一个最基本的工程管理原则，即在确保工程质量的前提下，控制工程进度。

供货方进度控制的任务是依据供货的要求控制供货进度，这是供货方履行合同的义务。供货进度计划应包括供货的所有环节，如采购、加工制造、运输等。

三、建设工程项目总进度目标的论证

1. 总进度目标论证的内容

建设工程项目的总进度目标指的是整个工程项目的进度目标。它是在项目决策阶段项目定义时确定的，建设项目进度管理的主要任务是在项目的实施阶段对项目的进度目标进行控制。在进行建设工程项目总进度目标控制前，首先应分析和论证进度目标实现的可能性。若项目总进度目标不可能实现，则项目管理者应提出调整项目总进度目标的建议，并提请项目决策者审议。

在项目的实施阶段，项目总进度主要包括：

① 设计前准备阶段的工作进度。

② 设计工作进度。

③ 招标工作进度。

④ 施工前准备工作进度。

⑤ 工程施工和设备安装进度。

⑥ 工程物资采购工作进度。

⑦ 项目动用前的准备工作进度。

建设工程项目总进度目标论证应分析和论证上述各项工作的进度，以及上述各项工作进展情况的相互关系。在进行建设工程项目总进度目标论证时，往往还没有掌握比较详细的设计资料，也缺乏比较全面的有关工程发包的组织、施工组织和施工技术等方面的资料，以及其他有关项目实施条件的资料。因此，总进度目标论证并不是单纯总进度规划的编制工作，而是涉及许多工程实施条件的分析和工程实施策划方面的问题。

2. 项目总进度目标论证的工作步骤

建设工程项目总进度目标论证的工作步骤如下：

① 调查研究和搜集资料。

② 项目结构分析。

③ 进度计划系统的结构分析。

④ 项目的工作编码。

⑤ 编制各层进度计划。

⑥ 协调各层进度计划的关系，编制总进度计划。

⑦ 若所编制的总进度计划不符合项目的进度目标，则设法调整。

⑧ 若经过多次调整，进度目标无法实现，则报告给项目决策者。

四、建设工程项目进度计划系统

1. 建设工程项目进度计划系统的内涵

建设工程项目进度计划系统是由多个相互关联的进度计划组成的系统，它是项目进度计划控制的依据。由于各种进度计划编制所需要的必需资料是在项目进展过程中逐步形成的，因此项目进度计划系统是逐步形成的，其建立和完善需经过一个过程。图 5.1 所示是一个建设工程项目进度计划系统的示例，这个计划系统有 4 个计划层次。

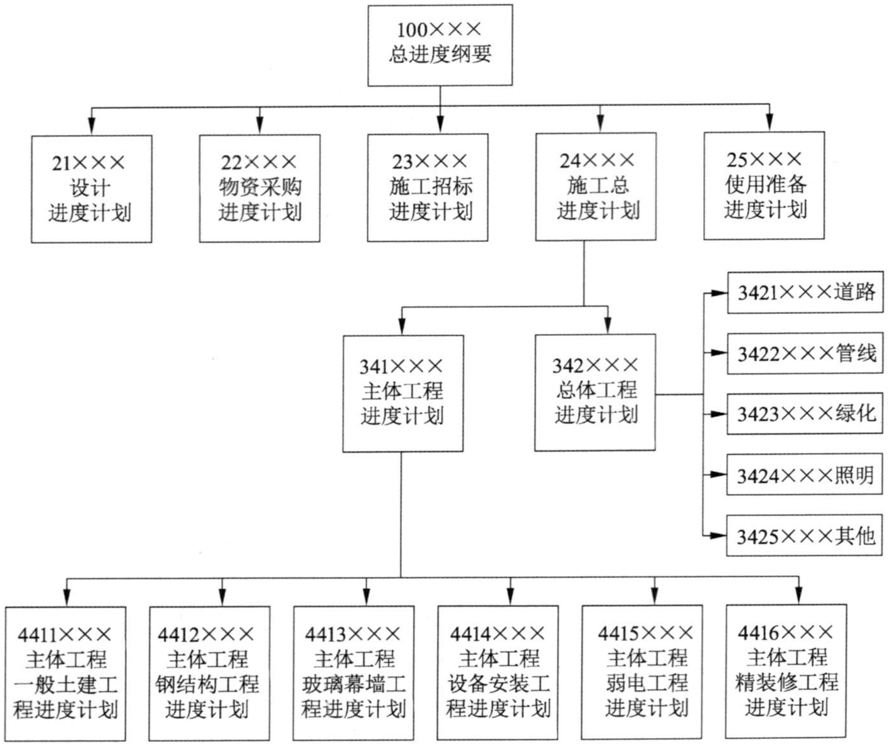

图 5.1　建设工程项目进度计划系统的示例

2. 不同类型的建设工程项目进度计划系统

根据项目进度控制不同的需要和不同的用途，业主方和项目各参与方可以构建多个不同的建设工程项目进度计划系统，如：

① 由多个相互关联的不同计划深度的进度计划组成的计划系统。

② 由多个相互关联的不同计划功能的进度计划组成的计划系统。

③ 由多个相互关联的不同项目参与方的进度计划组成的计划系统。

④ 由多个相互关联的不同计划周期的进度计划组成的计划系统等。

如图 5.1 所示，建设工程项目进度计划系统示例的第二个层次是多个相互关联的不同项目参与方的进度计划系统；其第三和第四个层次是多个相互关联的不同计划深度的进度计划组成的计划系统。

3. 由不同深度的计划构成进度计划系统

① 建设项目总进度计划。

② 建设项目子系统进度计划。

③ 建设项目子系统中的单项工程进度计划等。

4. 由不同功能的计划构成进度计划系统

① 控制性进度计划。

② 指导性进度计划。

③ 实施性（操作性）进度计划等。

5. 由不同项目参与方的计划构成进度计划系统

① 业主方编制的整个项目的进度计划。

② 设计进度计划。

③ 施工和设备安装进度计划。

④ 采购和供货进度计划等。

6. 由不同周期的计划构成进度计划系统

① 建设项目5年建设进度计划。

② 年度、季度、月度和旬进度计划等。

7. 工程项目进度计划系统中的内部关系

在建设工程项目进度计划系统中，各进度计划或各子系统进度计划编制和调整时必须注意其相互间的联系和协调，如：

① 总进度计划、项目子系统进度计划与项目子系统中的单项工程进度计划之间的联系和协调。

② 控制性进度计划、指导性进度计划与实施性进度计划之间的联系和协调。

③ 业主方编制的整个项目实施的进度计划、设计方编制的进度计划、施工和设备安装方编制的进度计划和采购和供货方编制的进度计划之间的联系和协调等。

第二节　建设工程项目进度计划的类型及作用

一、进度计划的类型

建设工程项目是一个复合的功能实体，各种功能在时间上交叉衔接，在空间上有集合又有分散，为了体现这样的复杂关系，实施全过程的管理及进度计划就要自始至终覆盖整个工程项目。建设项目进度计划可以按照以下层次进行分类：

1. 建设项目总进度计划

它是以建设项目的整个建设周期为对象，对项目的勘察、设计、施工、竣工验收和交付使用的全过程进行时间安排，实行一体化项目管理，这个计划应由总承包商编制。总进度计划深度应按照项目情况和承担的经营方式而定。

2. 阶段进度计划

根据各主要阶段的相对独立性，具体编制每个阶段的进度安排，确定关键线路和关键工作，为管理和控制提供依据，如勘察设计进度计划、施工前期准备进度计划、施工进度计划、采购进度计划、竣工验收进度计划等。阶段进度计划可以按单项或单位工程编制，这部分计划一般由阶段承包单位编制。

3. 分部、分项进度计划

将单项工程或单位工程阶段进度计划分解到各个分部、分项工程，为现场管理人员提供工程进度控制标准，这部分计划由各专业部门（分包单位）按本单位的定额水平制订。

以上三级计划，从上到下对应着各管理操作层次，为各级管理人员提供行动指南和进度控制工作标准。

二、进度计划的作用

1．工程项目的施工进度计划的作用

一个工程项目的施工总进度计划是工程项目的控制性施工进度计划。

建设工程项目总进度计划是整个项目各参与方进度计划编制和进度控制的纲领性文件，是组织和指挥工程项目近期顺利进行的依据，也是协调设计进度、物资采购计划和制订资金使用计划等的重要参考文件。

建设项目施工总进度计划的主要作用如下：

① 论证施工总进度目标。

② 进行总进度目标的分解，确定里程碑事件的进度目标。

③ 编制项目各参与方进度计划的依据。

④ 编制与该项目相关的其他各种进度计划的依据或参考依据，如子项目施工进度计划、单体工程施工进度计划；项目施工的年度施工计划、季度施工计划等。

⑤ 施工进度动态控制的依据等。

2．分部、分项工程进度计划的作用

项目的分部、分项工程进度计划是用于直接组织施工作业的计划，它是实施性施工进度计划。分项工程进度计划是分部工程进度计划中的具体安排。分部、分项工程进度计划的编制应结合工程施工的具体条件，并以分部、分项工程进度计划所确定的里程碑事件的进度目标为依据。

针对一个项目的分项工程进度计划，应反映出在这个施工阶段将进行的主要施工作业的名称、实物工程量、工作持续时间、所需的施工机械名称、施工机械的数量等；还需反映各施工作业相应的时间安排，以及各施工作业的施工顺序。

分部、分项工程进度计划的主要作用如下：

① 确定施工作业的具体安排。

② 确定该分项工程施工阶段的人工需求（工种和相应的数量）。

③ 确定该分项工程施工阶段的施工机械的需求（机械名称和数量）。

④ 确定一个月度或旬的建筑材料的需求（建筑材料的名称和数量）。

⑤ 确定一个月度或旬的资金的需求等。

第三节　建设工程项目进度计划的编制与调整

一、横道图进度计划的编制方法

横道图又称甘特图（Gantt Chart），是建筑工程中安排施工进度计划和组织施工时常用的一种表达方式（图 5.2）。它是一种最简单、运用最广泛的传统的进度计划方法。

编号	工程名称	施工方法	工程量		20xx 年(月份)										起止时间	
			数量	单位	1	2	3	4	5	6	7	8	9	10	开工	结束
1	通信线路	人工	80	km											1 月初	7 月底
2	基础施工	半机械	1	处											1 月上	5 月上
3	清除路基	机械	700 000	m^3											5 月初	7 月底
4	施工用房屋	人工	1 300	m^2											1 月初	6 月底
5	大桥	半机械	1	座											4 月中	9 月中
6	中桥	半机械	5	座											1 月中	8 月底
7	集中性土方	机械	430 000	m^3											4 月上	9 月底
8	小型构筑物	半机械	23	座											5 月初	9 月底
9	沿线土方	机械	89 000	m^3											5 月初	10 月底
10	基层	半机械	560 000	m^2											5 月上	10 月上
11	回层	半机械	560 000	m^2											5 月上	10 月上
12	装修工程	人工	80	km											5 月上	10 月上

图 5.2　横道图示例

1．横道图的形式

横道图是以时间为横坐标，以各分项工程或施工工序为纵坐标，按一定的先后施工顺序和工艺流程，用带时间比例的水平横道线表示对应项目或工序持续时间的施工进度计划图。

2．横道图的特点

① 能够清楚地表达各项工作的开始时间、结束时间和持续时间，计划内容排列整齐有序，形象直观，计划的工期一目了然。

② 不但能够安排工期，还可以在横道图中加入各分部、分项工程的工程量、机械需求量、劳动力需求量等，从而与资金计划、资源计划、劳动力计划相结合并实现优化。

③ 使用方便，制作简单，易于掌握。

④ 不容易分辨计划内部工作之间的逻辑关系，一项工作的变动对其他工作或整个计划的影响不能清晰地反映出来。

⑤ 没有通过严谨的进度计划时间参数计算，不能确定计划的关键工作、关键路线与时差。

⑥ 计划调整只能用手工方式进行，其工作量较大，难以适应大的进度计划系统。

3．应用范围

① 可以直接应用于一些简单的较小项目的施工进度计划。

② 项目初期由于复杂的工程活动尚未揭示出来，一般都采用横道图作总体计划，以供决策。

③ 作为网络分析的输出结果。现在，几乎所有的网络分析程序都有横道图输出功能，而且已被广泛使用。

二、工程网络计划的编制方法

网络计划技术是一种有效的系统分析和优化技术，是指用网络计划图表示计划中各项工作之间相互制约和依赖的关系，并在此基础上，通过各种计算和分析，寻求最优计划方案的计划管理技术。它来源于工程技术和管理实践，是20世纪50年代国外陆续出现的一项计划管理的新方法。由于这种方法将计划的工作关系建立在网络模型上，把计划的编制、协调、优化和控制有机地结合起来，并在如何保证或缩短时间、降低成本、提高效率、节约资源等方面取得了显著的成效。我国引进和应用网络计划理论，除国防科研领域外，以土木建筑工程建设领域最早。

网络计划图（简称网络图）是指由箭线和节点按一定规则组成的，用来表示工作流程的有向、有序网状图形。

1. 网络计划基础

（1）网络计划的基本原理

① 利用网络图的形式表达一项工程计划方案中各项工作之间的相互关系和先后顺序关系。

② 通过计算找出影响工期的关键工序和关键线路，并不断调整网络计划，寻求最优方案并付诸实施。

③ 在计划实施过程中采取有效措施对其进行控制，以合理使用资源，高效、优质、低耗地完成预定任务。

（2）网络图的特点

① 能明确表达各项工作开展的先后顺序和反映出各项工作之间的相互依赖、相互制约的关系。

② 能进行各种时间参数的计算，并能找出关键工作和关键线路，便于工作中抓主要矛盾。

③ 显示机动时间，便于更好地控制和监督，也能更好地调配人力、物力。

④ 能够进行计划的优选比较，从而选择最佳方案。

⑤ 它不仅可以用于控制项目的施工进度，还可用于控制工程费用，如一定的费用下工期最短和一定的工期内费用最低等的网络计划的优化。

⑥ 在计算劳动力需求量及资源消耗时，与横道图相比较为困难，也没有横道图简单、直观。

（3）网络计划的分类

为适应不同用途的需要，建设工程网络计划的内容和形式可按多种形式分类：

① 按工作的持续时间是否已知划分为肯定型网络计划、非肯定型网络计划和随机网络计划等。

② 按工程项目的组成及应用范围划分为总体网络计划、单项工程网络计划和单位工程网络计划。

③ 按计划目标的多少划分为单目标网络计划和多目标网络计划。

④ 按工作和事件在网络图中表达的不同含义划分为双代号网络计划和单代号网络计划。双代号网络计划和单代号网络计划均属于项目管理方法中的关键线路法。双代号网络计划每项工作由一根箭线和两个节点表示，其中箭线代表工作，节点表示工作间的逻辑关系。单代号网络计划工作由一个节点组成，以节点代表工作，箭线表示工作间的逻辑关系。在双代号网络计划中，按箭线的长短与工作持续时间的关系可分为一般双代号网络计划和时间坐标网络计划（简称时标网络计划）。

2. 一般双代号网络计划

（1）双代号网络图的构成

双代号网络图是应用较为普遍的一种网络计划形式，由工作、节点和线路 3 个要素构成。

双代号网络图中的工作用箭线表示。工作名称标注在箭线上方，完成该项目工作的持续时间（或需要资源数量）写在箭线下方，箭尾表示工作开始，箭头表示工作结束，如图 5.3 所示。

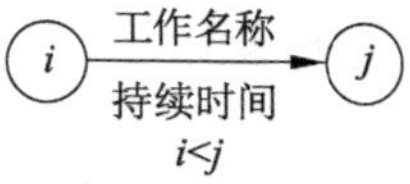

图 5.3　双代号网络图中工作的表示方法

双代号网络图中的工作可以分为三种类型：

① 既需要消耗时间，又需要消耗资源的工作，如支模板、浇筑混凝土。

② 只需要消耗时间，不需要消耗资源的工作，如混凝土养护、屋面基层干燥等技术间歇。

③ 既不需要消耗时间，又不需要消耗资源的工作，即虚工作。虚工作只表示工作与相邻前后工作之间的逻辑关系，一般起工作之间的联系、区分和断路三个作用。虚工作的表示方法如图 5.4 所示。

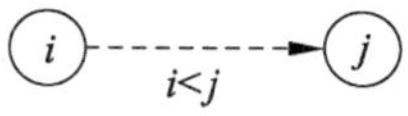

图 5.4　双代号网络图中虚工作的表示方法

在双代号网络图中，节点是指工作开始或完成的时间点，通常用圆圈（或方框）表示。节点表示的是工作之间的交接点，它既表示该节点前一项或若干项工作的结束，也表示该节点后一项或若干项工作的开始，箭线两端各与一个节点衔接，它表示各工作之间的相互关系。如图 5.5 中的节点 2，它既表示房屋基础施工的结束时刻，也表示发射塔基础施工、房屋主体施工和管沟施工的开始时刻。

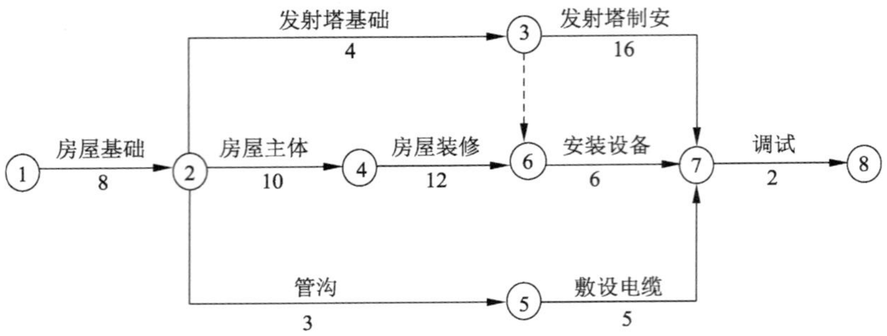

图 5.5　双代号网络图

代表工作的箭线，其箭尾节点表示该工作的开始，称为工作的开始节点；其箭头指向的节点表示该工作的结束，称为工作的结束节点。任何工作都可以用其箭线上方的工作名称和箭线两端的两个节点的编号来表示，如图 5.5 中的房屋主体施工即可用 2→4 来表示，开始节点编号在前，结束节点编号在后。所有的节点都应统一编号，进行编号时，箭尾节点的号码应小于箭头节点的号码。

网络图中的第一个节点称为起点节点，它表示一项工程或任务的开始；网络图的最后一个节点称为终点节点，它表示一项工程或任务的完成；其余的节点均称为中间节点。如图 5.5 中的 1 为起点节点，8 为终点节点，其他均为中间节点。

网络图中，从起点节点出发，沿着箭头方向连续通过一系列箭线和节点，直至到达终点节点的"通道"，即称为线路。网络图中的线路有多条，一条线路上的所有工作的持续时间之和称为该线路的长度。在各条线路中，所有工作的持续时间之和最长的线路称为关键线路。除关键线路之外的其他线路都称为非关键线路。位于关键线路上的工作称为关键工作，除关键工作之外的其他工作称为非关键工作。图 5.5 所示网络图中一共包含了 4 条线路：

1→2→3→7→8，线路长度为 30。

1→2→3→6→7→8，线路长度为 20。

1→2→4→6→7→8，线路长度为 38。

1→2→5→7→8，线路长度为 18。

其中，1→2→4→6→7→8 线路长度最长，为关键线路。所以该网络图中的关键工作即为房屋基础、房屋主体、房屋装修、安装设备和调试。

关键工作用较粗的箭线或双箭线来表示，以区别于非关键工作。非关键线路上的工作，既有关键工作，也有非关键工作。任何一条线路上，只要有一项非关键工作，这条线路就是非关键线路，它的总长度小于关键线路。

（2）双代号网络图的绘制

网络图必须正确地表达整个工程或任务的工艺流程和各工作开展的先后顺序及它们之间相互依赖、相互制约的逻辑关系，因此，绘制网络图时必须遵循一定的基本规则和要求。

在一个网络图中，可以有许多工作通向一个节点，也可以有许多工作由同一个节点出发。把通向某节点的工作称为该节点的紧前工作；把从某节点出发的工作称为节点的紧后工作；从同一起始节点开始的工作称为平行工作，如图 5.6 所示。

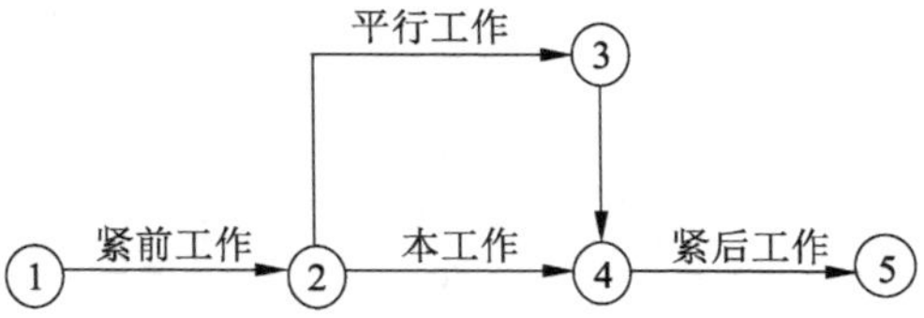

图 5.6　工作间的逻辑关系

① 各种逻辑关系的正确表示方法：各工作间的逻辑关系表达得是否正确，是网络图能否反映工程实际情况的关键，而且若将逻辑关系搞错，图中各项工作参数的计算及关键线路和工程工期都将随之发生错误。

知识拓展

技术提示

工艺顺序：是指工艺之间内在先后顺序。如某一现浇钢筋混凝土柱的施工，必须在绑扎完柱子钢筋和支完模板以后，才能浇筑混凝土。

组织顺序：是指网络计划人员在施工方案的基础上，根据工程对象所处的时间、空间及资源供应等客观条件所确定的工作展开顺序。某些不存在工艺制约关系的施工过程，如屋面防水工程与门窗工程，二者之中是先施工其中某项，还是同时进行，都要根据施工的具体条件，如工期要求、人力及材料等资源供应条件来确定。

在绘制网络图时，应特别注意虚箭线的使用。在某些情况下，必须借助虚箭线才能正确地表达工作之间的逻辑关系，如表 5.1 中的第 10 种和第 12 种情况。表 5.1 列出了双代号网络图中常见的逻辑关系及其表示方法。

表 5.1　双代号网络图中常见的逻辑关系及其表示方法

序号	工作间的逻辑关系	表示方法
1	A，B，C 无紧前工作，即 A，B，C 均为计划的第一项工作，且平行进行	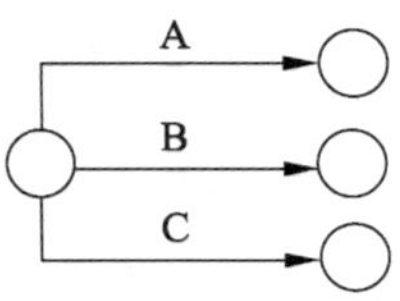
2	A 完成后，B，C，D 才能开始	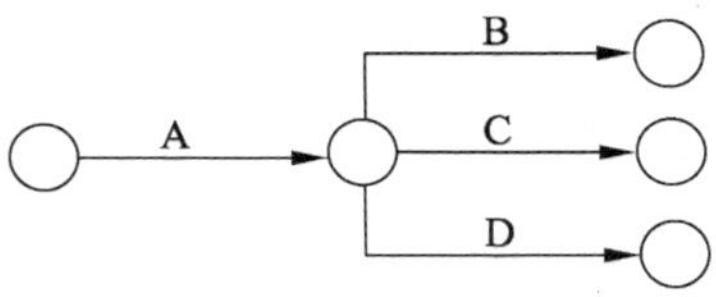

续表

序号	工作间的逻辑关系	表示方法
3	A，B，C 均完成后，D 才能开始	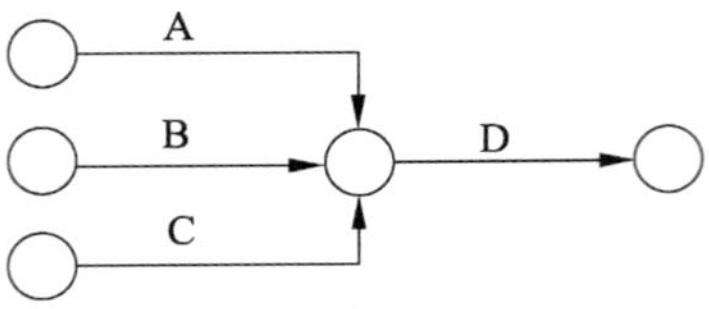
4	A，B 均完成后，C，D 才能开始	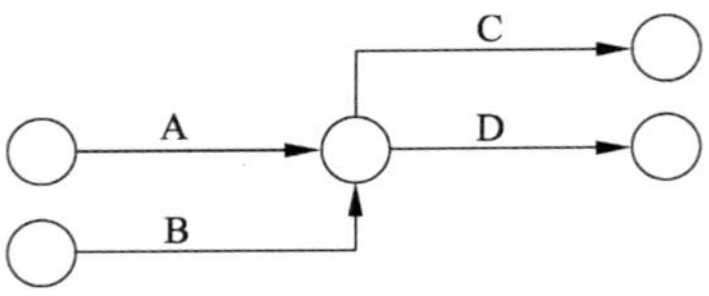
5	A 完成后，D 才能开始；A，B 均完成后，E 才能开始；A，B，C 均完成后，F 才能开始	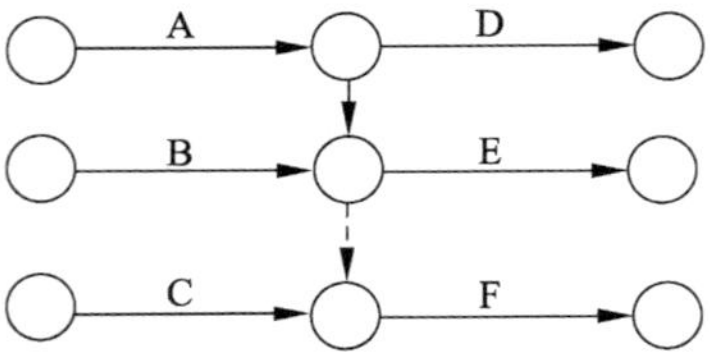
6	A，D 同时开始，B 为 A 的紧后工作	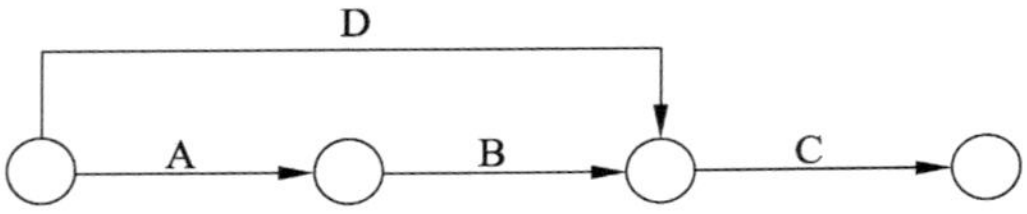
7	A，B 均完成后，D 才能开始；A，B，C 均完成后，E 才能开始；D，E 完成后，F 才能开始	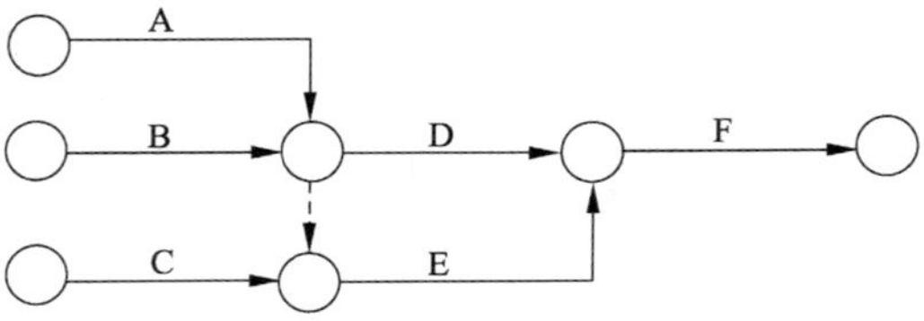
8	A 完成后，B，C，D 才能开始；B，C，D 均完成后，E 才能开始	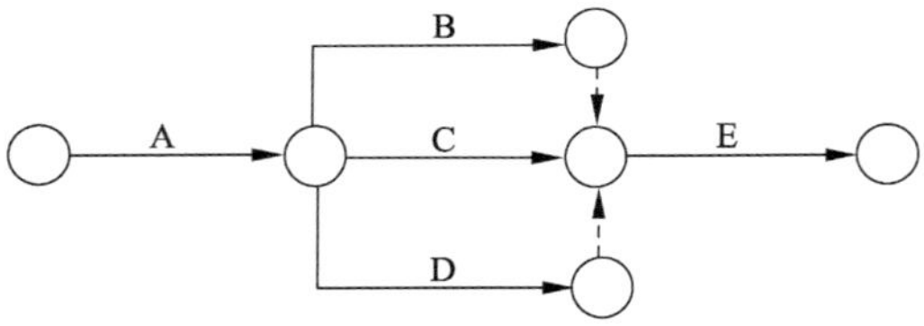
9	A，B 均完成后，D 才能开始；B，C 均完成后，E 才能开始	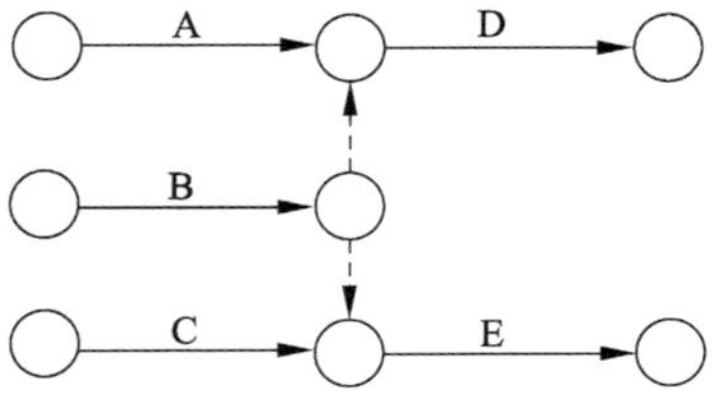

续表

序号	工作间的逻辑关系	表示方法
10	工作 A，B 分为 3 个施工阶段，分段流水施工，a1 完成后进行 a2，b1；a2 完成后进行 a3，b2；a3 完成后进行 b3	第一种表示方法：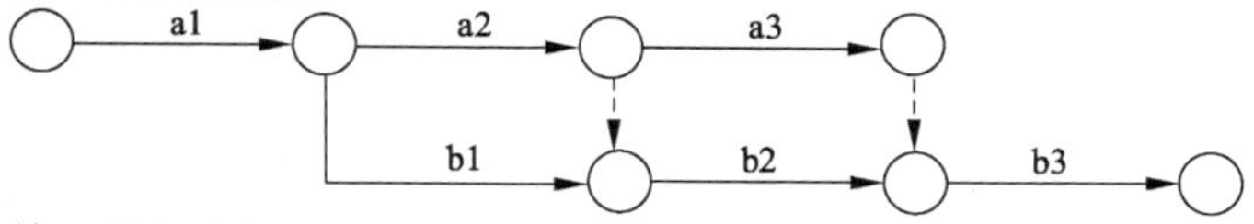 第二种表示方法：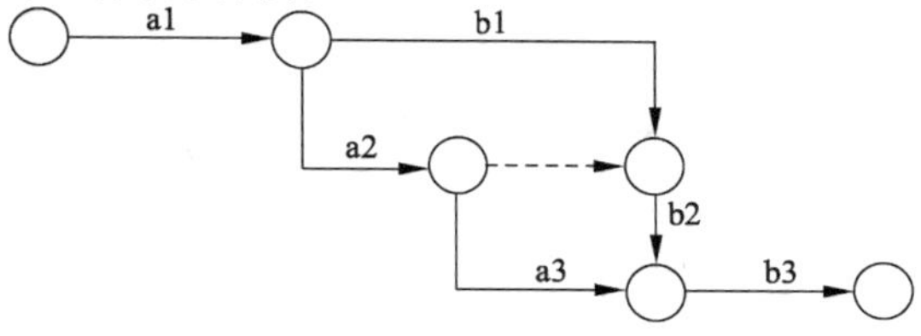
11	A，B 均完成后，C 才能开始；A，B，C 分别分为三个施工段作业，交叉进行	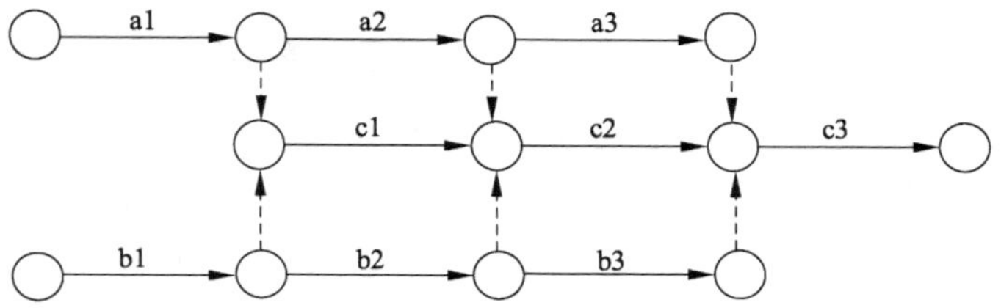
12	A，B，C 为最后三项工作，即 A，B，C 无紧后工作	有三种可能情况：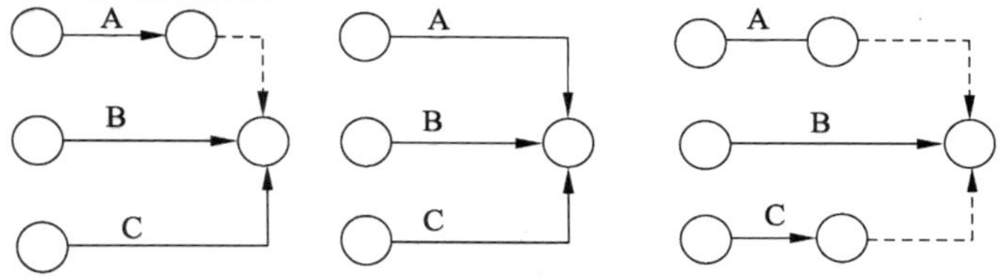

② 双代号网络图的绘制规则：绘制双代号网络图，必须遵守一定的基本规则，才能明确地反映出工作的内容，准确地表达出工作间的逻辑关系，并且使所绘出的图易于识读和操作。

a. 不得有两个或两个以上的箭线从同一节点出发且同时指向同一节点。

表达工作之间平行的关系时，可以增加虚工作来表达它们之间的关系，例如，图 5.7a 必须改为图 5.7b 才是正确的。

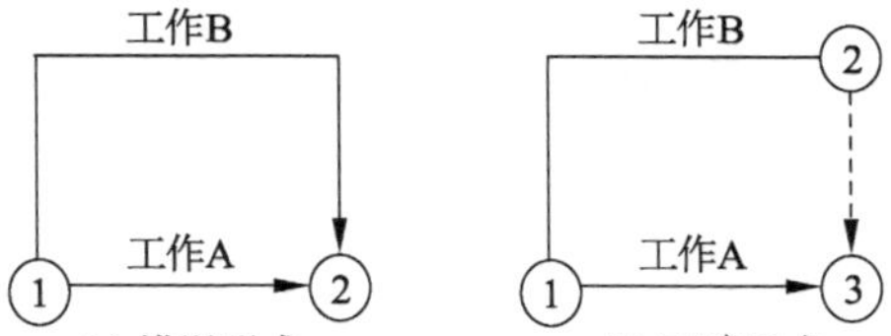

(a) 错误形式　　(b) 正确形式

图 5.7　示例一

b. 一个网络计划只能有一个起点节点和一个终点节点。

如图 5. 8a 所示，节点 1，2，3 都表示计划的开始，12，13，14 都表示计划的完成，这是错误的。应引入虚工作，改成图 5. 8b 所示的形式，这时 1 为计划的起点节点，11 为计划的终点节点，其余节点均为中间节点。

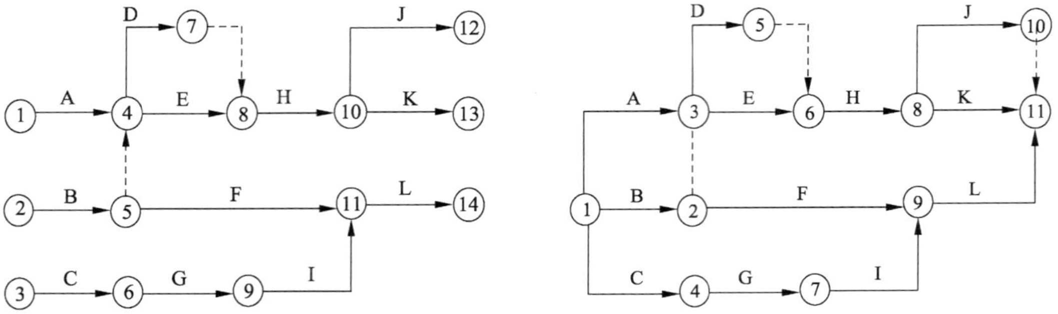

(a) 错误形式　　(b) 正确形式

图 5. 8　示例二

c. 在网络图中不得存在闭合回路。

如图 5. 9 所示，工作 C，D，E 形成了闭合回路，这个网络图是错误的。

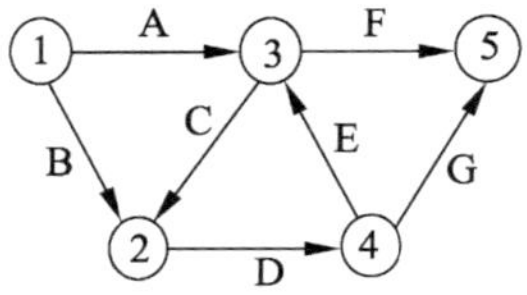

图 5. 9　错误示例三

d. 同一项工作在一个网络中不能重复表达。

在图 5. 10a 中工作 D 出现了两次，所以应引进虚工作，改为图 5. 10b 所示的形式。

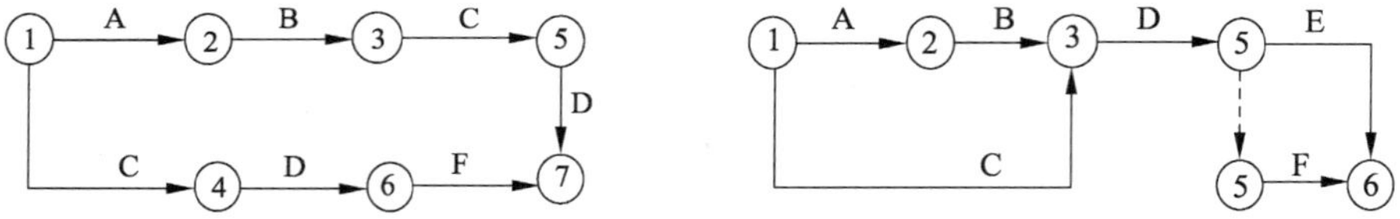

(a) 错误形式　　(b) 正确形式

图 5. 10　示例四

e. 表达工作之间的搭接关系时不允许从箭线中间引出另一条箭线。

如图 5. 11a 原本要表达 A，B 两工作的搭接关系，但表达方式是错误的，应改为图 5. 11b 所示的形式。

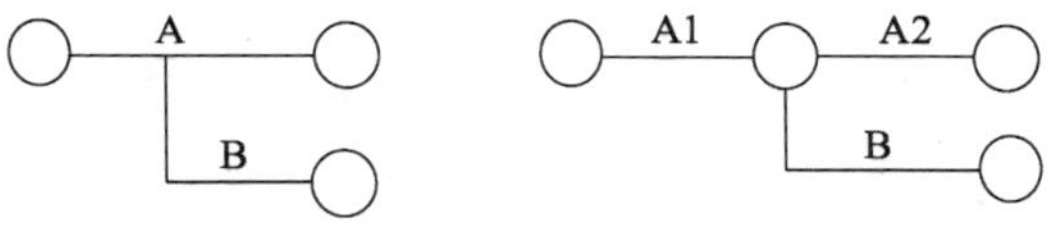

(a) 错误形式　　(b) 正确形式

图 5.11　示例五

f. 网络图中不允许出现双向箭线和无箭头箭线。

g. 网络图中节点编号自左向右、由小到大，应确保工作的起点节点的编号小于工作终点节点的编号，并且所有节点的编号不得重复。

编号可采用水平编号法，每行自左向右，然后自上而下逐行进行编号，也可采用垂直编号法，由上而下然后自左向右进行编号。编号可以用非连续的编号，以便于以后修改。

h. 绘制网络图时，宜避免箭线交叉。

当箭线交叉不可避免时，可采用搭桥法或指向法表示。

i. 当双代号网络图的某些节点有多条外向箭线或多条内向箭线时，为使图形简洁，可使用母线法绘制（但应满足一项工作用一条箭线和相应的一对节点表示），如图 5.12 所示。

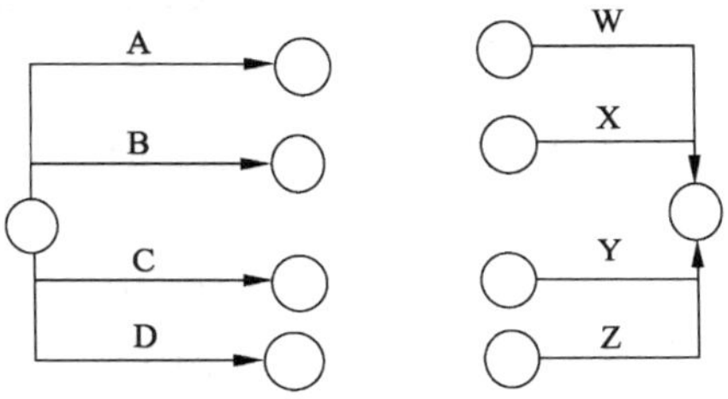

图 5.12　母线法绘制示例

j. 网络图应条理清楚，布局合理。

在正式绘图以前，应先绘出草图，然后再做调整，在调整过程中要做到突出重点工作，即尽量把关键线路安排在中心醒目的位置，把联系紧密的工作尽量安排在一起，使整个网络条理清楚、布局合理。

③ 双代号网络图的绘制步骤：双代号网络图的绘制方法，视各人的经验而不同，但从根本上说，都要在既定施工方案的基础上，根据具体的施工客观条件，以统筹安排为原则。一般的绘图步骤如下：

a. 任务分解，划分施工工作。

b. 确定完成工作计划的全部工作及其逻辑关系。

c. 确定每一工作的持续时间，制定工程分析表。

d. 根据表 5.2 所示工程分析表（或工作关系表），绘制并修改网络图。

表 5.2　工程分析表

序号	工作名称	工作代号	紧前工作	紧后工作	持续时间	资源强度
1						
2						
3						
4						
5						

【例1】 通过分析，某建设工程项目计划涉及的各项工作的先后顺序与逻辑关系见表5.3。绘制相对应的双代号网络图。

表5.3 工程分析表

本工作	紧前工作	紧后工作
A	—	C，D，E
B	—	E
C	A	F
D	A	F，G
E	A	F，G
F	C，D，E	—
G	D，E	—

绘制步骤：

① 根据已知的紧前工作，确定出紧后工作，并自左至右先画紧前工作，后画紧后工作。

② 若紧后工作完全相同或完全不同，则肯定没有虚箭线（D与E）；若紧后工作既有相同的，又有不同的，则肯定有虚箭线（A与B，C与D，C与E）。

③ 到相同的紧后工作用虚箭线，到不同的紧后工作则无虚箭线（A和B同时到E；C和D，E同时到F）。

调整后的网络图如图5.13所示。

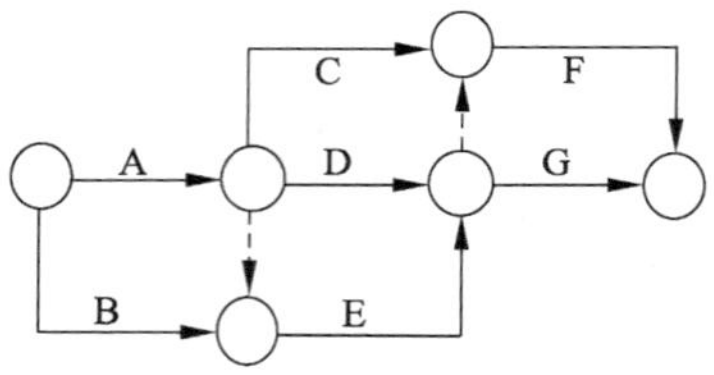

图5.13 调整后的网络图

3. 双代号时标网络计划

（1）双代号时标网络计划的概念

双代号时标网络计划简称时标网络计划，实质上是在一般双代号网络图上加注时间坐标，它所表达的逻辑关系与原网络计划完全相同，但箭线的长度不能任意画，应与工作的持续时间相对应。

（2）时标网络计划的特点

① 时标网络计划兼有网络计划与横道计划的优点，在时标网络计划中，网络计划中的各个时间参数可以直观地表达出来，可直观地进行判读。

② 时标网络计划能在图上直接显示出各项工作的开始与完成时间、工作的自由时差及关键线路。

③ 利用时标网络计划，可以很方便地绘制出每一个单位时标资源需要量，便于进行资源的优化和调整。

④ 在时标网络计划中，可以利用前锋线方法对计划进行动态跟踪和调整。

⑤ 由于箭线受到时间坐标的限制，当情况发生变化时，对网络计划的修改比较麻烦，往往要重新绘图，但在使用计算机以后，这一问题则较容易得到解决。

（3）时标网络计划的绘制

时标网络计划可按最早时间和最迟时间两种方法绘制，使用较多的是最早时标网络计划。

按最早时间绘制时标网络计划，在绘制前，首先应根据确定的时间单位绘制出一个时间坐标表，时间坐标单位可根据计划的长短确定（可以是小时、天、周、旬、月或季等），见表5.4；时间坐标一般标注在时标表的顶部或底部，也可在顶部或底部同时标注，要注明时标单位。时标表中的刻度线应为细实线，为使图面清晰，此线一般不画或少画。

表5.4　时间坐标表

日历	24/4	25/4	26/4	29/4	30/4	6/5	7/5	8/5	9/5	10/5	13/5	14/5	15/5	16/5	17/5
时间单位/d	1	2	3	4	5	6	7	8	9	10	11	12	13	14	15
网络计划															
时间单位															

在时标网络计划中，以实线表示工作，自由时差（实线后不足部分）用波形线表示，虚工作应垂直于时间坐标（画成垂直方向），用虚箭线表示，如果虚工作的开始节点与结束节点不在同一时刻上，水平方向的长度用波形线表示，垂直部分仍应画成虚箭线。

绘制时标网络计划时，应遵循以下规定：

① 代表工作的箭线长度在时标表上的水平投影长度，应与其所代表的持续时间相对应。

② 节点的中心线必须对准时标的刻度线。

③ 在箭线与其结束节点之间有不足部分时，应用波形线表示。

④ 在虚工作的开始与其结束节点之间，垂直部分用虚箭线表示，水平部分用波形线表示。

绘制时标网络计划应先绘制出无时标网络计划（逻辑网络图）草图，然后再按间接绘制法或直接绘制法绘制。

① 间接绘制法（或称先算后绘法），是指先计算时标网络计划草图的时间参数，然后再在时标网络计划表中进行绘制的方法。

绘制步骤如下：

a. 先绘制网络计划草图，如图 5.14 所示；计算每项工作的最早时间并标注在图上。

b. 在时标表上，按工作最早开始时间确定每个节点位置（图形尽量与草图一致），节点的中心线必须对准时标的刻度线。

c. 按各工作的时间长度画出相应工作的实线部分，使其水平投影长度等于工作时间；由于虚工作不占用时间，所以应以垂直虚线表示。

d. 用波形线把实线部分与其紧后工作的开始节点连接起来，以表示自由时差。

绘制时，一般先绘制出关键线路，然后再绘制非关键线路。

② 直接绘制法，是指不经时间参数计算而直接按双代号网络计划草图绘制时标网络计划。

绘制步骤如下：

a. 将网络计划起点节点定位在时标表的起始刻度线上（即第一天开始点）。

b. 按工作持续时间在时标表上绘制起点节点的外向箭线。

c. 工作的箭头节点必须在其所有内向箭线绘出以后，定位在这些箭线中完成最迟的实箭线箭头处。

d. 某些箭线长度不足以到达该节点时，用波形线补足，即为该工作的自由时差。

e. 用上述方法自左向右依次确定其他节点的位置，直至终点节点定位绘完为止，如图 5.15 所示。

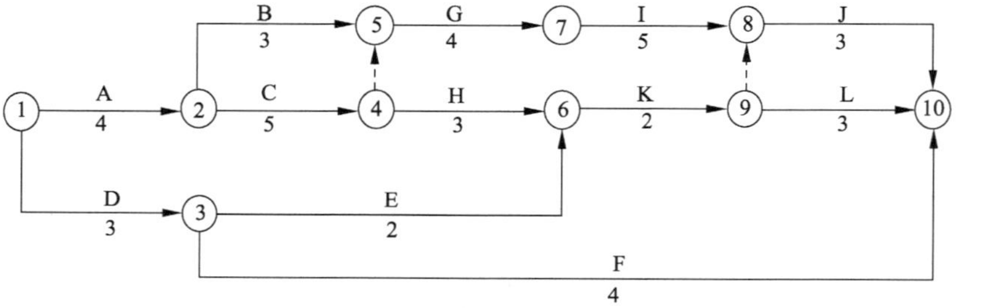

图 5.14 网络计划草图

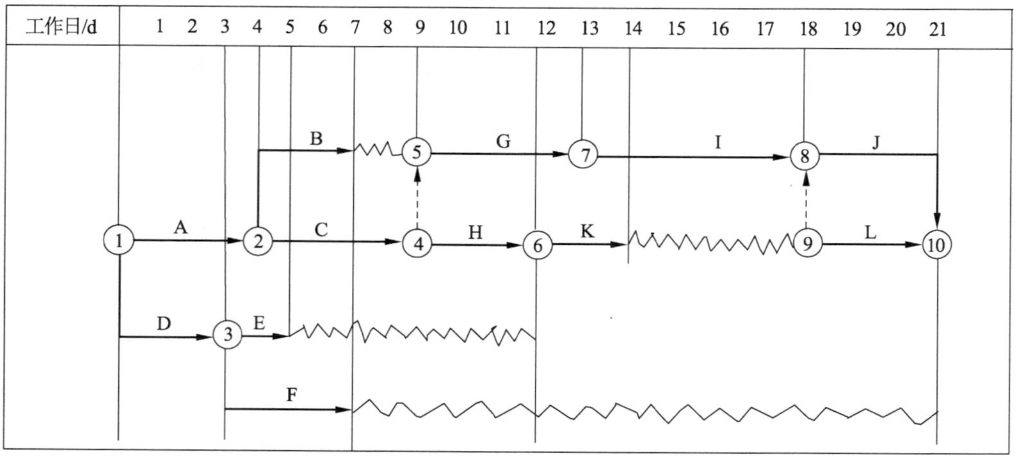

图 5.15 绘制好的时标网络计划图

【例 2】　已知网络计划的资料见表 5.5，试用直接法绘制双代号时标网络计划。

表 5.5　某网络计划工作逻辑关系及持续时间表

工作	紧前工作	紧后工作	持续时间/d
A1	—	A2，B1	2
A2	A1	A3，B2	2
A3	A2	B3	2
B1	A1	B2，C1	3
B2	A2，B1	B3，C2	3
B3	A3，B2	D，C3	3
C1	B1	C2	2
C2	B2，C1	C3	4
C3	B3，C2	E，F	2
D	B3	G	2
E	C3	G	1
F	C3	I	2
G	D，E	H，I	4
H	G	—	3
I	F，G	—	3

解：绘图步骤如下：

① 将起始节点 1 定位在时标计划表的起始刻度线上。

② 按工作的持续时间绘制 1 节点的外向箭线 1→2，即按 A1 工作的持续时间，画出无紧前工作的 A1 工作，确定节点 2 的位置。

③ 自左至右依次确定其余各节点的位置。如 2，3，4，6，9，11 节点之前只有一条内向箭线，则在其内向箭线绘制完成后即可在其末端将上述节点绘出。5，7，8，10，12，13，14，15 节点则必须待其前面的两条内向箭线都绘制完成后才能定位。

④ 箭线中最晚完成的时刻。其中，5，7，8，10，12，14 各节点均有长度不足以达到该节点的内向实箭线，不足部分用波形线补足。

用上述方法自左至右依次确定其他节点位置，直至画出全部工作，确定终点节点的位置，该时标网络计划即绘制完成，如图 5.16 所示。

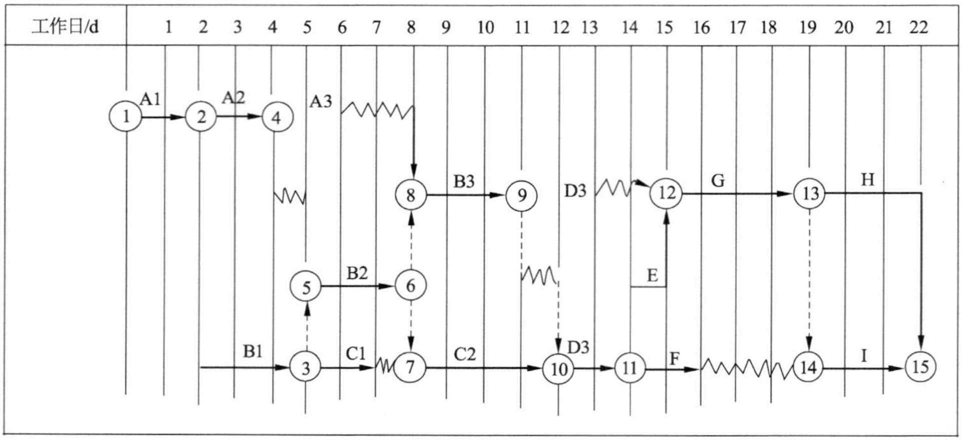

图 5.16　时标网络计划图示例

三、工程网络计划有关参数的计算与应用

1. 双代号网络计划时间参数计算

双代号网络计划时间参数计算的目的在于通过计算各项工作的时间参数，确定网络计划的关键工作、关键线路和计算工期，为网络计划的优化、调整和执行提供明确的时间参数。

（1）双代号网络图的时间参数

时间参数计算应在各项工作的持续时间确定之后进行。双代号网络图的时间参数主要有：

① 工作持续时间 $D_{i,j}$：一项工作从开始到完成的时间。

② 计算工期 T_c：根据时间参数计算得到的工期。

③ 工作最早开始时间 ES：在各紧前工作全部完成后，工作 i，j 有可能开始的最早时刻。

④ 工作最早完成时间 EF：在各紧前工作全部完成后，工作 i，j 有可能完成的最早时刻。

⑤ 工作最迟开始时间 LS：在不影响整个任务按期完成的前提下，工作 i，j 必须开始的最迟时刻。

⑥ 工作最迟完成时间 LF：在不影响整个任务按期完成的前提下，工作 i，j 必须完成的最迟时刻。

⑦ 总时差 TF：在不影响总工期的前提下，工作 i，j 可以利用的机动时间。

⑧ 自由时差 FF：在不影响其紧后工作最早开始时间的前提下，工作 i，j 可以利用的机动时间。

在计算各种时间参数时，规定工作的开始时间或结束时间都是以单位时间的终了时刻为计算标准。如 $ES_{i,j}=6$ 表示工作 i，j 的最早开始时间为第 6 天末。

（2）双代号网络计划时间参数的计算

双代号网络计划时间参数的计算有“按工作计算法”和“按节点计算法”两种。

按工作计算法：以网络计划中的各项工作为对象，直接计算各项工作的时间参数，并将计算结果标注在箭线之上，如图 5.17 所示。

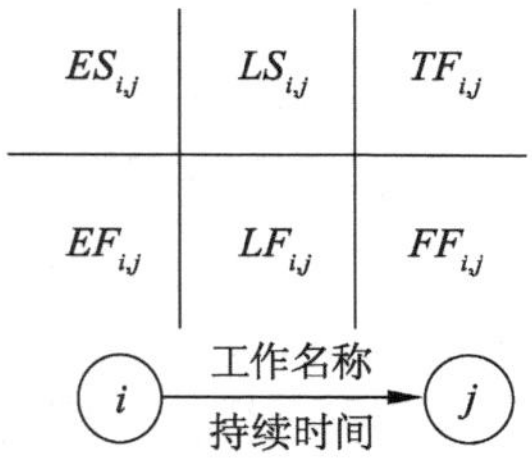

图 5.17　双代号网络图时间参数图上表示法

时间参数计算程序如下：

① 计算工作最早开始时间和最早完成时间。工作的最早开始时间应从网络计划的起点节点开始，顺着箭线方向自左向右依次逐项计算，直到终点节点为止。

以网络计划起点节点为开始节点的工作的最早开始时间，如无规定时，其值等于零。如网络计划起点节点代号为 i，则

$$ES_{i,j}=0\ (i=1)$$

工作最早完成时间等于其最早开始时间与该工作持续时间之和。工作 i，j 的最早完成时间以 $EF_{i,j}$ 表示，即

$$EF_{i,j}=ES_{i,j}+D_{i,j}$$

其他工作的最早开始时间等于其各紧前工作的最早完成时间的最大值（$i<j<k$），即

$$ES_{j,k}=\max\ \{EF_{i,j}\}$$

或

$$ES_{j,k}=\max\ \{EF_{i,j}+D_{i,j}\}$$

② 确定网络计划计算工期。网络计划的计算工期，以 T_c 表示。它等于以网络计划终点节点 n 为完成节点的各项工作的最早完成时间的最大值，即

$$T_c=\max\ \{EF_{i,n}\}$$

③ 计算工作最迟开始时间和工作最迟完成时间。工作的最迟时间受工期的约束，故工作的最迟完成时间应从网络计划的终点节点开始，逆着箭线方向自右向左依次进行计算，直到起点节点为止。

以网络计划终点节点 n 为完成节点的工作的最迟完成时间，即

$$LF_{i,n}=T_c$$

工作最迟开始时间等于其最迟完成时间与该项工作的持续时间之差，以 $LS_{i,j}$ 表示，即

$$LS_{i,j}=LF_{i,n}-D_{i,j}$$

其他工作的最迟完成时间等于其各项紧后工作的最迟开始时间的最小值（$i<j<k$），即

$$LF_{i,j} = \min \{LS_{j,k}\}$$

或
$$LF_{i,j} = \min \{LS_{j,k} - D_{i,j}\}$$

④ 计算工作时差。工作总时差是指在不影响工期的前提下，一项工作所拥有的机动时间，以 $TF_{i,j}$ 表示。总时差等于工作的最迟开始时间减去最早开始时间，或等于最迟完成时间减去最早完成时间，即

$$TF_{i,j} = LS_{i,j} - ES_{i,j}$$
$$TF_{i,j} = LF_{i,j} - EF_{i,j}$$

工作的自由时差即从本工作最开始时间与其紧后工作的最早开始时间之间扣除本工作的持续时间后所剩余时间的最小值（$i < j < k$），自由时差即为

$$FF_{i,j} = \min \{ES_{j,k} - EF_{i,j}\}$$

或
$$FF_{i,j} = \min \{ES_{j,k} - ES_{i,j} - D_{i,j}\}$$

注意：工作的自由时差是该工作总时差的一部分，当其总时差为零时，其自由时差也必然为零。

【课堂练习】 计算如图 5. 18 所示代号网络图的时间参数。

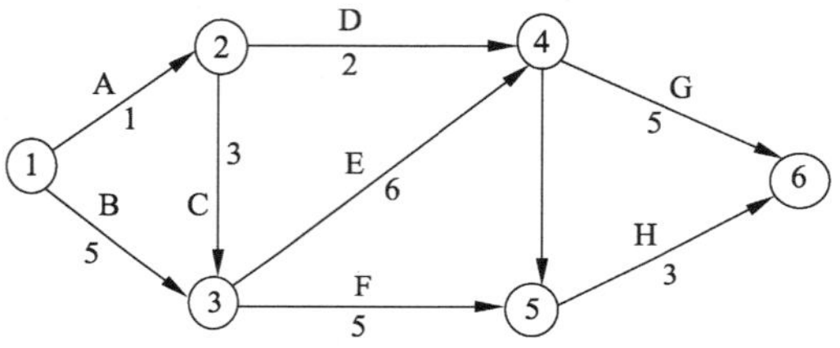

图 5. 18　网络图示例

2. 时标网络计划关键线路和时间参数的判定

（1）关键线路的判定

时标网络计划的关键线路，应从终点节点至起点节点进行观察，凡自始至终没有波形线（自由时差）的线路即为关键线路。

（2）时间参数的计算

时标网络计划计算工期：等于终点节点与起点所在位置的时标值之差。

① 工作的最早时间：在时标网络计划中，每条箭线尾节点中心所对应的时标值，即为该工作的最早开始时间。没有自由时差的工作的最早完成时间为其箭头节点中心所对应的时标值；有自由时差工作的最早结束时间为其箭线实线部分右端点所对应的时标值。

② 工作自由时差值：等于其紧后工作的最早开始时间与本工作的最早结束时间之差。每条波形线的末端，就是该条波形线所在工作的紧后工作的最早开始时间，波形线的起点就是它所在工作的最早完成时间，波形线的水平投影就是这两个时间之差，即自由时差值。也就是说，工作自由时差值等于其波形线（或虚线）在坐标轴上的水平投影长度。

③ 工作总时差值：时标网络计划中，工作总时差不能被直接观察，但可利用工作自由时差进行判定。工作总时差值应自右向左逆箭线推算。

工作总时差值等于其紧后工作的总时差加本工作与该工作的紧后工作之间的时间间隔 $LAG_{i,j,k}$ 之和的最小值，即

$$TF_{i,j}=\min\ \{TF_{j,k}+LAG_{i,j,k}\}$$

两项工作之间的时间间隔 $LAG_{i,j,k}$ 指本工作的最早完成时间与其紧后工作最早开始时间之间的差值。

四、进度计划的检查与调整

1. 影响建设项目工程进度的因素

（1）工程建设各相关单位

如向有关部门提出各种申请审批手续的延误；合同签订时遗漏条款、表达失当；计划安排不周密，组织协调不力，导致停工待料、相关作业脱节；领导不力，指挥失当，使参加工程建设的各个单位、各个专业、各个施工过程之间交接、配合上发生矛盾等。

（2）物资供应

如材料、构配件、机具、设备供应环节的差错，品种、规格、质量、数量、时间不能满足工程的需要；不合理使用特殊材料及新材料；施工设备不配套、选型失当、安装失误、有故障等。

（3）资金

建设单位没有按照合同要求及时提供工程预付款，施工单位不能正常进行施工准备，导致工程无法按期开工；建设单位未能及时支付工程进度款，造成工程资金紧张，影响进度。

（4）设计变更

在施工过程中，由于原设计与施工现场条件不符或原设计出现错误，以及业主提出新的设计变更等，需停工等待新的设计方案，延误工程进度；或由于按照之前的设计方案施工导致需返工引起的进度延长。

（5）施工条件

如复杂的工程地质条件；不明的水文气象条件；地下埋藏文物的保护、处理；洪水、地震、台风等不可抗力。

（6）各种风险因素

外单位临近工程施工干扰；节假日交通、市容整顿的限制；临时停水、停电、断路；法律及制度变化，如经济制裁、战争、骚乱、罢工、企业倒闭等。

（7）承包单位自身管理水平

如施工工艺错误，施工方案不合理，施工安全措施不当，不可靠技术的应用，计划不周，施工现场管理混乱，施工中各种问题解决不及时等。

2. 进度计划的检查方法

在建设项目施工的过程中，必须建立相应的检查制度，定时定期地对计划的实际执行情况进行跟踪检查，搜集反映实际进度的有关数据。

对所搜集的数据进行加工处理，搜集的反映实际进度的原始数据量大、面广，必须对其进行整理、统计和分析，形成与计划进度具有可比性的数据，以便分析判断工程进度的实际状况，及时发现进度偏差，为进度计划的调整提供依据。

常见的进度计划检查方法有以下几种：

（1）横道图比较法

横道图比较法，是把在项目施工中检查实际进度搜集的信息，经整理后直接用横道线并列标于原计划的横道线下，进行直观比较的方法。

（2）“S”形曲线比较法

“S”形曲线比较法是以横坐标表示时间，纵坐标表示累计完成任务量，绘制一条按计划时间累计完成任务量的“S”形曲线，然后将工程项目实施过程中各检查时间实际累计完成任务量的“S”形曲线也绘制在同一坐标系中，进行实际进度与计划进度比较的一种方法。

（3）“香蕉”曲线比较法

“香蕉”曲线是两条“S”形曲线组合成的闭合曲线。以各项工作的最早开始时间安排进度而绘制的“S”形曲线，称为ES曲线；以各项工作的最迟开始时间安排进度而绘制的“S”形曲线，称为LS曲线。“S”形曲线都是从计划的开始时刻开始和完成时刻结束，因此两条曲线是闭合的。一般情况下，ES曲线上的各点均落在LS曲线相应点的左侧，形成一个形如“香蕉”的曲线，称为“香蕉”曲线。在项目的实施中进度控制的理想状况是任一时刻按实际进度描绘的点，应落在该“香蕉”曲线的区域内。

（4）前锋线比较法

前锋线，是指在原时标网络计划上，从检查时刻的时标点出发，依次将各项工作实际进展位置点连接而成的折线。前锋线比较法就是通过实际进度前锋线与原进度计划中各工作箭线交点的位置来判断工作实际进度与计划进度的偏差，进而判定该偏差对后续工作及总工期影响程度的一种方法。

（5）列表比较法

列表比较法是指记录检查正在进行的工作名称和已进行的天数，然后列表计算有关参数，根据原有总时差和尚有时差判断实际进度与计划进度的比较方法，见表5.6。

表5.6　某网络计划工作逻辑关系及持续时间表

工作编号	工作名称	检查时尚需工作天数	按计划最迟尚有天数	总时差		自由时差		情况分析
				原有	目前尚有	原有	目前尚有	

3. 进度计划的调整

（1）网络计划调整的内容

① 调整关键线路的长度。

② 调整非关键工作时差。

③ 增、减工作项目。

④ 调整工作间的逻辑关系。

⑤ 重新确定某些工作的持续时间。

⑥ 对资源的投入做相应调整。

（2）网络计划调整的方法

① 调整关键线路的方法：

a. 当关键线路的实际进度比计划进度拖后时，应在尚未完成的关键工作中，选择资源强度小或费用低的工作缩短其持续时间，并重新计算未完成部分的时间参数，将其作为一个新计划实施。

b. 当关键线路的实际进度比计划进度提前时，应选用资源占用量大或者直接费用高的后续关键工作适当延长其持续时间，以降低其资源强度或费用。当确定要提前完成计划时，应将计划尚未完成的部分作为一个新计划，重新确定关键工作的持续时间，按新计划实施。

② 非关键工作的调整方法：非关键工作主要利用其时差进行调整，调整的幅度应在其时差的范围内进行，以便更充分地利用资源、降低成本或满足施工的需要。每一次调整后都必须重新计算时间参数，观察该调整对计划全局的影响。可采用以下几种调整方法：

a. 将工作在其最早开始时间与最迟完成时间范围内移动。

b. 延长非关键工作的持续时间。

c. 缩短非关键工作的持续时间。

③ 增、减工作项目时的调整方法：

a. 不打乱原网络计划总的逻辑关系，只对局部逻辑关系进行调整。

b. 在增、减工作后应重新计算时间参数，分析对原网络计划的影响，当对工期有影响时，应采取调整措施，以保证计划工期不变。

④ 调整逻辑关系：逻辑关系的调整只有当实际情况要求改变施工组织时才可进行。调整时应避免影响原定计划工期和其他工作。

⑤ 调整工作的持续时间：当发现某些工作的原持续时间估计有误或实现条件不充分时，应重新估算其持续时间，并重新计算时间参数，尽量使原计划工期不受影响。

⑥ 调整资源的投入：当资源供应发生异常时，应采用资源优化方法对计划进行调整，或采取应急措施，使其对工期的影响最小。

网络计划的调整，可以定期进行，亦可根据计划检查的结果在必要时进行。

知识拓展

关键线路法（CPM）

关键线路法，是一种计划管理方法。它是通过分析项目过程中哪个活动序列进度安排的总时差最少来预测项目工期的网络分析方法。它用网络图表示各项工作之间的相互关系，找出控制工期的关键线路。关键线路法在一定的工期、成本、资源条件下获得最佳的计划安排，以达到缩短工期、提高工效、降低成本的目的。CPM 中工序时间是确定的，这种方法多用于建筑施工和大修工程的计划安排。它适用于有很多作业而且必须按时完成的项目。关键线路法是一个动态系统，它会随着项目的进展不断更新，该方法采用单一时间估计法，其中时间被视为一定的或确定的。

关键线路法最早出现于 20 世纪 50 年代，由雷明顿 – 兰德公司（Remington-Rand）的 J. E. 克里（J. E. Kelly）和杜邦公司的 M. R. 沃尔克（M. R. Walker）在 1957 年提出，用于对工厂的维护项目进行日程安排。这种方法产生的背景是，在当时出现了许多庞大而复杂的科研和工程项目，这些项目常常需要运用大量的人力、物力和财力，因此如何合理而有效地对这些项目进行组织，在有限资源下以最短的时间和最低的成本费用完成整个项目就成为一个突出的问题，这样 CPM 就应运而生了。

第四节　建设工程项目进度控制的措施

一、建设工程项目进度控制的组织措施

组织是目标能否实现的决定性因素，为实现项目的进度目标，应充分重视及健全项目管理的组织体系。在项目组织结构中应有专门的工作部门和符合进度控制岗位资格的专人负责进度控制工作。

从管理构架入手，理顺各职能管理部门之间的关系，建立精简、高效的组织体系，使工程进展过程中的各种信息流得以高效、快捷地上传下达，并及时对进度计划做微幅调整，优化资源管理，将进度偏差控制在较小的范围内。各部门职能分工如下：

（1）工程技术部

工程技术部负责工程总进度、年进度计划的编制；及时掌握工程进展情况的汇总信息，对总进度计划实施动态控制；参加监理单位定期召开的进度会议，接受监理人员的指示和协调；必要时根据监理人员的指示对工程进度计划进行调整。

（2）计划合同部

计划合同部负责工程季度、月度进度计划的编制，制定工程进度考核管理办法及

奖罚制度；及时掌握工程进展情况的汇总信息；参加监理人员定期召开的进度会议，接受监理人员的指示和协调；必要时根据监理人员的指示对工程进度计划进行调整。

（3）生产调度室

生产调度室根据计划合同部下达的月进度计划和工程实际进展情况制订周计划，下达给各工区，并监督实施；根据工程进度考核管理办法，对各工区执行奖罚措施；接受各工区关于工程进度的合理化建议并适时传达给计划合同部。

（4）施工队

施工队是周进度计划的具体执行人，和工程进展信息资料的搜集、整理、反馈人一起，接受工程部的安排、监督和奖罚，并对工程进度提出合理化建议。由于工区是进度计划的实施者，因而必须采取有效措施，提高一线作业员工的积极性，使进度计划落到实处。工程进度奖罚措施必须合理、可行，并及时兑现。

二、建设工程项目进度控制的管理措施

（1）技术管理措施

认真调查、研究工程地质、水文、气象资料和市场情况，结合类似工程施工经验，制订切合工程实际的各施工阶段的技术方案、措施及应急技术措施，做好技术交底，建立技术档案，使技术管理科学化、信息化。

抓好新技术、新材料、新工艺的推广运用，充分发挥承包人在类似工程施工技术方面的优势，组织科技攻关小组，及时解决施工中出现的问题、难题。

对工程进展中出现的进度问题提出相应的建议和措施，必要时根据监理人的指示制订切实可行的加快工程进度的措施。

聘请单位内有经验的专家对重大技术问题进行咨询，在征得监理人同意后付诸实施。

（2）现场管理措施

建立健全质量保障体系，确保施工质量，避免因质量事故引发工期延误。

建立健全施工安全保证体系，采取有效的安全保障措施，组织好现场安全施工，做好文明施工，创造一个安全、文明、有序的施工环境。

在进度实施过程中抓住关键工作，加大人力、物力投入，特别是高峰期的投入，确保主要工序和关键线路按期完工，同时兼顾其他项目。

加强人员和设备管理，提高设备的利用率和劳动生产率。

充分利用好发包人提供的有关施工设备，同时根据工程进展新购或从上级部门调配施工需要的设备进场，以充分满足施工需要。

充分利用网络管理技术，对施工所需材料、配件进行网络查询和采购，对物资存储进行科学管理，保证正常的物资采购和供应，尽量避免因材料、配件的短缺等造成施工延误。

对工程款项进行科学管理，用好、用活资金，必要时从母体单位本部或采取其他手段调配充足的资金，保障施工生产对资金的需求。

（3）质量管理措施

承包人将按照“提高员工素质、规范工作行为、追求完美品质、满足用户要求”

的质量方针，建立健全以项目经理为第一责任人的质量管理体系，结合工程实际，编制适合本工程的质量计划，严格按计划中的过程、程序和项目实施，实行质量责任终身制，层层落实到个人，真正做到全员、全方位、全过程的有效控制。保证工程总体质量达到优良标准。消灭一切质量事故，坚决杜绝由于质量问题引起的误工、返工现象，确保工程顺利进行。

项目经理将充分授权给项目部的质量管理部，赋予质量管理部门针对质量事故防范与处理的奖罚权力，让质量管理者说话有分量、管理有力度。这样将加快各道工序合格施工及验收，避免误工、返工、工序衔接拖延导致工期延长。

（4）施工资源管理保证措施

设备物资、综合及财务部门，根据施工组织设计及总进度计划的要求，超前编制并落实好各阶段的人力、机械设备、材料物资及资金供应计划，确保施工进度的需要；主要的机械设备、材料物资保证有必要和足够的备用。不适合的设备及时更换，不得影响施工，以确保达到施工强度的要求。

三、建设工程项目进度控制的经济措施

建设工程项目进度控制的经济措施涉及资金需求计划、资金供应的条件和经济激励措施等。为确保进度目标的实现，应编制与进度计划相适应的资源需求计划（资源进度计划），包括资金需求计划和其他资源（人力和物力资源）需求计划，以反映工程实施的各阶段所需要的资源。通过对资源需求的分析，可发现所编制的进度计划实现的可能性，若资源条件不具备，则应调整进度计划。资金需求计划也是工程融资的重要依据。

资金供应条件包括可能的资金总供应量、资金来源（自有资金和外来资金）及资金供应的时间。在工程预算中应考虑加快工程进度所需要的资金，其中包括为实现进度目标将要采取的经济激励措施所需要的费用等。

四、建设工程项目进度控制的技术措施

建设工程项目进度控制的技术措施涉及对实现进度目标有利的设计技术和施工技术的选用。

不同的设计理念、设计技术路线、设计方案会对工程进度产生不同的影响，在设计工作的前期，特别是在设计方案评审和选用时，应对设计技术与工程进度的关系做分析比较。在工程进度受阻时，应分析是否存在设计技术的影响因素，为实现进度目标有无设计变更的可能性。

施工方案对工程进度有直接的影响，在决策是否选用时，不仅应分析技术的先进性和经济性，还应考虑其对进度的影响；在工程进度受阻时，应分析是否存在施工技术的影响因素，以及为实现进度目标有无改变施工技术、施工方法和施工机械的可能性。

习题五

一、单项选择题

1．建设工程项目管理有多种类型，代表不同利益方的项目管理（业主方和项目参与各方）的进度控制的（　　）具有明显的不同。

A．方法　B．程序　C．软件　D．目标

2．进度目标分析和论证的目的是（　　），进度目标是否可能实现。

A．落实进行控制的措施　B．分析进度目标是否合理

C．决定进度计划的不同功能　D．确定进度计划系统内部关系

3．设计方进度控制的任务是依据（　　）对设计工作进度的要求，控制设计工作进度是设计方履行合同的义务。

A．可行性研究报告　B．设计标准和规范

C．设计任务委托合同　D．设计总进度纲要

4．业主方进度控制的任务是控制（　　）的工作进度。

A．管理阶段　B．设计阶段

C．施工阶段　D．整个项目实施阶段

5．下列不属于供货进度计划环节的是（　　）。

A．采购　B．加工制造　C．分配　D．运输

6．建设工程项目总进度的目标是在项目（　　）项目定义时确定的。

A．决策阶段　B．施工准备阶段　C．设计阶段　D．施工阶段

7．建设工程项目总进度目标的控制是（　　）项目管理的任务。

A．施工方　B．供货方　C．管理方　D．业主方

8．关于项目总进度目标论证，下列认识中正确的是（　　）。

A．论证是在设计资料完备的情况下进行的

B．论证是施工方项目管理的任务

C．论证应首先分析论证目标实现的可能性

D．大型建设工程项目总进度目标论证就是总进度计划

9．在双代号时标网络计划中，以波形线表示工作的（　　），以虚箭头表示虚工作。

A．逻辑关系　B．总时差　C．关键线路　D．自由时差

10．某工程网络计划中，工作 P 的最迟完成时间为第 25 天，其持续时间为 6 天。该工作有三项紧前工作，它们的最早完成时间分别为第 10 天、第 12 天和第 13 天，则该工作 P 的总时差为（　　）天。

A．6　B．10　C．12　D．14

11．已知某工程项目分部工程双代号网络计划如图 5.19 所示，其关键线路为（　　）。

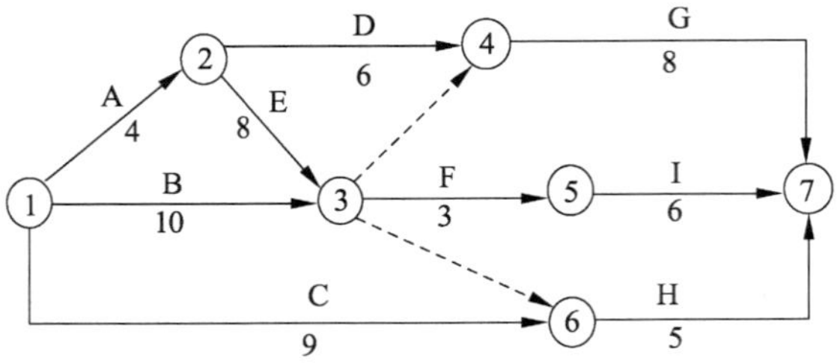

图 5.19　双代号网络计划

A. 1—2—4—7　　B. 1—2—3—6—7

C. 1—2—3—5—7　　D. 1—3—6—7

12. 在双代号时标网络计划中，关键线路是指（　　）。

A. 没有虚工作的线路　　B. 持续时间最长的工作所在的线路

C. 没有波形线的线路　　D. 由关键节点组成的线路

13. 在工程网络计划执行过程中，如果某项工作实际进度拖延的时间超过其自由时差，则该工作（　　）。

A. 必定影响其紧后工作的最早开始时间

B. 不会影响其后续工作的最早开始时间

C. 必定影响工程总工期

D. 不会影响其后续工作的最早完成时间

14. 为实现进度目标，不但应进行控制，还应注意（　　），并在分析的基础上采取风险管理措施，以减少进度失控的风险量。

A. 重视总进度目标的论证　　B. 选择合理的承发包模式

C. 选用有利的设计和施工技术　　D. 分析影响工程进度的风险

15. 下列提法正确的是（　　）。

A. 选用施工方案时，注意考虑其对进度的影响

B. 建设工程项目进度控制的技术措施涉及对实现进度目标可以采用的设计技术

C. 在工程进度受阻时，应分析实现进度目标有无设计变更的可能性

D. 在施工过程中，应对设计技术与工程进度的关系做分析对比

二、多项选择题

1. 业主方进度控制的任务是控制整个项目实施阶段的进度，包括控制（　　）及施工进度。

A. 设计准备阶段的工作进度　　B. 物资采购工作进度

C. 征地拆迁工作进度　　D. 项目动用前准备阶段工作进度

E. 设计工作进度

2. 关于建设工程项目进度控制的说法，正确的是（　　）。

A. 进度控制的目的是通过控制以实现工程进度目标

B. 进度控制是一个动态的管理工程

C. 业主方进度控制的任务是控制施工进度

D．项目参与各方进度控制的目标和时间范畴是相同的

E．项目参与各方的控制任务各不相同

3．下列提法正确的是（　　）。

A．进度控制的目的是实现项目的整体目标

B．进度控制的目的是实现工程的进度目标

C．业主方控制进度的任务是控制整个项目的实施阶段进度

D．进度计划执行进程产生的偏差可以由施工进行调节

E．设计方控制进度的任务是控制整个项目的实施阶段进度

4．为了有效地控制施工进度，尽可能摆脱因进度而造成工程组织的被动，施工方有关管理人员应深化理解（　　）。

A．建设工程项目的施工进度目标如何确定

B．影响施工进度目标实现的主要因素

C．施工方在整个建设工程项目进度目标实现中的地位和作用

D．如何正确处理工程进度和工程质量的关系

E．进度计划的跟踪检查与调整

5．建设工程项目进度纲要的主要内容包括（　　）。

A．项目实施的总体部署　　B．设计工作进度

C．各子系统进度规划　　D．确定里程碑事件的计划进度目标

E．总进度目标实现的条件和应采取的措施

6．在建设工程施工阶段，为了有效地控制施工进度，不仅要明确施工进度总目标，还要将此总目标按（　　）进行分解，形成从总目标到分目标的目标体系。

A．设计单位　　B．项目组成　　C．承包单位

D．竣工验收　　E．施工阶段

7．建设工程项目进度控制的管理措施涉及（　　）。

A．承发包模式的选择　　B．工程进度的风险分析

C．资金需求分析　　D．编制项目进度控制的工作流程

E．进度控制工作管理职能分工

8．建设工程项目进度的资金供应条件包括（　　）。

A．可能的资金供应总量　　B．资金来源

C．资金供应的方式　　D．资金供应的时间

E．资金供应的方案

三、简答题

1．简述网络进度计划中关键线路的特性。

2．建设工程项目进度控制措施有哪些？

3．简述横道图进度计划表的特点。

4．简述网络进度计划中自由时差与总时差的关系。

四、计算及绘图

1．根据表5.7所示某工作逻辑关系，绘制双代号网络图，并按最早时间绘制时

标图。

表 5.7　某工作逻辑关系

工作名称	A	B	C	D	E	F	G	H	I
紧后工作	—	A	A	A	B，C	C	D，E	E，F	G，H

2. 工程技能训练

某房屋地下室工程的网络进度计划如图 5.20 所示，合同约定非施工企业原因造成的工期延长，每天补偿 5 000 元，施工企业原因造成的工期延长，每天罚 6 000 元，工程量的增、减按实结算，施工过程中发生如下一些事件：

事件一：基础开挖过程中，土质与甲方提供的地质资料不符，使土方开挖时间增加 2 天。

事件二：工程在砌地下室墙体时，建设单位下发了通知，要求增加一条室外排水管沟，并在地下室墙砌结束后开始，地下室顶板混凝土浇筑结束时完成，其持续时间为 5 天。

事件三：地下室顶板模板支设完毕，经监理验收，发现模板支撑间距过大，部分水平拉杆未设置，要求进行加固整改，使支模板的时间比原计划增加 1 天。

事件四：铺设室外水电管线时，等待设计图纸变更，比原计划增加 2 天。

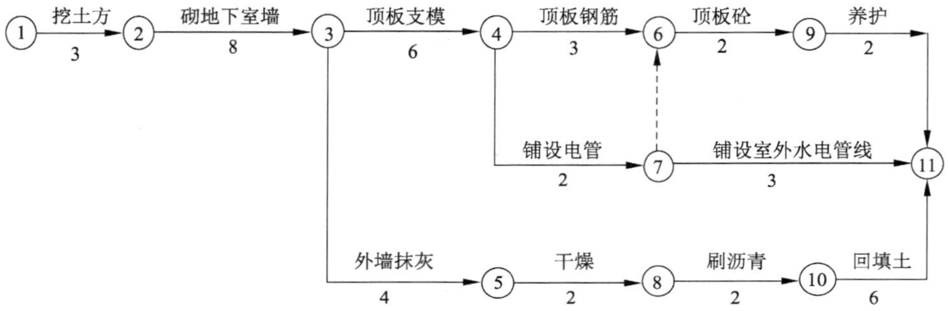

图 5.20　网络进度计划

根据上述背景回答以下问题：

（1）工程的合同工期与计算工期相等，该工程的计划工期为多少天？

（2）上述 4 个事件中哪些是施工企业原因？哪些是非施工企业原因？

（3）绘出该工程实际网络进度计划。其实际工期为多少天？

（4）施工企业的补偿款和罚款分别为多少？

第六章　建设工程项目质量管理

百年大计，质量为本。建筑工程质量目标是工程项目建设目标中尤为重要的一个，是工程项目施工阶段项目管理的核心工作之一。施工阶段根据设计图纸的要求实施，形成过程实体。其质量要求与前几个阶段的质量要求是不同的，如果说可行性研究阶段解决“能否做、做什么”的问题，设计阶段解决“如何做”的问题，那么施工阶段则要解决的是“做出来、做好”的问题。前几个阶段都与决策有关，施工阶段则是生产实践，关于生产和操作的质量问题。质量控制工作量最大的阶段就是施工阶段。所有与建设活动有关的单位都要在此时参与质量形成的活动。所以施工阶段的质量控制是工程项目质量控制的重点，也是最重要的阶段，是为达到工程项目质量要求所采取的作业技术和活动。其质量要求主要表现为工程合同、设计文件、规范规定的质量标准。因此，工程质量控制就是为了保证达到工程合同规定的质量标准而采取的一系列措施、手段和方法。

案例导入

2012 年，云南、江苏、安徽、上海等地区先后发生几起建筑施工安全事故和工程质量问题，造成了很坏的影响，甚至有的给国家和人民生命财产造成了重大损失。现将有关影响通报如下：

2010 年 1 月 3 日，云南昆明新机场配套引桥工程施工现场，施工人员在浇筑混凝土时，模板支撑体系发生坍塌，造成施工作业人员 7 人死亡、8 人重伤。该工程建设单位是云南新机场建设集团，施工单位是云南建工市政建设有限公司，监理单位是云南城市建设监理有限公司，劳务分包单位是吉林松原市宁江区诚信劳务有限公司。

2010 年 1 月 9 日，江苏扬州邗江区彩弘苑二期 7#楼工程施工现场，施工人员在卸料平台上转运钢管时，卸料平台发生坍塌，造成施工作业人员 3 人死亡。该工程建设单位是扬州金阳光房地产开发有限公司，施工单位是南通华硕建筑发展有限公司，监理单位是江苏润扬项目管理有限公司。

2010 年 1 月 12 日，安徽芜湖华强文化科技产业园配送中心工程施工现场，施工人员在浇筑混凝土时，发生坍塌事故，造成现场作业人员 8 人死亡、3 人受伤。该工程建设单位是芜湖华强文化科技产业有限公司，施工单位是芜湖恒达建筑安装有限责任公司，监理单位是芜湖市芜建建设监理有限责任公司。

2009年12月8日，江苏南京市汉中门桥工程出现质量问题。主要问题是南侧主桥人行道39根栏杆和北侧主桥人行道5根栏杆立柱根部开裂，北侧引道桥11根栏杆立柱根部开裂，施工单位擅自采用建筑胶对裂缝进行处理。该工程建设单位是南京建设工程项目投资管理有限公司，设计单位是南京市市政设计研究有限公司，施工单位是中铁十五局集团有限公司，监理单位是南京第一建设事务所有限责任公司。

2009年12月28日，上海市苏州河路桥改建工程出现质量问题。主要问题是外挂GRC饰板有明显变形裂缝，饰板外挂构件背面与结构空隙违规使用编织袋等杂物填充作为空腔内膜。该工程建设单位是上海市黄浦江大桥建设有限公司，总体设计单位是上海市城市建设设计研究院，监理单位是上海市新光工程咨询有限公司，桥梁结构施工单位是上海市基础工程有限公司，装饰设计和施工单位是上海市建筑装饰工程有限公司。

国家住房与城乡建设部领导对上述几起建筑施工安全事故和质量问题高度重视，做出重要批示，要求尽快查明原因，并依法严肃查处有关责任单位和责任人，有关地方要及时上报事故原因和处罚情况。

案例中的事实令人惊诧，发人深省。大家考虑一下，什么原因会导致如此严重的事故屡屡发生？

第一节　建设工程项目质量管理基本概念

一、项目质量管理的有关概念

1. 质量的定义

根据国家标准《质量管理体系　基础和术语》（GB/T 19000—2008）的定义：质量是一组固有特性满足要求的程度。就工程质量而言，其固有特性通常包括使用功能、寿命及可靠性、安全性、经济性等特性，这些特性满足要求的程度越高，质量就越好。

当今社会，食品质量、工程质量、服务质量已经成为人们日益关注的话题。

2. 质量管理的定义

质量管理就是在质量方面指挥和控制组织协调的活动。这些活动通常包括制定质量方针和质量目标，以及质量策划、质量控制、质量保证和质量改进等一系列工作。

良好的质量管理是实现质量目标的必需手段。

3. 质量控制的定义

质量控制是质量管理的一部分而不是全部，质量控制是在明确的质量目标和具体的条件下，通过行动方案和资源配置的计划、实施、检查和监督，进行质量目标的事前预控、事中控制和事后纠偏控制，实现预期质量目标的系统过程。

4. 质量目标的定义

GB/T 19000—2008 标准对“质量目标”的定义是“在质量方面所追求的目的”。从质量管理学的理论来说，质量目标的理论依据是行为科学和系统理论。

质量目标是一个项目在质量方面努力的方向，经过一定的努力可以实现。

二、建设工程质量特性

建设工程质量特性主要表现在以下 6 个方面：

（1）适用性

适用性即功能，是指工程满足使用目的的各种性能，包括理化性能、结构性能、使用性能和外观性能等。

（2）耐久性

耐久性即寿命，是指工程在规定的条件下，满足规定功能要求使用的年限，也就是工程竣工后的合理使用寿命周期。

（3）安全性

安全性是指工程建成后在使用过程中保证结构安全、人身和环境免受危害的程度。

（4）可靠性

可靠性是指工程在规定的时间和规定的条件下完成规定功能的能力。

（5）经济性

经济性是指工程从规划、勘察、设计、施工到整个产品使用寿命周期内的成本和消耗的费用。

（6）与环境的协调性

与环境的协调性是指工程与其周围生态环境协调，与所在地区经济环境协调及与周围已建工程相协调，以适应可持续发展的要求。

上述 6 个方面的质量特性彼此之间是相互依存的，总体而言，适用、耐久、安全、可靠、经济及与环境协调，都是必须达到的基本要求，缺一不可，但是对于不同门类、不同专业的工程可根据其所处的特定的环境条件、技术经济条件有不同的侧重面。

第二节　项目质量管理体系

一、项目质量的形成过程和影响因素分析

1. 建设工程项目质量的基本特性

建设工程项目从本质上说是一项拟建或在建的建筑产品，它和一般产品具有同样的质量内涵，即一组固有特性满足要求的程度。这些特性是指产品的适用性、耐久性、安全性、可靠性、经济性及与环境的协调性等。在工程管理实践和理论研究中，也有人把建设工程项目质量的基本特性概括如下：

（1）反映使用功能的质量特性

反映使用功能的质量特性主要表现为质量的适用性。

（2）反映安全可靠的质量特性

反映安全可靠的质量特性主要表现为质量承重荷载和结构许用荷载。

（3）反映艺术文化的质量特性

反映艺术文化的质量特性主要表现为艺术欣赏的特性，给人以美的感受。

（4）反映建筑环境的质量特性

反映建筑环境的质量特性主要表现为建筑与环境的协调性，并能够推进城市环境建设。

2. 建设工程项目质量的形成过程

建设工程项目质量的形成过程，贯穿于整个建设项目的决策过程和各个工程项目的设计与施工过程，体现了建设工程项目质量从目标决策、目标细化到目标实现的系统过程。

（1）质量需求的识别过程

必须指出，由于建筑产品采取定制式的承发包生产，因此，其质量目标的决策是建设单位（业主）或项目法人的质量职能，尽管业主可以采用社会化、专业化的方式，委托咨询机构、设计单位或建设工程总承包企业进行建设项目的前期工作，但这一切并不会改变业主或项目法人的决策性质。业主的需求和法律法规的要求，是决定建设工程项目质量目标的主要依据。

（2）质量目标的定义过程

建设工程项目质量目标的具体定义过程，一方面是在建设工程设计阶段。由此可见，建设工程项目设计的任务就在于将建设工程项目的质量目标具体化。通过建设工程的方案设计、初步设计扩大、技术设计和施工图设计等环节，对建设工程项目各细部的质量特性指标进行明确定义，即确定质量目标值，为建设工程项目的施工安装作业活动及质量控制提供依据。另一方面，承包商为了创品牌工程或根据业主的创优要求及具体情况来确定工程的总体质量目标，策划精品工程的质量控制。

（3）质量目标的实现过程

建设工程项目质量目标实现的最重要和最关键的过程是在施工阶段，包括施工准备过程和施工作业技术活动过程。

在这个过程中，业主方的项目管理，担负着对整个建设工程项目质量总目标的策划、决策和实施监控的任务；而建设工程项目各参与方，则直接承担着相关建设工程项目质量目标的控制职能和相应的质量责任。

3. 建设工程项目质量的影响因素

建设工程项目质量的影响因素主要是指在建设工程项目质量目标策划、决策和实现过程的各种客观因素和主观因素，包括人的因素、技术因素、管理因素、环境因素和社会因素等，如图 6.1 所示。

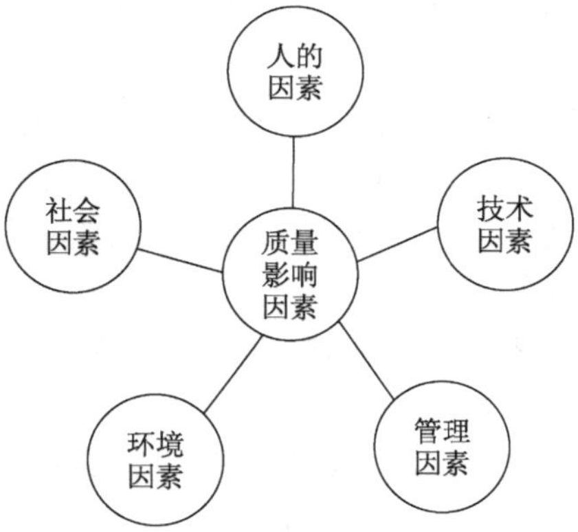

图 6.1 质量影响因素

(1) 人的因素

人的因素对建设工程项目质量形成的影响，包括两个方面的含义：一是指直接承担建设工程项目质量职能的决策者、管理者和作业者个人的质量意识及质量活动能力；二是指承担建设工程项目策划、决策或实施的建设单位、勘察设计单位、咨询服务机构、工程承包企业等实体组织。

(2) 技术因素

科技的发展、技术的进步，对工程质量有着深远的影响。如大模板的应用在一定程度上，减少了钢模拼装接缝对砼质量的影响。

(3) 管理因素

影响建设工程项目质量的管理因素，主要是决策因素和组织因素。管理因素中的组织因素，包括建设工程项目实施的管理组织和任务组织。

(4) 环境因素

对建设工程项目质量控制而言，作为直接影响建设工程项目质量的环境因素，一般是指建设工程项目所在地点的水文、地质和气象等自然环境，施工现场的通风、照明、安全卫生防护设施等劳动作业环境，以及由多单位、多专业交叉协同施工的管理关系、组织协调方式、质量控制系统等构成的管理环境。

(5) 社会因素

不难理解，人、技术、管理和环境因素对于建设工程项目而言是可控因素；社会因素存在于建设工程项目系统之外，一般情形下对建设工程项目管理者而言，属于不可控因素。

二、项目质量管理体系的建立和运行

1. 全面质量管理思想和方法的应用

(1) 全面质量管理（TQC）的思想

① 全面质量管理：建设工程项目的全面质量管理，是指建设工程项目参与各方所进行的工程项目质量管理的总称，其中包括工程（产品）质量和工作质量的全面管理。

② 全过程质量管理：全过程质量管理主要是在建设工程产品实现的全过程进行质量管理。

③ 全员参与质量管理：开展全员参与质量管理的重要手段就是运用目标管理方法，将组织的质量总目标逐级进行分解，使之形成自上而下的质量目标分解体系和自下而上的质量目标保证体系。全员参与管理是质量管理的保证。

（2）质量管理的 PDCA 循环

在长期的生产实践过程和理论研究中形成的 PDCA 循环，是确立质量管理和建立质量体系的基本原理。

“PDCA”中 P 即策划、D 即实施、C 即检查、A 即改进，如图 6.2 所示。

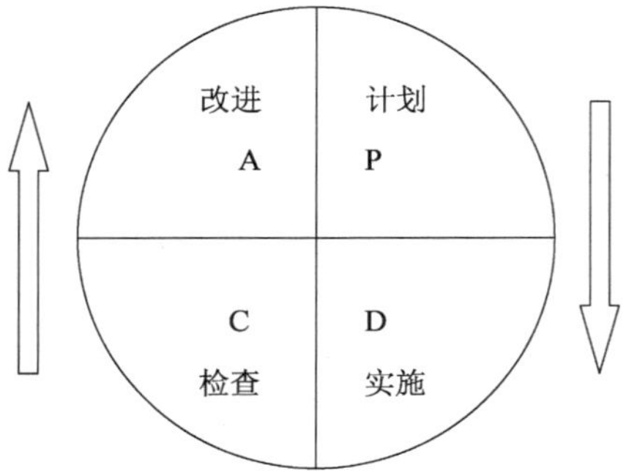

图 6.2　PDCA

① 计划 P（Plan）。质量管理的计划职能，包括确定或明确质量目标和制订实现质量目标的行动方案两方面。

② 实施 D（Do）。实施职能在于将质量的目标值，通过生产要素的投入、作业技术活动和产出过程，转换为质量的实际值。为保证工程质量的产出或形成过程能够达到预期的结果，在各项质量活动实施前，要根据质量管理计划进行行动方案的部署和交底。

③ 检查 C（Check）。这是指对计划实施过程进行各种检查，包括作业者的自检、互检和专职管理者专检。各类检查也都包含两大方面：一是检查是否严格执行了计划的行动方案，实际条件是否发生了变化，以及不执行计划的原因；二是检查计划执行的结果。

④ 改进 A（Action）。对于质量检查所发现的质量问题，及时进行原因分析，采取必要的措施，予以纠正，保持工程质量形成过程的受控状态。处置分纠偏和预防改进两个方面。

为了有效地进行系统、全面的质量控制，必须由建设工程项目实施的总负责单位负责质量控制系统的建立和运行，实施质量目标的控制。

2. 建设工程项目质量管理体系的性质、特点和构成

（1）工程项目质量管理体系的性质

建设工程项目质量管理体系既不是业主方也不是施工方的质量管理体系或质量保证体系，而是建设工程项目目标控制的一个工作系统，具有下列性质：

① 建设工程项目质量控制系统是以工程项目为对象，由工程项目实施的总组织者负责建立的面向对象开展质量控制的工作体系。

② 建设工程项目质量管理体系是建设工程项目管理组织的一个目标控制体系，它与项目投资控制、进度控制、职业健康安全与环境管理等目标控制体系，共同依托同一项目管理的组织机构。

③ 建设工程项目质量控制系统根据工程项目管理的实际需要而建立，随着建设工程项目的完成和项目管理组织的解体而消失，因此，它是一个一次性的质量控制工作体系，不同于企业的质量管理体系。

（2）工程项目质量管理体系的特点

如前所述，建设工程项目质量管理体系是面向对象而建立的质量控制工作体系，它与建筑企业或其他组织机构按照 GB/T 19001 标准建立的质量管理体系相比较，有如下不同点：

① 建立的目的不同。建设工程项目质量管理体系只用于特定的建设工程项目质量控制，而不是用于建筑企业或组织的质量管理。

② 服务的范围不同。建设工程项目质量管理体系涉及建设工程项目实施过程所有的质量责任主体，而不只是某一个承包企业或组织机构。

③ 控制的目标不同。建设工程项目质量管理体系的控制目标是建设工程项目的质量标准，并非某一具体建筑企业或组织的质量管理目标。

④ 作用的时效不同。建设工程项目质量管理体系与建设工程项目管理组织体系相融合，是一次性的质量工作体系，并非永久性的质量管理体系。

⑤ 评价的方式不同。建设工程项目质量管理体系的有效性一般由建设工程项目管理的总组织者进行自我评价与诊断，不需要进行第三方认证。

（3）工程质量管理体系的结构

① 多层次结构。多层次结构是相对于建设工程项目工程体系纵向垂直分解的单项、单位工程项目质量管理体系而言。在大、中型建设工程项目，尤其是群体工程的建设工程项目中，第一层次的质量管理体系应由建设单位的建设工程项目管理机构负责建立，在委托代建、委托项目管理或实行交钥匙式工程总承包的情况下，应由相应的代建方项目管理机构、受托项目管理机构或工程总承包企业项目管理机构负责建立。第二层次的质量管理体系，通常是指由建设工程项目的设计总负责单位、施工总承包单位等建立的相应管理范围内的质量管理体系。第三层次及其以下是承担工程设计、施工安装、材料设备供应等各承包单位的现场质量自控体系，或称各自的施工质量保证体系。

② 多单元结构。多单元结构是相对于建设工程项目工程体系横向分解的质量管理体系。

3. 建设工程项目质量管理体系的建立

（1）建立的原则

① 分层次规划的原则。

② 总目标分解的原则。

③ 质量责任制的原则。

④ 系统有效性的原则。

（2）建立的程序

工程项目质量管理体系的建立过程，一般可按以下环节依次展开工作：

① 确立质量控制网络。首先明确系统各层面的建设工程质量控制负责人。

② 制定质量控制制度。包括质量控制例会制度、协调制度、报告审批制度、质量验收制度和质量信息管理制度等，形成建设工程项目质量控制系统的管理文件或手册，作为承担建设工程项目实施任务各方主体共同遵循的管理依据。

③ 分析质量控制界面。建设工程项目质量控制系统的质量责任界面，包括静态界面和动态界面。一般说的静态界面是根据法律法规、合同条件、组织内部职能分工来确定。动态界面是指项目实施过程设计单位之间、施工单位之间、设计与施工单位之间的衔接配合关系及其责任划分，必须通过分析研究，确定管理原则与协调方式。

④ 编制质量控制计划。

（3）建立质量管理体系的责任主体

根据建设工程项目质量管理体系的性质、特点和结构，一般情况下其质量管理体系应由建设单位或建设工程项目总承包企业的工程项目管理机构负责建立。在分阶段依次对勘察、设计、施工、安装等任务进行分别招标发包的情况下，通常应由建设单位或其委托的建设工程项目管理企业负责建立。

4. 建设工程项目质量管理体系的运行

（1）运行环境

① 建设工程的合同结构。通过建立建设工程的合同结构的质量管理，用合同来约束和指导各项质量管理工作。

② 质量管理的资源配置。人员和资源的合理配置是质量控制系统得以运行的基础条件。

③ 质量管理的组织制度。建设工程项目质量控制系统内部的各项管理制度和程序性文件的建立健全，为质量控制系统各个环节的运行，提供了必要的行动指南、行为准则和评价基准，是系统有序运行的基本保证。

（2）运行机制

① 动力机制。动力机制是建设工程项目质量控制系统运行的核心机制，它来源于公正、公开、公平的竞争机制和利益机制的制度设计或安排。

② 约束机制。约束机制取决于各主体内部的自我约束能力和外部的监控效力。

③ 反馈机制。反馈机制在于及时反馈质量现状和质量发展趋势。

④ 持续改进机制。在不断改进质量管理的目标下，持续改进质量管理的各个方面的工作。

三、施工企业质量管理体系的建立与认证

1. 质量管理八项原则

① 以顾客为关注焦点。组织应当理解顾客当前的和未来的需求，满足顾客的要求并争取超越顾客的期望。组织的生存与发展都依赖于顾客，没有顾客，组织如无水

之鱼、无源之水。

② 领导作用。领导作为一个企业发展的策划者和引领者，其带头作用使得员工能够有激情、有动力参与到质量管理活动中来。

③ 全员参与。只有全体员工的努力、智慧和汗水的结晶，才能推进质量管理全面有序地发展。

④ 过程方法。将质量管理的各项工作识别为过程，用过程方法来进行管理。

⑤ 管理的系统方法。质量管理中的各个过程有着各种各样的联系，只有将各个过程从系统的角度来分析和解决问题，才能做好质量管理工作。

⑥ 持续改进。

⑦ 基于事实的决策方法。决策源于事实和对事实正确的分析。

⑧ 与供方互利的关系。合作共赢，是当今社会分工越来越细化的必然选择。

2. 企业质量管理体系文件构成

（1）质量方针和质量目标

质量方针是一个企业发展的纲领；质量目标是企业质量方面发展的目标。

（2）质量手册

质量手册是规定企业组织建立质量管理体系的文件，质量手册对企业质量管理体系做系统、完整和概要的描述。其内容一般包括企业的质量方针、质量目标；组织机构及质量职责；体系要素或基本控制程序；质量手册的评审、修改和控制的管理办法。

质量手册作为企业质量管理系统的纲领性文件，应具备指令性、系统性、协调性、先进性、可行性和可检查性。

（3）程序文件

质量体系程序文件是质量手册的支持性文件，是企业各职能部门为落实质量手册要求而规定的细则。企业为落实质量管理工作而建立的各项管理标准、规章制度都属程序文件范畴。各类企业都应在程序文件中制定：① 文件控制程序；② 质量记录管理程序；③ 内部审核程序；④ 不合格品控制程序；⑤ 纠正措施控制程序；⑥ 预防措施控制程序。

（4）质量记录的要求

质量记录是产品质量水平和质量体系中各项质量活动及结果的客观反映。

质量记录应完整地反映质量活动实施、验证和评审的情况，并记载关键活动的过程参数，具有可追溯性的特点。质量记录以特定的形式和程序进行，并由实施、验证、审核人员等签署意见。

在建设工程管理中，质量记录要与工程进度同步。

3. 企业质量管理体系的建立和运行

企业质量管理体系的建立和运行如图 6.3 所示。

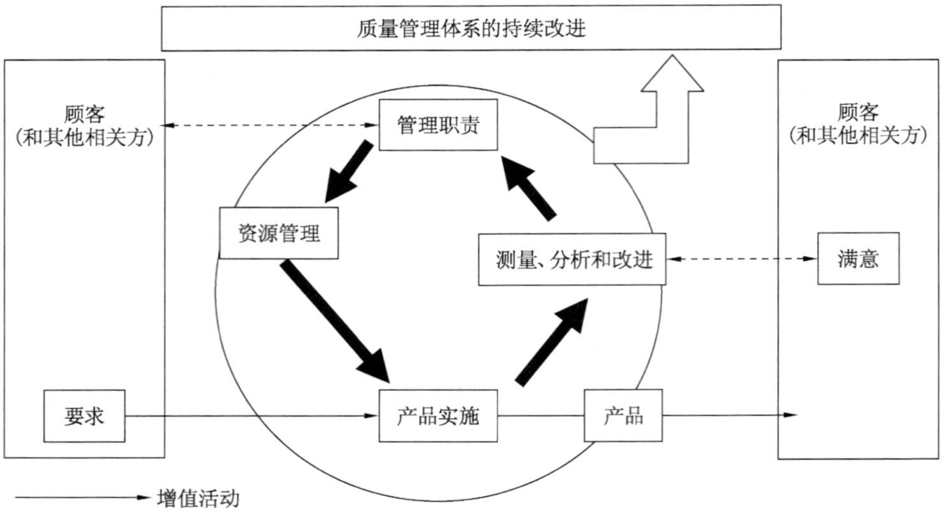

注：括号中的陈述不适用于GB/T 19001。

图 6.3　质量体系建立运行图

4. 企业质量管理体系的认证与监督

（1）企业质量管理体系认证的意义

质量认证制度是由公正的第三方认证机构对企业的产品及质量管理体系做出正确可靠的评价。

（2）企业质量管理体系认证的程序

申请认证→合同受理→阶段审核→问题整改→二阶段审核→不合格整改→证书发放→获证后保持和监督。

（3）获准认证后的维持与监督管理

企业获准认证的有效期为三年。获准认证后的质量管理体系，维持与监督管理内容如下：

① 企业通报：认证合格的企业质量管理体系在运行中出现较大变化时，需向认证机构通报，认证机构接到通报后，视情况采取必要的监督检查措施。

② 监督检查：获证后，每年一次监督检查。

③ 认证注销：注销是企业的自愿行为。在企业质量管理体系发生变化或证书有效期届满时未提出重新申请等情况下，认证持证者提出注销的，认证机构予以注销，收回体系认证证书。

④ 认证暂停：认证机构对获证企业质量管理体系发生不符合认证要求情况时采取的警告措施。

⑤ 认证撤销：当获证企业发生质量管理体系存在严重不符合规定，或在认证暂停的规定期限未予整改，或发生其他构成撤销体系认证资格的情况时，认证机构做出撤销认证的决定。企业不服可提出申诉。撤销认证的企业一年后可重新提出认证申请。

⑥ 复评：认证合格有效期满前，如企业希望继续延长期限，可向认证机构提出复评申请。

⑦ 重新换证：三年再认证通过后，重新换发证书。

第三节　建设工程施工质量管理

一、施工质量管理的目标、依据与基本环节

1. 施工阶段质量管理的目标

建设工程项目施工质量控制的总目标，是实现由建设工程项目决策、设计文件和施工合同所决定的预期使用功能和质量标准。

（1）建设单位的控制目标

建设单位在施工阶段，通过对施工全过程、全面的质量监督管理，保证整个施工过程及其成果达到项目决策所确定的质量标准。

（2）设计单位的控制目标

保证设计质量是设计单位的控制目标。

（3）施工单位的控制目标

我国《建设工程质量管理条例》规定，施工单位对建设工程的施工质量负责；分包单位应当按照分包合同的约定对其分包工程的质量向总承包单位负责，总承包单位与分包单位对分工程的质量承担连带责任。

（4）供货单位的控制目标

保证按时、保质、保量供货是供货单位的质量控制目标。

（5）监理单位的控制目标

施工质量的自控和监控是相辅相成的系统过程。自控主体的质量意识和能力是关键，是施工质量的决定因素；各监控主体所进行的施工质量监控是对自控行为的推动和约束。但作为自控主体不能因为监控主体的存在和监控职能的实施而减轻或免除其质量责任。

2. 施工质量控制的依据

① 工程合同文件。

② 设计文件。

③ 国家及政府有关部门颁布的有关质量管理方面的法律、法规性文件。

④ 有关质量检验与控制的专门技术法规性文件。

3. 施工质量控制的基本环节

施工质量控制应贯彻全方位、全过程、全员参与质量管理的思想，运用动态控制的原理，进行质量的事前预控、事中控制和事后控制。

（1）事前质量控制

事前质量控制即在正式施工前进行的事前主动质量控制，通过编制施工质量计划，明确质量目标，制订施工方案，设置质量管理点，落实质量责任，分析可能导致

质量偏离的各种影响因素，针对这些影响因素制订有效的预防措施，防患于未然。

事前质量控制要求针对质量控制的对象的控制目标、活动条件、影响因素进行周密分析，找出薄弱环节，制订有效的控制措施和对策。

（2）事中质量控制

事中质量控制也称作业活动过程质量控制，包括质量活动主体的自我控制和他人监控的控制方式。

事中质量控制的目标是确保工序质量合格，杜绝质量事故发生。

（3）事后质量控制

事后质量控制也称事后质量把关，其目标是不让不合格的工序或产品流入后道工序、市场。事后质量控制的任务是对质量活动结果进行评价、认定，对工序质量偏差进行纠正，对不合格产品进行整改和处理。

二、施工质量计划的内容和编制方法

1. 施工质量计划的形式和内容

（1）施工质量计划的形式

现行的施工质量计划有 3 种形式：

① 工程项目施工质量计划。

② 工程项目施工组织设计（含施工质量计划）。

③ 施工项目管理实施规划（含施工质量计划）。

（2）施工质量计划的基本内容

① 工程特点及施工条件分析（合同条件、法规条件和现场条件）。

② 质量总目标及其分析目标。

③ 质量管理组织机构和职责、人员及资源配置计划。

④ 确定施工工艺与操作方法的技术方案和施工任务流程的组织方案。

⑤ 施工材料、设备物资的质量管理及控制措施。

⑥ 施工质量检验、检测；试验工作的计划安排及其实施方法与接收准则。

⑦ 质量控制点及其跟踪控制方式与要求。

⑧ 质量记录的要求等。

2. 施工质量计划的编制和审批

（1）施工质量计划的编制主体

施工质量计划应由自控主体即施工承包企业进行编制。施工总承包方有责任对分包施工质量计划的编制进行指导和审核，并承担相应施工质量的连带责任。

（2）施工质量计划涵盖的范围

施工质量计划涵盖的范围，按整个工程项目质量控制的要求，应与建筑安装工程施工任务的实施范围一致。

（3）施工质量计划的审批

① 企业内部的审批。

② 监理工程师的审查。

在工程开工前，总监理工程师应组织专业监理工程师审查承包单位报送的施工组织设计（方案）报审表，提出意见，并经总监理工程师审核，签认后报建设单位。

③ 审批关系的处理原则：

a. 充分发挥质量自控主体和监控主体的共同作用。

b. 施工质量计划在审批过程中，对监理工程师审查所提出的建议、希望、要求等是否采纳及采纳的程度，应由负责质量计划编制的施工单位自主决策。

c. 经过按规定程序审查批准的施工质量计划，在实施过程中因条件变化需要对某些重要决定进行修改时，其修改内容仍应按照相应程序经过审批后执行。

3. 施工质量控制点的设置与管理

质量控制点是指对本工程质量的性能、安全、寿命、可靠性等有严重影响的关键部位或对下道工序有严重影响的关键工序，这些点的质量得到了有效控制，建设工程质量就有了保证。

（1）质量控制点的设置

将国家颁布的建筑工程质量检验评定标准中规定应检查的项目和建设项目工程质量检验评定标准中规定应检查的项目，作为检查本工程质量的质量控制点；参照上述规定，同时结合建设工程的特点和建筑公司在以往总承包工程的经验，提出质量控制点及等级划分表，经业主、监理、施工分承包商共同商讨后，发布实施。

一般来说，可以根据各控制点对工程质量的影响程度，将质量控制点分为 A，B，C 三级，其中：

① A 级为最重要的质量控制点，必须由施工单位项目经理部、业主、监理、施工分承包商四方质检人员共同检查确认。

② B 级为重要的质量控制点，由施工单位项目经理部与监理、施工分承包商三方检查人员检查确认。

③ C 级为一般质量控制点，由施工分承包商质检人员检查确认。

④ 在 A，B，C 三级中需提交检查记录者，在其后加 R，如 AR，BR，CR 级。

质量控制点的设置举例见表 6.1、表 6.2 和表 6.3。

表 6.1　房屋建筑工程施工质量控制点及等级划分举例

A1：房屋建筑			
序号	质量控制点名称	等级	备注
一	建设勘察		
1	基准点	AR	
2	参考线/参考点	AR	
3	放线	B	
二	平整场地		
1	标高、边坡尺寸检查	CR	
三	土石方工程		
1	填方土质检查	A/BR	

续表

A1：房屋建筑			
序号	质量控制点名称	等级	备注
2	回填标高、密实度、平整度检查	BR	
3	挖方坑、槽边坡、底边尺寸	C	
4	标高、平整度	BR	
四	地沟工程		
1	挖方坑、槽边坡、底边尺寸	C	
2	标高、平整度	BR	
3	砖石砌筑方法、砂浆饱满度	B	
4	砂浆配比、强度	BR	
5	砌体结构允差	B	
6	混凝土模板及支撑强度、刚度、稳定性	C	
7	模板拼缝	C	
8	混凝土模板组装、预埋铁件、预留孔偏差	C	
9	钢筋、电焊条材质	CR	
10	焊接接头外观	B	
11	焊接接头机械性能试验	BR	
12	钢筋的加工允差	B	
13	钢筋绑扎、点焊骨架安装允差	A/BR	
14	混凝土原材料检查	CR	
15	混凝土强度	BR	
16	混凝土外观	C	
17	混凝土坍落度	C	
18	浇筑混凝土允差	BR	
19	防水抹灰原材料质量、配合比	CR	
20	防水抹灰允差	BR	
21	防水抹灰细部处理	C	
22	地沟回填土土质检查	CR	
23	回填标高、密实度、平整度检查	CR	
五	桩基工程		
1	挖孔桩定位轴线、标高检查	A/B	
2	桩孔尺寸、几何尺寸检查	C	

续表

A1：房屋建筑			
序号	质量控制点名称	等级	备注
3	钢筋、电焊条材质	CR	
4	焊接接头外观	B	
5	焊接接头机械性能试验	BR	
6	钢筋加工允差	BR	
7	钢筋绑扎、点焊骨架安排允差	A/BR	
8	护壁模板及支撑强度、刚度、稳定性	C	
9	模板拼缝	C	
10	混凝土模板组装、预埋铁件、预留孔偏差	CR	
11	护壁、桩混凝土原材料检查	CR	
12	混凝土强度	BR	
13	混凝土坍落度	C	
14	桩测试	AR	
15	桩基验收	A/BR	
16	机械成孔桩定位轴线、标高检查	A/BR	
17	试成孔检查	A	
18	钢筋笼钢筋、电焊条材质	CR	
19	焊接接头外观	B	
20	焊接接头机械性能试验	BR	
21	钢筋笼加工允差	BR	
22	钢筋绑扎、点焊骨架安装允差	A/BR	
23	桩混凝土原材料检查	CR	
24	混凝土强度	BR	
25	混凝土坍落度	C	
26	桩测试	AR	
27	桩基试验	AR	
28	预制桩定位轴线、标高检查	A/B	
29	预制桩分批检查	A/BR	
30	桩测试	AR	
31	桩基验收	AR	
六	钢筋混凝土基础		

续表

A1：房屋建筑			
序号	质量控制点名称	等级	备注
1	现浇钢筋砼基础地基标高、底边尺寸检查	CR	
2	钢筋、电焊条材质检查	CR	
3	焊工合格证及焊接试验检查	BR	
4	钢筋的加工允差	BR	
5	钢筋安装、焊接隐蔽检查	A/BR	
6	模板及支撑强度、风度、稳定性	C	
7	模板拼缝	C	
8	砼模板组装、预埋铁件、预留孔偏差	CR	
9	混凝土原材料检查	CR	
10	混凝土坍落度	C	
11	混凝土强度	BR	
12	混凝土外观检查	C	
13	混凝土外观允差	BR	
14	基础隐蔽检查	B	
15	混凝土土质、标高、密实度、平整度检查	C	
16	预制钢筋砼基础地基标高、底边尺寸检查	C	
17	预制基础分批检查	BR	
18	预制基础安装允差	BR	
七	混凝土基础		
1	基础地基标高、底边尺寸检查	CR	
2	钢筋、电焊条材质检查	CR	
3	焊工合格证及焊接试验检查	BR	
4	钢筋的加工允差	BR	
5	钢筋安装、焊接隐蔽检查	A/BR	
6	模板及支撑强度、刚度、稳定性	C	
7	模板拼缝	C	
8	模板组装、预埋铁件、预留孔偏差	CR	
9	混凝土原材料检查	CR	
10	混凝土坍落度	C	
11	混凝土强度	BR	

续表

A1：房屋建筑			
序号	质量控制点名称	等级	备注
12	混凝土外观检查	C	
13	混凝土外观允差	BR	
14	基础隐蔽检查	B	
15	回填土土质、标高、密实度、平整度检查	C	
八	砖石基础		
1	基础地基标高、底边尺寸检查	CR	
2	砖石强度检查	CR	
3	砌筑方法、砂浆饱满度	B	
4	砂浆配比、强度	BR	
5	砌体结构允差	BR	
6	回填土土质、标高、密实度、平整度检查	C	
九	现浇钢筋混凝土结构		
1	钢筋、电焊条材质检查	CR	
2	焊工合格证及焊接试验检查	BR	
3	钢筋的加工允差	BR	
4	钢筋安装、焊接隐蔽检查	A/BR	
5	模板及支撑强度、刚度、稳定性	C	
6	模板拼缝	C	
7	模板组装、预埋铁件、预留孔偏差	CR	
8	混凝土原材料检查	CR	
9	混凝土坍落度	C	
10	混凝土强度	BR	
11	混凝土养护检查	C	
12	混凝土外观检查	C	
13	混凝土外观允差	BR	
十	预制钢筋混凝土构件		
1	预制钢筋混凝土构件分批检查	BR	
2	预应力筋原材料规格、品种、机械性能检查	BR	
3	预应力筋焊接接头机械性能	BR	
4	锚夹具性能	CR	

续表

A1：房屋建筑			
序号	质量控制点名称	等级	备注
5	预应力筋张拉	CR	
6	混凝土抗压性能	BR	
7	后张孔道灌浆强度和试验	BR	
8	预应力结构试验	BR	
9	预应力构件允差	BR	
10	构件运输安装前合格证及强度检查	BR	
11	安装前型号、尺寸、堵孔等检查	C	
12	构件焊接质量	CR	
13	吊装允差	BR	
14	接头灌浆及灌浆混凝土抗压强度	BR	
15	构件运输安装前合格证及强度检查	BR	
16	安装前型号、尺寸、堵孔等检查	C	
17	构件焊接质量	CR	
18	吊装允差	BR	
19	接头灌浆及灌浆混凝土抗压强度	BR	
20	地脚螺栓原材料检查	CR	见出厂合格证
21	地脚螺栓加工允差检查	BR	
22	铁件原材料检查、焊条检查	CR	见出厂合格证
23	焊接质量检查	C	
24	标高竣工测量检查	AR	结构部分
25	定位竣工测量检查	AR	结构部分
十一	钢结构		
1	钢材、电焊条材质检查	CR	
2	焊工合格证及焊接试验检查	BR	
3	钢构件加工允差	BR	
4	构件放样检查	B/C	
5	构件组对检查	B/C	
6	一般构件出厂（场）检查	CR	
7	重要构件出厂（场）检查	BR	
8	Ⅰ、Ⅱ级焊缝外观，探伤	AR	

续表

A1：房屋建筑			
序号	质量控制点名称	等级	备注
9	螺栓拧紧外观检查	C	
10	构件合格证检查	CR	
11	安装前型号（编号）尺寸检查	C	
12	构件焊接接头检查	CR	
13	安装前制作合格矫正检查	C	
14	重要结构安装方案检查	C	
15	安装基础底座交接检查	BR	
16	连接螺栓、安装节点检查	CR	
17	钢结构防腐、防火检查	CR	
18	钢结构安装验收	AR	
十二	墙体砌砖		
1	砖石强度检查	CR	
2	砌筑方法、砂浆饱满度	B	
3	砂浆配比、强度	BR	
4	清水墙勾缝（砌体接槎方法）	C	
5	门窗洞、预留洞标高尺寸	C	
6	砌体结构允差（预埋拉接钢筋）	BR	
十三	楼地面		
1	基层处理情况检查	C	
2	基层与面层黏结情况	C	
3	面层质量外观及允许偏差	B/CR	
十四	瓦屋面		
1	平瓦质量检查验收	CR	
2	平瓦铺设及允差	CR	
十五	卷材屋面		
1	基层处理检查	C	
2	保温（隔热）层铺设检查	C	
3	找平层的坡度	C	
4	找平层的质量	B	
5	卷材、黏结材料质量	CR	见出厂合格证

续表

A1：房屋建筑			
序号	质量控制点名称	等级	备注
6	各黏结层质量	C	
7	细部处理	C	
8	排水坡度	C	
9	保护层	C	
10	卷材搭接宽度	CR	
11	卷材的铺贴方法及搭接宽度	B	
12	渗漏试验	AR	
十六	金属、木门窗		
1	木门窗木材含水率	CR	
2	木门窗外观	B/C	
3	窗纱	C	
4	胶合制品质量	C	
5	木门窗表面质量	C	
6	木门窗制作允差	CR	
7	木门窗框与墙体嵌固牢固程度	C	
8	木门窗五金件	C	
9	木门窗留缝宽度及间隙	CR	
10	木门窗安装偏差	BR	
11	钢门窗规格、质量	BR	见出厂合格证
12	钢门窗安装前矫正变形	C	
13	钢门窗框与墙体嵌固牢固程度	C	
14	钢门窗开启	C	
15	钢门窗油漆质量	B	
16	钢门窗安装质量	BR	
17	玻璃安装外观	C	
18	油灰	C	
19	压条	C	
十七	抹灰		
1	各级抹灰主要工序检查	C	
2	高级抹灰外观质量	B	

续表

A1：房屋建筑			
序号	质量控制点名称	等级	备注
3	中级抹灰外观质量	C	
4	普通抹灰外观质量	C	
5	基层与抹灰层黏结强度	C	
6	抹灰颜色、图案、花纹检查	B	
7	各层抹灰厚度、总厚度检查	B	
8	抹灰质量允差	BR	
十八	装饰抹灰		
1	各层黏结、外观检查	C	
2	水刷石	B	
3	干黏石	B	
4	水磨石	B	
5	剁斧石	B	
6	拉毛灰	C	
7	洒毛灰	C	
8	抹水泥	C	
9	装饰抹灰允差	BR	
十九	镶贴面层		
1	品种、规格、颜色、图案与设计是否一致，其他缺陷	A/B	
2	与基层黏结牢固程度	C	
3	凸出物细部处理	C	
4	表面质量	C	
5	饰面板（砖）安装允差	A/BR	
二十	喷刷浆		
1	颜色	B	
2	外观检查要求	BR	
二十一	细木装饰		
1	木材含水率	CR	
2	与基层连接牢固程度	C	
3	细木外观质量	C	
4	细木安装允差	BR	

续表

A1：房屋建筑			
序号	质量控制点名称	等级	备注
二十二	防腐蚀——玻璃衬里工程		
1	玻璃布原材料质量检查及其去蜡处理	CR	见出厂合格证
2	黏结材料（各种树脂）配比	C	
3	基层处理	C	
4	与基层黏结牢固程度	B	
5	搭接长度	B	
6	表面质量	BR	
二十三	防腐蚀——耐酸砖、板衬里工程		
1	耐酸砖、板品种、规格检查	BR	见出厂合格证
2	黏结胶泥配比、原材料检查	C	
3	与基层黏结牢固程度	C	
4	凸出物细部处理	C	
5	表面质量	BR	
6	耐酸砖、板安装允差	A/BR	
二十四	防腐蚀——橡胶板及塑料板衬里工程		
1	黏结胶泥配比、原材料检查	C	见出厂合格证
2	与基层黏结牢固程度	C	
3	搭接长度检查	C	
4	表面质量	C	
5	橡胶板及塑料粘贴允差	A/BR	
6	防腐蚀工程竣工验收	AR	
二十五	建、构筑物沉降观测检查		
1	沉降观测点的设置检查	AR	
2	观测记录与观测偏差检查	AR	

表 6.2 水暖、通风、空调安装工程施工质量控制点及等级划分举例

A2：水暖、通风、空调安装工程			
序号	质量控制点名称	等级	备注
一	给排水		
（一）	排水管安装		

续表

A2：水暖、通风、空调安装工程			
序号	质量控制点名称	等级	备注
1	材料交接检查	C	
2	管道安装偏差检查	B	
3	管道试压	AR	
（二）	给水管安装		
1	材料交接检查	C	
2	管道清洁度检查	C	
3	焊口位置及外观检查	B	
4	管道清洁度检查	BR	
5	试压、吹扫	AR	
（三）	栓类安装		
1	材料交接检查	C	
2	栓类安装检查	C	
3	栓类试压	AR	
（四）	阀门安装		
1	材料交接检查	C	
2	阀门安装检查	C	
3	阀门试压	AR	
（五）	低压器具水表安装		
1	材料交接检查	B	
2	安装检查	C	
3	外观检查	BR	
4	通水试验	A	
（六）	卫生器具安装		
1	材料交接检查	B	
2	安装检查	C	
3	外观检查	B	
4	通水试验	AR	
（七）	供暖器具		
1	材料交接检查安装	B	
2	散热器试压检查	BR	

续表

A2：水暖、通风、空调安装工程			
序号	质量控制点名称	等级	备注
3	散热器安装检查	B	
4	管道清洁度检查	C	
5	焊口外观检查	B	
6	管道安装偏差检查	B	
7	试压、吹扫	AR	
二	通风		
（一）	通风管		
1	材料交接检查	C	
2	通风管制作检查	CR	
3	通风管安装检查	CR	
（二）	风口制作		
1	材料交接检查	B	
2	风口制作检查	C	
3	风口安装检查	C	
（三）	风帽制安		
1	材料交接检查	B	
2	风帽制作检查	C	
3	风帽安装检查	C	
（四）	罩类制安		
1	材料交接检查	B	
2	罩类制作检查	C	
3	罩类安装检查	C	
（五）	消音器制安		
1	材料交接检查	B	
2	消音器制作检查	C	
3	消音器安装检查	C	
（六）	调节阀制安		
1	材料交接检查	B	
2	调节阀制作检查	C	
3	调节阀安装检查	C	

续表

A2：水暖、通风、空调安装工程			
序号	质量控制点名称	等级	备注
三	空调		
（一）	空调部件制安		
1	材料交接检查	B	
2	空调部件制作检查	C	
3	空调部件安装检查	C	
（二）	通风空调设备安装		
1	设备、材料交接检查	BR	见合格证
2	基础检查	BR	
3	主机及附件安装	C	
4	管道内部清洁度检查	B	
5	试车前检查	B	
6	试运行	AR	
（三）	金属通风管及部件制安		
1	材料交接检查	B	
2	金属通风管及部件制作检查	CR	
3	金属通风管及部件安装检查	CR	
（四）	塑料通风及部件制安		
1	材料交接检查	B	
2	塑料通风及部件制作检查	CR	
3	塑料通风及部件安装检查	CR	
（五）	玻璃钢通风管及部件制安		
1	材料交接检查	B	
2	玻璃钢通风管及部件制作检查	CR	
3	玻璃钢通风管及部件安装检查	CR	

表 6.3 金属结构工程施工质量控制点及等级划分举例

A3：金属结构工程			
序号	质量控制点名称	等级	备注
一	建筑物金属结构		
1	材料交接检查	CR	见出厂合格证

续表

A3：金属结构工程			
序号	质量控制点名称	等级	备注
2	焊接质量外观	C	
3	重要焊接部位无损伤	BR	
4	铆接质量外观	C	
5	连接螺栓拧紧程度	BR	
6	钢结构防腐处理	BR	
7	构件端部铣平处理	BR	
8	构件制作允差	BR	
9	焊缝外观检查	BR	
10	堆放检查	B	
11	安装前钢结构检查矫正	C	
12	安装焊接质量	BR	
13	螺栓连接拧紧程度	BR	
14	构件安装检查	BR	
15	钢结构油漆检查	C	
二	金属结构安装		
1	金属结构制作（质量控制点同“一、1～10”）		
2	金属结构安装（质量控制点同“一、11～15”）		

（2）质量控制点的管理

对于危险性较大的分部、分项工程或特殊施工过程，除按一般过程质量控制的规定执行外，还应由专业技术人员绘制专项施工方案或作业指导书，经项目技术负责人审批及监理工程师签字执行。

施工单位应根据现场工程监理机构的要求，对施工作业质量控制点，按照不同的性质和管理要求，细分为“见证点”和“待检点”进行施工质量的监督和检查。凡属“见证点”的施工作业，如重要部位、特种作业、专门工艺等，施工方必须在该项作业开始前24 h，书面通知现场监理机构到位旁站，见证施工作业过程；凡属“待检点”的施工作业，如隐蔽工程等，施工方必须在完成施工质量自检的基础上，提前24 h通知项目监理机构进行检查验收之后，才能进行工程隐蔽或下道工序的施工。

三、施工生产要素的质量控制

施工生产要素如图6.4所示。

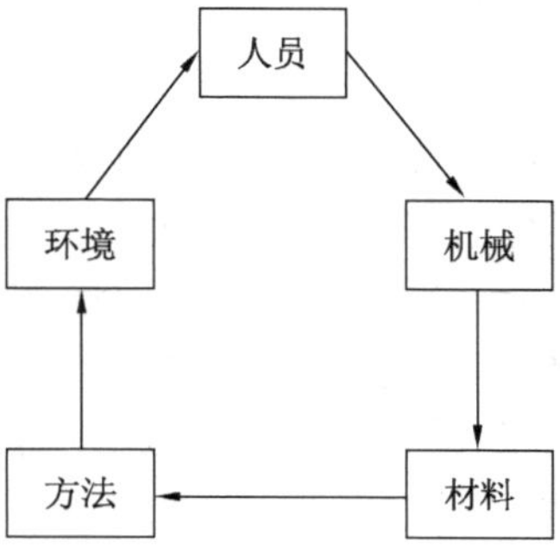

图 6.4　施工生产要素

1. 施工人员的质量控制

对施工人员的控制要建立组织机构图，明确各部门、各岗位人员的职责，对人员进行岗前培训，对其工作质量进行检查。

2. 材料设备的质量控制

材料设备费用占项目经费的 60%，材料设备的质量直接影响着建筑产品实物的质量，因此材料设备管理的质量直接影响着工程实物质量。

3. 工艺方案的质量控制

对施工工艺方案的质量控制主要包括以下内容：

① 深入正确地分析工程特征、技术关键及环境条件等资料，明确质量目标、验收标准、控制的重点和难点。

② 制订合理有效的有针对性的施工技术方案和组织方案，前者包括施工工艺、施工方法，后者包括施工区段划分、施工流向及劳动组织等。

③ 合理选用施工机械设备和施工临时设施，合理布置施工总平面图和各阶段施工平面图。

④ 选用和设计保证质量与安全的模具、脚手架等施工设备。

⑤ 编制工程所采用的新材料、新技术、新工艺的专项技术方案和质量管理方案。

⑥ 针对工程的具体情况，分析气象、地质等环境因素对施工的影响，制订应对措施。

4. 施工机械的控制

① 对施工所用的机械设备，应根据工程需要，从设备选型、主要性能参数及使用操作要求等方面加以控制。

② 模板、脚手架等施工设施，除按适用的标准定型选用外，一般需按设计及施工要求进行专项设计，对设计方案及制作质量的控制及验收应作为重点进行控制。

③ 按现行施工管理制度要求，工程所用的施工机械、模板、脚手架，特别是危险性较大的现场安装的起重机械设备，施工单位不仅要履行设计安装方案的审批手续，而且安装完毕启用前必须经专业管理部门验收合格后方可使用。

5. 施工环境的控制

要消除环境对施工质量的不利影响，主要是采取预测预防的控制方法。

四、施工准备工作的质量控制

1．施工技术准备工作的质量控制

施工技术准备工作是指在正式开展施工作业活动前进行的技术准备工作。这类工作内容繁多，主要在办公室进行，如熟悉施工图纸，组织设计交底和图纸审查；进行工程项目检查验收的项目划分和编号；审核相关质量文件，细化施工技术方案和施工人员、机具的配置方案，编制施工作业技术指导书，绘制各种施工详图（如测量放线图、大样图及配筋、配板、配线图表），进行必要的技术交底和技术培训。

2．现场施工准备工作的质量控制

（1）计量控制

施工过程中的计量，包括施工生产时的投料计量、施工测量、监测计量，以及对项目、产品或过程的测试、检验、分析计量等。

（2）测量控制

工程测量放线是建设工程产品由设计转化为实物的第一步。施工单位在开工前应编制测量控制方案，经项目技术负责人批准后实施。对建设单位提供的原始坐标点、基准线和水准点等测量控制点进行复核，并将复测结果上报监理工程师审核，批准后施工单位才能建立施工测量控制网，进行工程定位和标高基准的控制。

（3）施工平面图控制

建设单位应按照合同约定并充分考虑施工的实际需要，事先划定并提供施工用地和现场临时设施用地范围，协调平衡和审查批准各施工单位的施工平面设计。

3．工程质量检查验收的项目划分

根据《建筑工程施工质量验收统一标准》（GB 50300—2001）的规定，建筑工程质量验收应逐级划分为单位（子单位）工程、分部（子分部）工程、分项工程和检验批，具体划分原则如下：

① 单位（子单位）工程的划分应按下列原则确定：

a．具备独立施工条件并能形成独立使用功能的建筑物或构筑物为一个单位工程。

b．建筑规模较大的单位工程，可将其能形成独立使用功能的部分划分为若干个子单位工程。

② 分部（子分部）工程的划分应按下列原则确定：

a．分部工程的划分应按专业性质、建筑部位确定。

b．当分部工程较大或较复杂时，可按材料各类、施工特点、施工程序、专业系统及类别等划分为若干子分部工程。

③ 分项工程应按主要工种、材料、施工工艺、设备类别等进行划分。

④ 分项工程可由一个或若干个检验批组成，检验批可根据施工及质量控制和专业验收需要按楼层、施工段、变形缝等进行划分。

⑤ 室外工程可根据专业类别和工程规模划分单位（子单位）工程。一般室外单位工程可划分为室外建筑环境工程和室外安装工程。

五、施工过程的作业质量控制

施工过程的作业质量控制，是在工程项目质量实际形成过程中的事中质量控制。

从项目管理的立场看，工序作业质量的控制，首先是质量生产者即作业者的自控，在施工生产要素合格的条件下，作业者能力及其发挥的状况是决定作业质量的关键。其次，是来自作业者外部的各种作业质量检查、验收和对质量行为的监督，也是不可缺少的设防和把关的管理措施。

1. 工序施工质量控制

工序的质量控制是施工阶段质量控制的重点。工序施工质量控制包括工序施工条件质量控制和工序施工效果质量控制。

（1）工序施工条件质量控制

对于工序施工条件质量控制，主要采取的控制手段有检查、测试、试验、跟踪监督等。控制的依据主要是设计质量标准、材料质量标准、机械设备技术性能标准、施工工艺标准及操作规程等。

（2）工序施工效果质量控制

简单来说，对工序施工效果的控制就是控制工序产品的质量特征和特性指标达到设计质量标准及施工质量验收标准的要求。

工序施工效果控制属于事后质量控制，因此，其控制的主要途径是现场实测获取数据，依据所获取的数据进行统计分析，然后判断认定质量等级，必要时纠正质量偏差。

按照有关验收规范的规定，下列工序质量必须进行现场质量检测，合格后才能进行下道工序。

① 地基与基础工程需要进行检测的项目如下：

a. 地基及复合地基承载力静载检测。对于地基基础设计等级为甲级或地质条件复杂、成桩质量可靠性低的灌注桩，应采用静载荷试验的方法进行检验，一般规定，检验桩数不应少于总数的1%且不应少于3根。

b. 桩的承载力检测。当设计等级为甲级、乙级的桩基或地质条件复杂，桩施工质量可靠性低，本地区采用的新桩型或新工艺的桩基应进行承载力检测。检测数量在同一条件下不应少于3根且不宜少于总桩数的1%。

c. 桩身完整性检测。根据设计要求，检测桩身缺陷及其位置，判定桩身完整性类别，采用低应变法。判定单桩竖向抗压承载力是否满足设计要求，分析桩侧和桩端阻力，采用高应变法。

② 主体结构工程需要进行检测的项目如下：

a. 混凝土、砂浆、砌体强度现场检测。安排检测同一强度等级、同条件养护的试块强度，以此检测结果代表工程实体的结构强度。

混凝土的检测方法：按统计方法评定混凝土强度的基本条件是，同一强度等级、同条件养护试件的留置数量不宜少于10组，按非统计方法评定混凝土强度时，留置数量不应少于3组。砂浆抽检数量：每一检验批不超过250 m^3 砌体的各种类型及强度等级的砌筑砂浆，每台搅拌机应至少抽检一次。

砌体的检测方法：普通砖15万块、多孔砖5万块、灰砂砖及粉灰砖10万块各为一检验批，抽检数量为一组。

b. 钢筋保护层厚度检测。钢筋保护层厚度检测的结构部位，应由监理单位（建设单位）、施工等各方根据结构构件的重要性共同选定。对梁类、板类构件，应各抽取构件数量的2%且不少于5个构件进行检验。

c. 混凝土预制构件结构性能检测。对成批生产的构件，应将按同一工艺正常生产的不超过1 000件且不超过3个月的同类型产品作为一批，在每批中随机抽取一个构件作为试件进行检验。

③ 建筑幕墙工程。

④ 钢结构和管道工程。

2. 施工作业质量的自控

(1) 施工作业质量自控的意义

施工承包方和供应方在施工阶段是质量自控主体，他们不能因为监控主体的存在和监控责任的实施而减轻或免除其质量责任。

(2) 施工作业质量自控的程序

施工作业质量的自控过程是由施工作业组织的成员进行的，其基本的控制程序包括：作业技术交底、作业活动的实施和作业质量的自检自查、互检互查，以及专职管理人员的质量检查等。

① 施工作业的交底。施工作业交底是最基层的技术和管理交底活动，施工总承包方和工程监理机构都要对施工作业交底进行监督。

② 施工作业活动的实施。

③ 施工作业质量的检验。这是贯穿整个施工过程的最基本的质量控制活动，包括施工组织内余部的工序作业质量自检、互检、专检和交接检查；现场监理机构的旁站检查、平行检测等。

(3) 施工作业质量自控的要求

① 预防为主。

② 重点控制。

③ 坚持标准。

④ 记录完整。

(4) 施工作业质量的自控推荐采用的制度

根据实践经验的总结，施工作业质量自控的有效制度如下：

① 质量自检制度。

② 质量例会制度。

③ 质量会诊制度。

④ 质量样板制度。

⑤ 质量挂牌制度。

⑥ 每月质量讲评制度等。

3. 施工作业质量的监控

(1) 施工作业质量的监控主体

依据《中华人民共和国建筑法》，建设单位、监理单位、设计单位及政府工程质量监督部门，在施工阶段依据法律法规和工程施工合同，对施工单位的质量行为和质量状况实施监督控制。

建设单位在领取施工许可证或开工报告前，应当按照国家有关规定办理工程质量监督手续。

作为监控主体之一的项目监理机构，在施工作业实施过程中，根据其监理规划与实施细则，采取现场旁站、巡视、平行检验等形式，对施工作业质量进行监督检查，如发现工程施工不符合工程设计要求、施工技术标准和合同约定的，有权要求建筑施工企业改正。

（2）现场质量检查

现场质量检查是控制工程实务质量常用的且有效的手段。

① 现场质量检查：

a. 开工前的检查，即在开工以前对质量准备工作的检查。

b. 工序交接检查，对于重要的工序或对工程质量有重大影响的工序，应严格执行“三检”制度（即自检、互检、专检），未经监理工程师（或建设单位技术负责人）检查认可，不得进行下道工序的施工。

② 现场质量检查的方法：

a. 目测法，就是通常所说的观感质量检查，凭借感官进行检查，常用手段可概括为“看、摸、敲、照”4个字。

b. 实测法，也就是通过实测数据与施工规范、质量标准的要求及允许偏差值进行对照，以此判断质量是否符合要求，常用手段可概括为“靠、量、吊、套”4个字。

c. 试验法，指通过必要的试验手段对质量进行判断的检查方法，主要包括理化试验和无损检测。

（3）技术核定与见证取样送检

① 技术核定：在建设工程项目施工过程中，因施工方对施工图纸的某些要求不甚明白，或图纸内部的某些矛盾，或施工配料调整与代用及改变建筑节点构造、管线位置或走向等，需要通过设计单位明确或确认的，施工方必须以技术核定单的方式向监理工程师提出，报送设计单位核准确认。

② 见证取样送检：为了保证建设工程质量，我国规定对工程所使用的主要材料、半成品、构配件，以及施工过程留置的试块、试件等应实行现场见证取样送检。见证人员由建设单位及工程监理机构中有相关专业知识的人员担任。送检的试验室应具备经国家或地方工程检验检测主管部门核准的相关资质；并且在该实验室的批准试验范围内进行检测试验。见证取样送检必须严格按执行规定的程序进行，包括取样见证并记录、样本编号、填单、封箱、送试验室、核对、交接、试验检测、报告等。

4. 隐蔽工程验收与施工成品质量保护

（1）隐蔽工程验收

隐蔽工程验收是现场质量控制非常重要的环节，由于其事后不能进行复查，因此必须严格控制质量。

如地基基础工程、钢筋工程、预埋管线等均属隐蔽工程。加强隐蔽工程质量验收，是施工质量控制的重要环节。其程序要求施工方首先应完成自检并合格，然后填写专用的隐蔽工程验收单。

（2）施工成品质量保护

建设工程项目已完施工的成品保护，目的是避免已完施工成品受到来自后续施工及其他方面的污染或损坏。成品形成后可采取防护、覆盖、封闭、包裹等相应措施进行保护。

加强成品保护，要从两个方面着手，一方面应加强教育，提高全体员工的成品保护意识；另一方面要合理安排施工顺序，采取有效的保护措施。

成品保护的措施包括：

① 防护。防护就是提前保护，可防止成品被污染及损伤。如外檐水刷石大角或柱子要立板固定保护；为了防止清水墙面污染，在相应部位提前钉上塑料布或纸板。

② 包裹。包裹简称“包”，可防止成品被污染及损伤。如在喷浆前对电气开关、插座、灯具等设备进行包裹；铝合金门窗应用塑料布包扎。

③ 覆盖。覆盖就是表面覆盖，可防止成品堵塞、损伤。如高级水磨石地面或大理石地面完成后，应用苫布覆盖；落水口、排水管安好后加覆盖，以防堵塞。

④ 封闭。封闭就是局部封闭。如室内塑料墙纸、木地板油漆完成后，应立即锁门封闭；屋面防水完成后，应封闭上屋面的楼梯门或出入口。

六、施工质量与设计质量的协调

1．项目设计质量控制

① 功能性质量控制。

② 可靠性质量控制。

③ 观感性质量控制。

④ 经济性质量控制，是指不同设计方案的选择对建设投资的影响。

2．施工与设计的协调

施工与设计之间的协调工作主要包括以下几个方面：

（1）设计联络

项目建设单位、施工单位和监理单位应组织施工单位到设计单位进行设计联络，其任务主要有以下几点：

① 了解设计意图、设计内容和特殊技术要求。

② 了解设计进度，提出设计出图的时间和顺序。

③ 从施工质量控制的角度，提出合理化建议，优化设计，为保证和提高施工质量创造更好的条件。

（2）设计交底和图纸会审

建设单位和监理单位应组织设计单位向所有的施工实施单位进行详细的设计交底，使实施单位充分理解设计意图，了解设计内容和技术要求，明确质量控制的重点和难点；同时认真地进行图纸会审，深入发现和解决各专业设计之间可能存在的矛盾，消除施工图的差错。

（3）设计现场服务和技术核定

建设单位和监理单位应要求设计单位派出得力的设计人员到施工现场进行设计服务，解决施工中发现和提出的与设计有关的问题，及时做好相关设计核定工作。

（4）设计变更

设计变更的主要原因是投资者对投资规模的压缩或扩大，而需重新设计。设计变更的另一个原因是对已交付的设计图纸提出新的设计要求，需要对原设计进行修改。

在施工期间，无论是建设单位、设计单位还是施工单位提出需要进行局部设计变更的内容，都必须按照规定的程序，先将变更意图或请求报送监理工程师审查，经设计单位审核认可并签发设计变更通知书后，再由监理工程师下达变更指令。

知识拓展

1. 工程变更

工程项目任务形式上的、质量上的、数量上的变动，都称为工程变更，它既包括工程具体项目的某种形式上的、质量上的、数量上的改动，也包括合同文件内容的某种改动。

2. 工程变更的范围

① 设计变更。

② 工程量的变更：对于工程清单中的数量上的增加或减少。

③ 施工时间的变更：对已批准的承包商施工计划中安排的施工时间或完成时间的变动。

④ 施工合同文件的变更：

a. 施工图的变更。

b. 承包方提出修改设计的合理化建议，以及节约价值的分配。

c. 由于不可抗力或双方事先未能预料而无法防止的事件发生，允许进行合同变更。

3. 工程变更控制

工程变更可能导致项目工期、成本或质量的改变，因此，必须对工程变更进行严格的管理和控制。在工程变更控制中，主要应考虑以下几个方面：

① 管理和控制那些能够引起工程变更的因素和条件。

② 分析和确认各方面提出的工程变更要求的合理性和可行性。

③ 当工程变更发生时，应对其进行管理和控制。

④ 分析因工程变更引起的风险。

七、建设工程项目质量的政府监督

1. 政府对项目质量的监督职能

（1）监督管理部门职责的划分

国务院建设行政主管部门对全国的建设工程质量实施统一监督管理。

（2）政府质量监督的性质与职能

① 政府质量监督的性质属于行政执法行为。

② 政府质量监督的职能包括以下几个方面：

a. 监督检查工程建设的各方主体（包括建设单位、施工单位、材料设备供应单位、设计勘察单位和监理单位等）的质量行为。

b. 监督检查工程实体的施工质量，尤其是地基基础、主体结构、专业设备安装等涉及结构安全和使用功能的施工质量。

c. 监督工程质量验收。

（3）政府质量监督的委托实施

工程质量监督机构受政府委托实施质量监督，其本质是属于行政执法机构。行政执法的主要表现：行政监督检查、行政处理决定、行政强制执行三方面。

2. 政府对项目质量监督的内容

（1）受理质量监督申报

建设单位凭工程质量监督文件，向建设行政主管部门申领施工许可证。

（2）开工前的质量监督

开工前召开项目参与各方参加的首次监督会议，公布监督方案，提出监督要求，并进行第一次监督检查。检查的重点是参与工程建设各方主体的质量保证体系和相关证书、手续等。其具体内容如下：

① 检查项目各施工方的质保体系，包括组织机构、质量控制方案及质量责任制等制度。

② 审查项目各参与方的工程经营资质证书和相关人员的资格证书。

③ 审查按建设程序规定的开工前必须办理的各项建设行政手续是否齐全完备。

④ 审查施工组织设计、监理规划等文件及审批手续。

⑤ 检查的结果记录保存。

（3）施工的质量监督

① 常规检查。

② 主要部位的验收监督。对建设工程项目结构主要部位（如桩基、基础、主体结构）除了做常规检查外，还要在分部工程验收时进行监督。建设单位应将施工、设计、监理、建设方分别签字的质量验收证明在验收后3天内报监督机构备案。

③ 质量问题查处。对施工过程中发生的质量问题、质量事故进行查处；根据质量检查状况，对查实的问题签发“质量问题整改通知单”或“局部暂停施工指令单”，对问题严重的单位也根据问题情况发出“临时收缴资质证书通知书”等处理意见。

第四节　建设工程项目质量验收

一、工程验收相关概念

1. 检验批

检验批是指按同一生产条件或按规定的方式汇总起来供检验用的，由一定数量样本组成的检验体。

2. 检验

检验是指对检验项目中的性能进行量测、检查、试验等，并将结果与标准的规定要求进行比较，以确定每项性能是否合格所进行的活动。

3. 见证取样检测

见证取样检测是指在监理单位或建设单位监督下，由施工单位有关人员现场取样，并送至具备相应资质的检测单位所进行的检测。

4. 交接检测

交接检测是指由施工的承接方与完成方经双方检查并对可否继续施工做出确认的活动。

5. 主控项目

主控项目是指建筑工程中的对安全、卫生、环境保护和公众利益起决定性作用的检验项目。

6. 一般项目

一般项目是指除主控项目以外的检验项目。

7. 抽样检验

抽样检验是指按照规定的抽样方案，随机地从进场的材料、构配件、设备或建筑工程检验项目中，按检验批抽取一定数量的样本所进行的检验。

8. 抽样方案

抽样方案是指根据检验项目的特性所确定的抽样数量和方法。

9. 计数检验

计数检验是指在抽样的样本中，记录每一个体有某种属性或计算每一个体中的缺陷数目的检查方法。

10. 计量检验

计量检验是指在抽样检验的样本中，对每一个体测量其某个定量特性的检查方法。

11. 观感质量

观感质量是指通过观察和必要的测量所反映的工程外在质量。

二、施工项目质量验收

施工项目质量验收分4个层次，即检验批质量验收、分项工程质量验收、分部工程（子分部工程）质量验收和单位工程（子单位工程）质量验收。各层次验收要点及注意事项见表6.4。

表 6.4　建筑工程施工质量验收知识点汇总

验收名称	验收规定	注意事项	验收记录
检验批	1. 主控项目和一般项目抽样检验合格； 2. 具有完整的施工操作依据、质量检查记录	资料检查： 1. 图纸会审、设计变更、洽商记录； 2. 建筑材料、半成品、建筑构配件、器具和设备的质量证明书及进场检验报告； 3. 工程测量放线记录； 4. 按专业质量验收规范规定的抽样检验报告； 5. 隐蔽工程检查记录； 6. 施工过程记录和施工过程检查记录； 7. 新材料、新工艺的施工记录； 8. 质量管理资料和施工单位操作资料	检查批质量验收记录由施工项目专业质检员填写，监理工程师（建设单位项目专业技术负责人）组织项目专业质检员进行验收
分项工程	1. 分项工程所含的检验批均应符合合格质量规定； 2. 分项工程所含的检验批的质量验收记录应完整	1. 所含各个检验批质量要验收合格； 2. 质量资料应完整； 3. 对质量不符合要求的： ① 经返工重做或更换器具、设备的检验批，验收合格的，应予以验收； ② 经有资质检测单位鉴定能符合设计要求的，予以验收； ③ 鉴定不合格但原设计单位认可的，予以验收； ④ 鉴定不合格、设计不认可的，甲方与施工方可以协商加固处理方案	分项工程质量验收记录由施工项目专业负责人填写，监理工程师（建设单位项目专业技术负责人）组织项目专业负责人进行验收
分部工程	1. 分部工程所含分项工程的质量均应验收合格； 2. 质量控制资料应完整； 3. 地基与基础、主体结构和设备安装等有关安全及功能的检验和抽样检测结果应符合有关规定； 4. 观感质量验收应符合要求	1. 地基与基础、主体结构和设备安装等有关安全及功能的检验和抽样检测结果应符合有关规定，如建筑物垂直度、标高、全高测量记录，沉降观测记录，给水管道通水试验记录，暖气管道、散热器压力试验记录，照明动力全负荷试验记录等； 2. 观感质量验收评价的结论为好、一般和差 3 种	分部工程质量验收记录由总监理工程师（建设单位项目专业技术负责人）组织施工项目经理和有关勘察、设计单位项目负责人进行验收
单位工程	1. 单位工程所含分部工程的质量应验收合格； 2. 质量控制资料应完整； 3. 单位工程所含分部工程安全和功能的检验资料应完整； 4. 主要功能项目的抽查结果应符合质量验收规范的规定； 5. 观感质量验收应符合要求	1. 设计安全和使用功能的分部工程进行检验资料的复查，不仅要全面检查其完整性，而且分部工程验收时的见证取样报告也要复核； 2. 对主要使用功能还需进行抽查，抽查项目由参加验收的各方人员商定，并用计量、计数的抽样方法确定检查部位； 3. 最后还须由参与的各方人员共同进行观感质量检查	单位工程质量竣工验收记录由施工单位填写，验收结论由监理（建设单位）填写，综合验收结论由参加验收各方共同商定，建设单位填写，应对工程质量是否符合设计和规范要求及总体质量水平做出评价

1．检验批质量验收

① 检验批应由监理工程师（建设单位项目专业技术负责人）组织施工单位项目专业质量（技术）负责人等进行验收。

② 检验批合格质量应符合下列规定：

a．主控项目和一般项目的质量抽样检验合格。

b．具有完整的施工操作依据、质量检查记录。

主控项目是指建筑工程中对安全、卫生、环境保护和公众利益起决定性作用的检验项目。主控项目的检查具有否决权。

检验批质量合格的条件：资料检查、主控项目检验和一般项目检验合格。

质量控制资料反映了检验批从原材料到最终验收的各施工工序的操作依据、检查情况及保证质量所必需的管理制度等。对其完整的检查，实际是对过程控制的确认，这是检验批合格的前提。

为了使检验批的质量符合安全和功能的基本要求，达到保证建筑工程质量的目的，各专业工程质量验收规范应对各检验批的主控项目、一般项目的子项合格质量给予明确的规定。

检验批的合格质量主要取决于对主控项目和一般项目的检验结果。主控项目是对检验批的基本质量起决定性影响的检验项目，因此必须全部符合有关专业工程验收规范的规定。这意味着主控项目不允许有不符合要求的检验结果，即这种项目的检查具有否决权。

③ 检验批质量验收应填写表 6.5 所示检验批质量验收记录。

2．分项工程质量验收

① 分项工程应由监理工程师（建设单位项目专业技术负责人）组织施工单位项目专业质量（技术）负责人进行验收。

② 分项工程质量验收合格应符合下列规定：

a．分项工程所含的检验批均应符合合格质量的规定。

b．分项工程所含的检验批的质量验收记录应完整。

③ 分项工程质量验收应填写表 6.6 所示分项工程质量验收记录。

3．分部（子分部）工程质量验收

① 分部工程应由总监理工程师（建设单位项目专业技术负责人）组织施工单位项目负责人和技术、质量负责人等进行验收；地基与基础、主体结构分部工程的勘察、设计单位工程项目负责人和施工单位技术、质量部门负责人也应参加相关分部工程验收。

② 分部（子分部）工程质量验收合格应符合下列规定：

a．所含分项工程的质量均应验收合格。

b．质量控制资料应完整。

c．地基与基础、主体结构和设备安装等分部工程有关安全、使用功能、节能、环境保护的检验和抽样检测结果应符合有关规定。

d．观感质量验收应符合要求。

③ 分部（子分部）工程质量验收应填写表 6.7 所示分部（子分部）工程质量验收记录。

表 6.5　检验批质量验收记录

<table>
<tr><td colspan="2">工程名称</td><td></td><td>分项工程名称</td><td></td><td>验收部位</td><td></td></tr>
<tr><td colspan="2">施工单位</td><td></td><td>专业工长</td><td></td><td>项目经理</td><td></td></tr>
<tr><td colspan="2">施工执行标准名称及编号</td><td colspan="5"></td></tr>
<tr><td colspan="2">分包单位</td><td></td><td>分包项目经理</td><td></td><td>施工班组长</td><td></td></tr>
<tr><td rowspan="16">主控项目</td><td colspan="2">质量验收规范的规定</td><td colspan="2">施工单位检查评定记录</td><td colspan="2" rowspan="16">监理（建设）单位验收记录</td></tr>
<tr><td>1</td><td></td><td colspan="2"></td></tr>
<tr><td>2</td><td></td><td colspan="2"></td></tr>
<tr><td>3</td><td></td><td colspan="2"></td></tr>
<tr><td>4</td><td></td><td colspan="2"></td></tr>
<tr><td>5</td><td></td><td colspan="2"></td></tr>
<tr><td>6</td><td></td><td colspan="2"></td></tr>
<tr><td>7</td><td></td><td colspan="2"></td></tr>
<tr><td>8</td><td></td><td colspan="2"></td></tr>
<tr><td>9</td><td></td><td colspan="2"></td></tr>
<tr><td></td><td></td><td colspan="2"></td></tr>
<tr><td></td><td></td><td colspan="2"></td></tr>
<tr><td></td><td></td><td colspan="2"></td></tr>
<tr><td></td><td></td><td colspan="2"></td></tr>
<tr><td></td><td></td><td colspan="2"></td></tr>
<tr><td></td><td></td><td colspan="2"></td></tr>
<tr><td rowspan="8">一般项目</td><td>1</td><td></td><td colspan="2"></td><td colspan="2" rowspan="8"></td></tr>
<tr><td>2</td><td></td><td colspan="2"></td></tr>
<tr><td>3</td><td></td><td colspan="2"></td></tr>
<tr><td>4</td><td></td><td colspan="2"></td></tr>
<tr><td></td><td></td><td colspan="2"></td></tr>
<tr><td></td><td></td><td colspan="2"></td></tr>
<tr><td></td><td></td><td colspan="2"></td></tr>
<tr><td></td><td></td><td colspan="2"></td></tr>
<tr><td colspan="2">施工单位检查评定结果</td><td colspan="5">项目专业质量检查员：
年　月　日</td></tr>
<tr><td colspan="2">监理（建设）单位验收结论</td><td colspan="5">监理工程师：
（建设单位项目专业技术负责人）
年　月　日</td></tr>
</table>

表 6.6　分项工程质量验收记录

<table>
<tr><td colspan="2">工程名称</td><td></td><td>结构类型</td><td></td><td>检验批数</td><td></td></tr>
<tr><td colspan="2">施工单位</td><td></td><td>项目经理</td><td></td><td>项目技术负责人</td><td></td></tr>
<tr><td colspan="2">分包单位</td><td></td><td>分包单位负责人</td><td></td><td>分包项目经理</td><td></td></tr>
<tr><td>序号</td><td colspan="2">检验批部位、区段</td><td colspan="2">施工单位检查评定结果</td><td colspan="2">监理（建设）单位验收结论</td></tr>
<tr><td>1</td><td colspan="2"></td><td colspan="2"></td><td colspan="2"></td></tr>
<tr><td>2</td><td colspan="2"></td><td colspan="2"></td><td colspan="2"></td></tr>
<tr><td>3</td><td colspan="2"></td><td colspan="2"></td><td colspan="2"></td></tr>
<tr><td>4</td><td colspan="2"></td><td colspan="2"></td><td colspan="2"></td></tr>
<tr><td>5</td><td colspan="2"></td><td colspan="2"></td><td colspan="2"></td></tr>
<tr><td>6</td><td colspan="2"></td><td colspan="2"></td><td colspan="2"></td></tr>
<tr><td>7</td><td colspan="2"></td><td colspan="2"></td><td colspan="2"></td></tr>
<tr><td>8</td><td colspan="2"></td><td colspan="2"></td><td colspan="2"></td></tr>
<tr><td>9</td><td colspan="2"></td><td colspan="2"></td><td colspan="2"></td></tr>
<tr><td>10</td><td colspan="2"></td><td colspan="2"></td><td colspan="2"></td></tr>
<tr><td>11</td><td colspan="2"></td><td colspan="2"></td><td colspan="2"></td></tr>
<tr><td>12</td><td colspan="2"></td><td colspan="2"></td><td colspan="2"></td></tr>
<tr><td>13</td><td colspan="2"></td><td colspan="2"></td><td colspan="2"></td></tr>
<tr><td>14</td><td colspan="2"></td><td colspan="2"></td><td colspan="2"></td></tr>
<tr><td>15</td><td colspan="2"></td><td colspan="2"></td><td colspan="2"></td></tr>
<tr><td>16</td><td colspan="2"></td><td colspan="2"></td><td colspan="2"></td></tr>
<tr><td>17</td><td colspan="2"></td><td colspan="2"></td><td colspan="2"></td></tr>
<tr><td></td><td colspan="2"></td><td colspan="2"></td><td colspan="2"></td></tr>
<tr><td></td><td colspan="2"></td><td colspan="2"></td><td colspan="2"></td></tr>
<tr><td></td><td colspan="2"></td><td colspan="2"></td><td colspan="2"></td></tr>
<tr><td></td><td colspan="2"></td><td colspan="2"></td><td colspan="2"></td></tr>
<tr><td></td><td colspan="2"></td><td colspan="2"></td><td colspan="2"></td></tr>
<tr><td></td><td colspan="2"></td><td colspan="2"></td><td colspan="2"></td></tr>
<tr><td></td><td colspan="2"></td><td colspan="2"></td><td colspan="2"></td></tr>
<tr><td></td><td colspan="2"></td><td colspan="2"></td><td colspan="2"></td></tr>
<tr><td></td><td colspan="2"></td><td colspan="2"></td><td colspan="2"></td></tr>
<tr><td>检查结论</td><td colspan="3">项目专业技术负责人：

年　月　日</td><td>验收结论</td><td colspan="2">监理工程师：
（建设单位项目专业技术负责人）
年　月　日</td></tr>
</table>

表 6.7　分部（子分部）工程质量验收记录

<table>
<tr><td colspan="2">工程名称</td><td></td><td>结构类型</td><td></td><td>层数</td><td></td></tr>
<tr><td colspan="2">施工单位</td><td></td><td>技术部门
负责人</td><td></td><td>质量部门
负责人</td><td></td></tr>
<tr><td colspan="2">分包单位</td><td></td><td>分包单位
负责人</td><td></td><td>分包技术
负责人</td><td></td></tr>
<tr><td>序号</td><td colspan="2">分项工程名称</td><td>检验批数</td><td>施工单位
检查评定</td><td colspan="2">验收意见</td></tr>
<tr><td>1</td><td colspan="2"></td><td></td><td></td><td colspan="2" rowspan="14"></td></tr>
<tr><td>2</td><td colspan="2"></td><td></td><td></td></tr>
<tr><td>3</td><td colspan="2"></td><td></td><td></td></tr>
<tr><td>4</td><td colspan="2"></td><td></td><td></td></tr>
<tr><td>5</td><td colspan="2"></td><td></td><td></td></tr>
<tr><td></td><td colspan="2"></td><td></td><td></td></tr>
<tr><td></td><td colspan="2"></td><td></td><td></td></tr>
<tr><td></td><td colspan="2"></td><td></td><td></td></tr>
<tr><td></td><td colspan="2"></td><td></td><td></td></tr>
<tr><td></td><td colspan="2"></td><td></td><td></td></tr>
<tr><td></td><td colspan="2"></td><td></td><td></td></tr>
<tr><td></td><td colspan="2"></td><td></td><td></td></tr>
<tr><td></td><td colspan="2"></td><td></td><td></td></tr>
<tr><td></td><td colspan="2"></td><td></td><td></td></tr>
<tr><td colspan="3">质量控制资料</td><td></td><td></td><td></td><td></td></tr>
<tr><td colspan="3">安全和功能检验（检测）报告</td><td></td><td></td><td></td><td></td></tr>
<tr><td colspan="3">观感质量验收</td><td colspan="4"></td></tr>
<tr><td rowspan="5">验收单位</td><td colspan="2">分包单位</td><td colspan="4">项目经理：
年　月　日</td></tr>
<tr><td colspan="2">施工单位</td><td colspan="4">项目经理：
年　月　日</td></tr>
<tr><td colspan="2">勘察单位</td><td colspan="4">项目负责人：
年　月　日</td></tr>
<tr><td colspan="2">设计单位</td><td colspan="4">项目负责人：
年　月　日</td></tr>
<tr><td colspan="2">监理（建设）单位</td><td colspan="4">总监理工程师：
（建设单位项目专业技术负责人）
年　月　日</td></tr>
</table>

涉及安全和使用功能的地基基础、主体结构、有关安全及重要使用功能的安装分部工程应进行见证取样送样试验或抽样检测。关于观感质量验收，这类检查往往难以定量，只能以观察、触摸或简单测量的方式进行，并由个人的主观印象判断，检查结果并不给出“合格”或“不合格”的结论，而是综合给出质量评价。对于“差”的检查点应通过返修处理方式等补救。

4. 单位（子单位）工程质量验收

项目所有分部工程分别完工后，一般也意味着该项目施工内容全部完成，所以对于一般单一项目而言，单位工程的验收一般也就是项目最后的竣工验收，关于竣工验收的内容将在后面详细阐述。

单位（子单位）工程质量验收应填写表 6.8 所示单位（子单位）工程质量验收记录。

表 6.8　单位（子单位）工程质量验收记录

<table>
<tr><td colspan="2">工程名称</td><td></td><td>结构类型</td><td></td><td>层数/
建筑面积</td><td></td></tr>
<tr><td colspan="2">施工单位</td><td></td><td>技术负责人</td><td></td><td>开工日期</td><td></td></tr>
<tr><td colspan="2">项目经理</td><td></td><td>项目技术负责人</td><td></td><td>竣工日期</td><td></td></tr>
<tr><td>序号</td><td colspan="2">项目</td><td colspan="2">验收记录</td><td colspan="2">验收结论</td></tr>
<tr><td>1</td><td colspan="2">分部工程</td><td colspan="2">共　分部，经查　符合标准及设计要求　分部</td><td colspan="2"></td></tr>
<tr><td>2</td><td colspan="2">质量控制资料核查</td><td colspan="2">共　项，经审查符合要求　项，经核定符合规范要求　项</td><td colspan="2"></td></tr>
<tr><td>3</td><td colspan="2">安全和主要使用功能核查及抽查结果</td><td colspan="2">共核查　项，符合要求　项，共抽查　项，符合要求　项，经返工处理符合要求　项</td><td colspan="2"></td></tr>
<tr><td>4</td><td colspan="2">观感质量验收</td><td colspan="2">共抽查　项，符合要求　项，不符合要求　项</td><td colspan="2"></td></tr>
<tr><td>5</td><td colspan="2">综合验收结论</td><td colspan="4"></td></tr>
<tr><td></td><td colspan="2">建设单位</td><td>监理单位</td><td colspan="2">施工单位</td><td>设计单位</td></tr>
<tr><td></td><td colspan="2">（公章）
单位（项目）负责人
年　月　日</td><td>（公章）
总监理工程师
年　月　日</td><td colspan="2">（公章）
单位负责人
年　月　日</td><td>（公章）
单位（项目）负责人
年　月　日</td></tr>
</table>

三、建设工程项目竣工质量验收

建设工程项目竣工验收有两层含义，一是指承发包单位之间进行的工程竣工验收，也称工程交工验收；二是指建设工程项目的竣工验收。

1. 竣工质量验收的依据

① 国家相关法律规定和建设主管部门颁布的管理条例和办法。

② 工程施工质量验收统一标准。

③ 专业工程施工质量验收规范。

④ 批准的设计文件、施工图纸及说明书。

⑤ 工程施工承包合同。

⑥ 其他相关文件。

2. 竣工质量验收的要求

工程项目竣工质量验收应按下列要求进行：

① 检验批的质量应按主控项目、一般项目验收。

② 工程质量的验收均应在施工单位自检合格的基础上进行。

③ 隐蔽工程在隐蔽前应由施工单位通知监理工程师或建设单位专业技术负责人进行验收，并应形成验收文件，验收合格后方可继续施工。

④ 参加工程施工验收的人员应具备规定的资格，单位工程的验收人员应具备工程建设相关专业的中级以上技术职称并具有5年以上从事工程建设相关专业的工作经历，参加单位工程验收的签字人员应为各方项目负责人。

⑤ 涉及结构安全的试块、试件及有关材料，应按规定进行见证取样检测；对涉及结构安全、使用功能、节能、环保的重要分部工程应进行抽样检测。

⑥ 承担见证取样检测及有关结构安全、使用功能等项目的检测单位应具备规定的资质。

⑦ 工程的观感质量应由验收人员通过现场检查共同确认。

3. 竣工质量验收的标准

单位工程是工程项目竣工质量验收的基本对象。

① 单位（子单位）工程所含分部（子分部）工程质量验收均应合格。

② 质量控制资料应完整。

③ 单位（子单位）工程所含分部工程有关安全和功能的检测资料应完整。

④ 主要功能项目的抽查结果应符合相关专业质量验收规范的规定。

⑤ 观感质量验收应符合要求。

4. 竣工质量验收的程序

整个验收过程涉及建设单位、设计单位、监理单位及施工总分包各方的工作，必须按照工程项目质量控制系统的职能分工，以监理工程师为核心进行竣工验收的组织协调。

（1）竣工验收准备

施工单位按照合同规定的施工范围和质量标准完成施工任务后，经质量自检并合格后，向现场监理机构（或建设单位）提交工程竣工申请报告，要求组织工程竣工验收。

（2）竣工预验收

具备下列条件，由施工单位向建设单位提交工程竣工验收报告，申请工程竣工验收。

① 完成建设工程设计和合同约定的各项内容。

② 有完整的技术档案和施工管理资料。

③ 有工程使用的主要建筑材料、构配件和设备的进场试验报告。

④ 有工程勘察、设计、施工、工程监理等单位分别签署的质量合格文件。

⑤ 有施工单位签署的工程保修书。

（3）正式验收

建设单位应在工程竣工验收前 7 个工作日将验收时间、地点、验收组名单通知该工程的工程质量监督机构。建设单位组织竣工验收会议。正式验收过程的主要工作如下：

① 建设、勘察、设计、施工、监理单位分别汇报工程合同履约情况，以及工程施工各环节施工满足设计要求，质量符合法律、法规和强制性标准的情况。

② 检查审核设计、勘察、施工、监理单位的工程档案资料及质量验收资料。

③ 实地检查工程外观质量，对工程的使用功能进行抽查。

④ 对工程施工质量管理各环节工作、工程实体质量及质保资料情况进行全面评价，形成经验收组人员共同确认签署的工程竣工验收意见，并填写单位（子单位）工程质量竣工验收记录。

⑤ 竣工验收合格，建设单位应及时提出工程竣工验收报告。验收报告还应附有工程施工许可证、设计文件审查意见、质量检测功能性试验资料及工程质量保修书等法律法规所规定的其他文件。

⑥ 工程质量监督机构应对工程竣工验收工作进行监督。验收组织分工见表 6. 9。

表 6. 9　验收组织分工

验收部位	组织单位/岗位人员	参加单位人员	备注
检验批及分项工程	监理工程师（建设单位项目技术负责人）	施工单位项目专业质量（技术）负责人	
分部工程	总监理工程师（建设单位项目负责人）	施工单位项目负责人和技术、质量负责人	
基础分部、主体结构分部	总监理工程师（建设单位项目负责人）	施工单位项目负责人和技术、质量负责人，勘察、设计单位工程项目负责人和施工单位技术、质量部门负责人	
单位工程	建设单位（项目）负责人	施工（含分包单位）、设计、监理等单位（项目）负责人	

5. 工程竣工验收备案

① 建设单位应当自建设工程竣工验收合格之日起 15 日内，将建设工程竣工验收报告和规划、公安消防、环保等部门出具的认可文件或准许使用文件，报建设行政主管部门或者其他相关部门备案。

② 备案部门在收到备案文件资料后的 15 日内，对文件资料进行审查，符合要求的工程，在验收备案表上加盖“竣工验收备案专用章”，并将一份交建设单位存档。

四、质量问题、质量事故处理

1. 工程质量问题

施工过程的质量验收是以检验批的施工质量为基本验收单元。检验批质量不合格的处理方法如下：

① 在检验批验收时，其主控项目不能满足验收规范或一般项目超过偏差限值的子项目不符合检验规定的要求时，应及时对检验批进行处理。其中，严重的缺陷应推倒重来；一般的缺陷通过翻修或更换器具、设备予以解决，应允许施工单位采取相应的措施后重新验收。如能够符合相应的专业工程质量验收规范，则应认为该检验批合格。

② 发现个别检验批的试块强度等不满足要求等问题，难以确定是否验收时，应请具有资质的法定检测单位检测。当鉴定结果能够达到设计要求时，该检验批仍应认为通过验收。

③ 经检测鉴定达不到设计要求，但经原设计单位核算，仍能满足结构安全和使用功能的情况，该检验批可以予以验收。一般情况下，规范标准给出了满足安全和功能的最低限度要求，而设计往往在此基础上留有一些余量。不满足设计要求和符合相应规范标准的要求，两者并不矛盾。

④ 更为严重的缺陷或者超过检验批的更大范围内的缺陷，可能影响结构的安全性和使用功能。若经法定检测单位检测鉴定以后，认为达不到规范标准的相应要求，即不能满足最低限度的完全储备和使用功能，则必须按一定的技术方案进行加固处理，使之能保证其满足安全使用的基本要求。这样会造成一些永久性的缺陷，如改变结构外形尺寸、影响一些次要的使用功能等。为了避免造成社会财富更大的损失，在不影响安全和主要使用功能条件下可按处理技术方案和协商文件进行验收，责任方应承担经济责任，但不能作为轻视质量而回避责任的一种出路，这是应该特别注意的。

⑤ 通过返修或加固处理仍不能满足安全使用要求的分部工程、单位（子单位）工程，严禁验收。

2. 工程质量事故

（1）工程质量事故的分类

① 按事故造成的损失程度分类：

a. 特别重大事故，是指造成30人以上死亡，或者100人以上重伤，或者1亿元直接经济损失的事故。

b. 重大事故，是指造成10人以上、30人以下死亡，或者50人以上、100人以上重伤，或者5000万元以上、1亿元以下直接经济损失的事故。

c. 较大事故，是指造成3人以上死亡，或者10人重伤，或者100万元以上、1000万元以下直接经济损失的事故。

该等级划分所称“以上”包括本数，所称“以下”不包括本数。

② 按事故责任分类：可分为指导责任事故、操作责任事故、自然灾害事故。

（2）对工程质量事故的处理权限

各级主管部门处理权限及组成调查组权限见表6. 10。

表 6.10　各级主管部门处理权限

事故类别	各级主管部门处理权限	组成调查组权限	
特别重大质量事故	由国务院按有关程序和规定处理	由国务院批准	
重大质量事故	由国家建设行政主管部门归口管理	一、二级	由省、自治区、直辖市建设行政主管部门提出组成意见，人民政府批准
		三、四级	由市、县级行政主管部门提出组成意见，相应级别人民政府批准
严重质量事故	由省、自治区、直辖市建设行政主管部门归口管理	由省、自治区、直辖市建设行政主管部门组织	
一般质量事故	市、县级建设行政主管部门归口管理	由市、县级建设行政主管部门组织	

(3) 施工质量事故的特点

施工质量事故有复杂性、严重性、渐变性、隐蔽性和连锁性等特点，如图 6.5 所示。

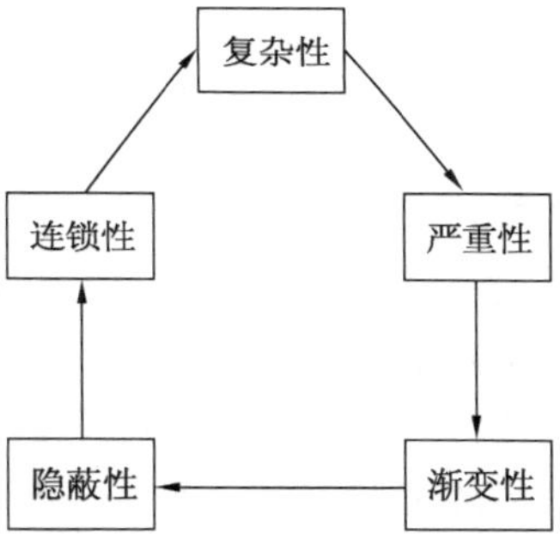

图 6.5　施工质量事故的特点

3. 施工质量事故发生的原因

① 技术原因：在工程项目设计施工中技术上的失误。如结构设计计算错误，对水文地质情况判断错误，采用了不适合的施工方法或施工工艺等。

② 管理原因：管理上的不完善或失误。

③ 社会经济原因。

④ 人为事故和自然灾害原因。

4. 施工质量问题和质量事故的处理

(1) 施工质量事故处理的程序

① 事故调查。事故调查流程如图 6.6 所示。

② 事故的原因分析。

③ 制订事故处理的方案。

④ 事故处理。

⑤ 事故处理的鉴定验收。

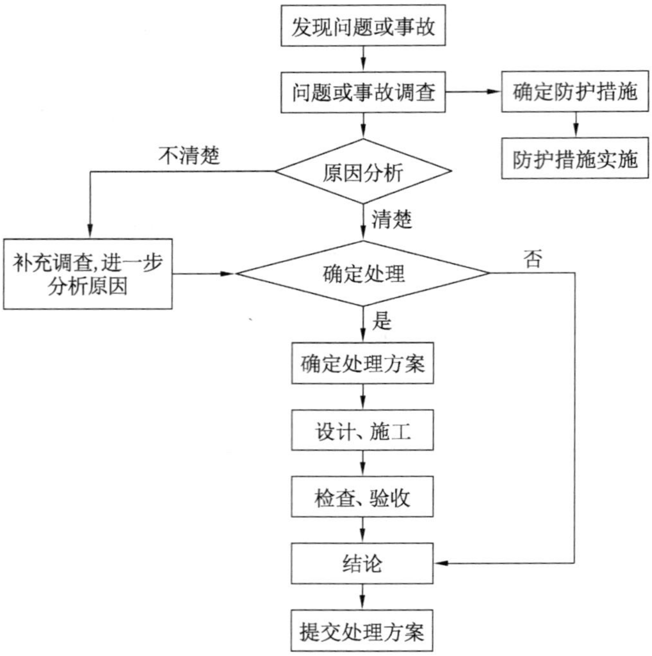

图 6.6　事故调查流程

（2）施工质量事故处理的基本要求

① 质量问题处理方案应以原因分析为基础，如果某些问题一时认识不清，且一时不致产生严重恶化，可以继续进行调查、观测，以便掌握更充分的资料和数据，做进一步分析，找出起源点，方可确认处理方案，避免急于求成造成反复处理的不良后果。监理工程师审核确认处理方案应牢记安全可靠、不留隐患、满足建筑物的功能和使用要求、技术可行及经济合理原则。针对确认不需专门处理的质量问题，应能保证它不构成对工程安全的危害，且满足安全和使用要求，并必须征得设计和建设单位的同意。

② 质量问题处理完毕，监理工程师应组织有关人员对处理的结果进行严格的检查、鉴定和验收，写出质量问题处理报告，报建设单位和监理单位存档。其主要内容包括：

a. 基本处理过程描述。

b. 调查与核查情况，包括调查的有关数据、资料。

c. 原因分析结果。

d. 处理的依据。

e. 审核认可的质量问题处理方案。

f. 实施处理中的有关原始数据、验收记录、资料。

g. 对处理结果的检查、鉴定和验收结论。

h. 质量问题处理结论。

（3）施工质量事故处理的基本方法

① 修补处理。当工程某些部分的质量虽未达到规范、标准或设计规定的要求，存在一定的缺陷，但经过修补后可以达到质量标准的要求，又不影响使用功能或外观的要求时，可采取修补处理的方法。

② 加固处理。

③ 返工处理。当工程质量缺陷经过修补处理后仍不能满足规定的质量标准要求，或不具备补救可能性，则必须采取返工处理。

④ 限制使用。当工程质量缺陷按修补方法处理后无法保证达到规定的使用要求和安全要求，而又无法返工处理的情况下，不得已时可做出诸如结构卸荷或减荷及限制使用的决定。

⑤ 不做处理的几种情况：

a. 不影响结构安全生产工艺和使用要求的。

b. 后道工序可以弥补质量缺陷的。

c. 法定检测单位鉴定合格的。

d. 出现的质量缺陷，经检测鉴定达不到设计要求，但经原设计单位核算仍能满足结构安全和使用功能的。

⑥ 报废处理。

（4）工程质量事故处理的鉴定验收

质量事故的技术处理是否达到了预期目的，消除了工程质量不合格和工程质量问题，是否仍留有隐患，监理工程师应通过组织检查和必要的鉴定，对这些问题进行验收并予以最终确认。

① 检查验收。工程质量事故处理完成后，监理工程师在施工单位自检合格报验的基础上，应严格按施工验收标准及有关规范的规定进行，结合监理人员的旁站、巡视和平行检验结果，依据质量事故技术处理方案设计要求，通过实际测量，检查各种资料数据进行验收，并应办理交工验收文件，组织各有关单位会签。

② 必要的鉴定。为确保工程质量事故的处理效果，凡涉及结构承载力等使用安全和其他重要性能的处理工作，通常需做必要的试验和检验鉴定工作。

检测鉴定必须委托政府批准的有资质的法定检测单位进行。

③ 验收结论。若对后续工程施工有特定要求，或对建筑物使用有一定的限制条件，应在结论中提出。验收结论通常有以下几种：

a. 事故已排除，可以继续施工。

b. 隐患已消除，结构安全有保证。

c. 经修补处理后，完全能够满足使用要求。

d. 基本上满足使用要求，但使用时应有附加限制条件，如限制荷载等。

e. 对耐久性的结论。

f. 对建筑物外观影响的结论。

g. 对短期内难以做出结论的，可提出进一步观测检验意见。

习题六

一、单项选择题

1. 施工企业质量管理体系文件中，阐明质量政策、质量体系等的文件是（　　）。

A. 质量手册　　B. 程序文件　　C. 质量计划　　D. 质量记录

2. 按《建筑工程施工质量验收统一标准》的规定，依专业性质、建筑部位来划分的工程属于（　　）。

A. 单位工程　　B. 分部工程　　C. 分项工程　　D. 子分部工程

3.《建筑工程施工质量验收统一标准》规定，（　　）是按主要工种、材料、施工工艺、设备类别等进行划分的。

A. 检验批　　B. 分项工程　　C. 分部工程　　D. 单位工程

4. 建设工程施工质量验收时，对涉及结构安全和使用功能的重要部分工程、专业工程，应当进行（　　）。

A. 功能性全数检测　　B. 适用性全数检测

C. 功能性抽样检测　　D. 适用性抽样检测

5. 质量验收的最小单元是（　　）。

A. 分项工程　　B. 分部工程　　C. 工序　　D. 检验批

6.《建筑工程施工质量验收统一标准》，对于通过更换器具、设备可以解决质量缺陷的检验批，应（　　）。

A. 经设计单位复核后予以验收　　B. 按验收程序重新进行验收

C. 经检测单位检测鉴定后予以验收　　D. 按技术处理方案和协商文件进行验收

7. 隐蔽工程在隐蔽前应由（　　）通知有关单位进行验收，并应形成验收文件。

A. 建设单位　　B. 监理单位

C. 施工单位　　D. 政府质量监督部门

8. 建设工程项目竣工验收应由（　　）组织。

A. 监理单位　　B. 政府质量监督机构

C. 建设单位　　D. 施工单位

9. 按现行有关规定，应对工程中涉及结构安全的材料及施工内容进行（　　）。

A. 封样鉴定　　B. 见证取样检测

C. 模拟试件检测　　D. 同条件养护检测

10. 在质量管理过程中，通过检测试验所得到的质量问题的数据统计，可采用的统计方法是（　　）。

A. 直方图法　　B. 因果分析图法　　C. 排列图法　　D. 分布图法

11. 政府质量监督机构对建设工程质量的监督包括监督检查工程实体的施工质量和（　　）。

A. 监督检查施工项目进度及投资　　B. 监督工程建设各方主体的质量行为

C. 监督检查施工现场的安全状况　　D. 验收工程项目施工质量

二、多项选择题

1. 按《建筑工程施工质量验收统一标准》规定，下列验收层次中包括观感质量验收项目的是（　　）。

A. 检验批　　B. 分项工程　　C. 分部工程

D. 子单位工程　　E. 单位工程

2. 分部（子分部）工程质量验收合格应符合的规定有（　　）。

A. 所含分项工程的质量均应验收合格

B. 质量控制资料应完整

C. 全部工程所含的检验批均应符合合格质量的规定

D. 地基与基础、主体结构等 5 个分部工程有关安全及功能的检验应符合有关规定

E. 观感质量验收应符合要求

3. 在工程质量验收过程中，发现质量不符合要求时，只有（　　）可以进行验收。

A. 返工重做的检验批

B. 有资质的检测单位鉴定达到设计要求的检验批

C. 经原设计单位核算认可能满足结构安全和使用功能的检验批

D. 经论证，不影响结构安全和正常使用的建筑部位

E. 无结构和安全问题，建设单位认可的检验批

4. 下列属于质量形成的影响因素的有（　　）。

A. 人的质量意识和质量能力　　B. 建设工程项目勘察因素

C. 建设行政主管部门监督管理的力度　　D. 工程项目的施工方案

E. 工程项目的施工环境

5. 全过程质量控制，其主要过程有（　　）。

A. 项目策划与决策过程　　B. 施工采购过程

C. 施工组织与准备过程　　D. 质量监督过程

E. 工程回访维修服务过程

6. 监理单位可通过（　　）实现在施工阶段的质量控制目标。

A. 审核施工质量文件、报告报表　　B. 现场旁站检查、平行检测

C. 施工指令和结算支付控制手段　　D. 施工全过程的全面质量自控

E. 采纳变更设计的合理化建议

7. 下述属施工质量控制重点、可列入质量控制点、实施重点控制的工作有（　　）。

A. 地基处理　　B. 工程测量　　C. 大体积砼施工

D. 钢结构焊接　　E. 灌注桩施工

8. 劳动主体的质量包括工程各类人员的个体素质及经过合理组织充分发挥其潜在能力的群体素质，下面属于个体素质的是（　　）。

A. 生产技能　　B. 学历文凭　　C. 生理体能

D. 心理行为　　E. 文化素质

9. 作为影响施工质量五大要素之一的劳动手段包括（　　）等条件。

A. 工具　　B. 模具　　C. 施工机械

D. 施工设备　　E. 材料

10. 对原材料、半成品及设备进行质量控制的主要内容有（　　）。

A. 控制材料设备性能、标准与设计文件的相符性

B. 控制材料设备各项技术性能指标、检测测试指标与标准要求的相符性

C. 控制材料设备的供货时间与运输方式

D. 控制材料设备进场验收程序及质量文件资料的齐全程度

E. 控制材料设备的出厂日期与合同价格

三、简答题

1. 质量验收的程序是什么?

2. 如何分类处理质量问题、质量事故?

四、工程技能训练

某市路南区建设一综合楼，结构形式采用现浇框架——剪力墙结构体系，地上20层，地下2层，建筑物檐高66.75 m，建筑面积56 000m^2，混凝土强度等级为C35，于2000年3月12日开工，在工程施工中出现了质量问题：试验测定地上3层和4层混凝土标准养护试块强度未达到设计要求，监理工程师采用回弹法测定，结果仍不能满足设计要求，最后法定检测单位从3层和4层钻取部分芯样，为了进行对比，又在试块强度不合格的2层钻取部分芯样，检测结果发现，试块强度合格的芯样强度能达到设计要求，而试块强度不合格的芯样强度仍不能达到原设计要求。

根据上述背景回答以下问题：

1. 针对该工程，施工单位应采取哪些质量控制的对策来保证工程质量?

2. 为避免以后施工中出现类似的质量问题，施工单位应采取何种方法对工程质量进行控制?

3. 简述该建筑施工项目质量控制的过程。

4. 针对工程项目的质量问题，现场常用的质量检查的方法有哪些?

第七章　建设工程项目职业健康安全及环境管理

施工项目职业健康安全及环境管理，是施工项目在施工过程中，确保职业健康及安全生产的全部管理活动。通过建立健全完善的职业健康安全管理体系和施工环境管理体系，制定明确的管理目标和有效的相关管理措施控制生产因素具体的状态，减少或消除生产因素不安全的行为和状态，不引发为事故，尤其是不引发使人受到伤害的事故，从而实现施工项目安全目标。

案例导入

某市中心新建高楼地下3层、地上32层，周边紧邻住宅楼，最近处距离10 m。地下工程秋季开工，基坑支护采用灌注桩加冠梁及型钢横撑支护，水泥搅拌桩止水围护。围护结构强度达到相关要求值后，开始土方开挖，此时已接近冬季枯水期尾声，施工单位为了抢工期，24 h连续作业。挖土机和运土车辆工作产生的噪声严重影响了周边居民的正常生活，居民直接向当地城管部门进行举报，城管部门现场检查后责令单位停工并限期整改。进入后期精装修施工阶段，装饰装修由某装饰装修公司分包。为了赶进度，该装饰装修公司紧急调集一批普工增援油漆作业。由该项目油漆班组每人带一名普工组成一个小组，施工现场一边操作一边简单培训后正式单独进行油饰施工。尽管作业强度大、工作时间长，但是所有工人均未出现身体不适。该装饰公司将原定用于身体检查的费用直接发放给施工人员后，将该批装饰普工退回原工作班组。根据以上背景回答问题：

1. 本案例中，地下工程要注意哪些噪声污染？噪声排放标准分别是多少？

2. 噪声污染会产业哪些危害？对土石方工程夜间施工，项目经理应如何处理噪声扰民的问题？

3. 本案例中职业卫生与防护管理方面有哪些不妥之处？简述正确的做法。

第一节　建设工程项目职业健康安全管理目标及环境管理目标

一、职业健康安全管理目标

建设工程项目职业健康安全管理的目标是保护产品生产者和使用者的健康与安

全；控制影响工作场所内员工、临时工作人员、合同方人员、访问者和其他有关部门人员健康和安全的条件和因素，考虑和避免因使用不当对使用者造成的健康和安全的危害。

二、环境管理目标

建设工程项目环境管理的目标是保护生态环境，使社会经济发展与人类生存环境相协调。控制作业现场的各种粉尘、废水、废气、固体废弃物，以及噪声、震动对环境的污染和危害，考虑能源节约，避免资源的浪费。

第二节　建设工程项目职业健康安全管理及环境管理体系

一、职业健康安全管理体系

职业健康安全管理体系（Occupation Health and Safety Management System，OHSMS）是20世纪80年代后期在国际上兴起的现代安全生产管理模式，它与ISO9000和ISO14000等标准体系一并被称为“后工业化时代的管理方法”。职业健康安全管理体系产生的主要原因是企业自身发展的要求。随着企业规模的扩大和生产集约化程度的提高，对企业的质量管理和经营模式提出了更高的要求，企业必须采用现代化的管理模式，使包括安全生产管理在内的所有生产经营活动科学化、规范化和法制化。

随着世界经济一体化的发展，我国为加强与世界接轨，加强企业的相应管理，提高企业现代化管理水平采取了较为有效的标准化技术手段。我国于2001年制定了相应的职业健康安全管理体系。该体系是一整套系统化和规范化的现代职业健康安全管理方法。它尤为强调事故预防，即预先就已全面而系统地找出所有存在的危险和隐患，并采取对应的技术和管理措施及时消除或控制危险和隐患，使得生产和工作一直保持在相对安全状态。同时，它也强调以防万一，即对于可能会发生的事故，应事先做好应急准备，加强应急演练，以确保在未来事故发生时尽可能减少事故所造成的人身伤害和财产损失。

《职业健康安全管理体系——要求》（GB/T 28001—2011）在确定职业健康安全管理体系模式时，强调按系统理论管理职业健康安全及其相关事务，以达到预防和降低生产事故和劳动疾病发生率的目的。具体采用系统化的戴明模型，即通过策划（Plan）、行动（Do）、检查（Check）和改进（Action）4个环节构成一个动态循环并螺旋上升的系统化管理模式。

职业健康安全与环境管理体系要素分为以下几部分。

1. 方针

方针是组织职业健康安全与环境管理体系的宗旨与核心，是由组织的最高管理者制定的，以文件的方式表达出职业健康安全与环境管理体系的意图与原则。

2. 规划（策划）

规划包括职业健康安全与环境因素、法律与其他要求、目标和指标及管理方案

4个体系要素。在规划（策划）阶段要从组织管理现状出发，明确管理重点，识别并评价出重要的职业健康安全与环境因素；准确获取组织适用的法律与其他要求；根据组织所确定的重要因素和技术经济条件，确定组织的职业健康安全与环境目标和指标要求；并提出明确的管理方案，即实现职业健康安全与环境目标的职责、方法与时间表。

3. 实施与运行

实施与运行包括组织结构和职责、培训、意识与能力、信息系统、职业健康安全与环境管理体系文件、文件控制、运行控制及应急准备、响应HSE管理体系（健康Health、安全Safety、环境Environment）7个要素，在实施与运行阶段要明确组织各职能与层次的机构与职责，任命管理代表，实施必要的培训，提高员工的职业健康安全与环境保护意识和工作技能；及时有效地沟通和交流有关职业健康安全与环境因素和体系的信息，注重相关方所关注的环境问题；形成管理体系文件并纳入严格的文件管理，确保与重大因素有关的运行与活动均能按文件规定的要求进行，使组织和各类因素得到有效控制；对于潜在的紧急事件和事故采取有效的预防措施和应急响应。

4. 检查和纠正措施

检查和纠正措施包括监测和测量、不符合、纠正与预防措施、记录和职业健康安全与环境管理体系审核4个要素。在检查和纠正措施阶段，要对影响职业健康安全与环境状况的重大活动与运行中的关键特性进行监测，及时发现问题并及时采取纠正与预防措施解决问题，防止问题的再次发生。监测的内容包括组织的职业健康安全与环境（绩效）表现、运行控制和目标指标的符合情况等；管理活动应有相应的记录以追溯职业健康安全与环境管理体系实施与运行，对产生的记录应进行良好管理。组织还要定期进行管理体系的内部审核，从整体上了解组织管理体系的实施情况，判断其有效性和与本体系的符合性。

5. 管理评审

管理评审是由组织的最高管理者进行的评审活动，以在组织内、外部变化的条件下确保职业健康安全与环境管理体系的持续适用性、有效性和充分性，支持组织实现持续改进。

二、环境管理体系

在近代工业发展的过程中，人类过度追求经济增长速度而忽略环境的重要性，导致水土流失、土地沙漠化、水体污染、空气质量下降、全球气候反常、臭氧层耗竭、生态环境被严重破坏，环境问题已成为制约经济发展和人类生存的重要因素。

考虑到零散的、被动适应法规要求的环境管理机制不足以确保一个组织的运行，ISO国际标准化组织在汲取世界发达国家多年环境管理经验的基础上制定并颁布ISO14000环境管理系列标准。该标准已经成为一套目前世界上最全面和最系统的环境管理国际化标准，并引起世界各国政府、企业界的普遍重视和积极响应。它是一个组织内全面管理体系的组成部分，包括为制定、实施、实现、评审和保护环境方针所需的组织机构、规划活动、机构职责、惯例、程序、过程和资源；还包括组织的环境方针、目标和指标等管理方面的内容。

我国加入 WTO 后面临的国际竞争是不可避免的，环境管理体系在竞争中所起的作用是不可低估的，我国也制定了相应的环境管理体系标准，以有效促进各类组织提高环境管理水平，达到实现环境管理的目的。

环境管理体系的结构系统，采用 PDCA 动态循环、不断上升的螺旋式管理运行模式，其形式与职业健康安全管理体系的运行模式相同。

第三节　建设工程安全生产管理

一、建设工程安全生产管理制度

建设工程生产应贯彻“安全第一、预防为主、综合治理”的方针，加强安全生产管理工作，落实安全生产责任。

项目经理部是事故现场的第一线管理机构，应根据工程特点和规模，设置以项目经理为第一责任人的安全管理领导小组，制定相应的安全生产管理制度。完整的安全生产管理制度应包括提出目标、控制措施、组织实施、监督检查、改进措施、考核评价、奖罚等。

二、危险源辨识与风险评价

1. 危险源辨识

危险源辨识是识别危险源的存在并确定其特性的过程，是从企业的生产经营过程中识别出可能造成人员伤害、财产损失和环境破坏的因素，并判断其可能导致的事故类别和导致事故发生的直接原因的过程。

危险源辨识的方法有很多种，如询问交谈、现场观察、查问有关记录、获取外部信息、工作任务分析、安全检查表、危险与可操作性研究、事件树分析、故障树分析等。但在工程项目中，危险源既存在于施工活动场所，也存在于可能影响到施工场所的周围区域；既可能存在于施工前期的勘察设计，也可能存在于后期施工过程中。因此，要采用科学规范的方法辨识危险源，针对不同的作业条件选择合理的方法，找出其存在的原因，制订分组控制方案，才能有效地避免事故（危害）的发生。其中，安全检查表法是最基础、最常见的一种方法。

安全检查表（Safety Check List）实际上就是实施安全检查和诊断项目的明细表，它是进行安全检查，发现潜在危险，督促各项安全法规、制度、标准实施的一个较为有效的工具。它能系统地找出系统中的不安全因素，剖析系统，列出各层次的不安全因素，然后确定检查项目，以提问的方式把检查项目按系统的组成顺序编制成表，以便进行检查或评审。它是进行安全检查、发现和查明各种危险和隐患、监督各项安全规章制度的实施、及时发现并制止违章行为的一个有力工具。由于这种检查表可以事先编制并组织实施，已发展成为预测和预防事故的重要手段。

安全检查表法的优点是简单易懂、容易掌握，可以事先组织专家编制检查项目，使安全检查做到系统化、完整化；缺点是一般只能做出定性评价。

2. 风险评价

风险评价是在风险识别和风险估测的基础上，对风险发生的概率、损失程度，结合其他因素进行全面考虑，评估发生风险的可能性及危害程度，并与公认的安全指标相比较，以衡量风险的程度，并决定是否需要采取相应措施的过程。以下介绍两种常用的风险评价方法。

方法一：将安全风险的大小用事故发生的可能性（P）与发生事故后果的严重程度（F）的乘积来衡量，即

$$R = P \cdot F$$

式中，R 为风险大小；P 为事故发生的概率（频率）；F 为事故后果的严重程度。

根据上述估算结果，可按表 7.1 对风险的大小进行分级。

表 7.1　风险分级

后果（F） 风险级别（大小） 可能性（P）	轻度损失（轻微伤害）	中度损失（伤害）	重大损失（严重伤害）
很大	Ⅲ	Ⅳ	Ⅴ
中等	Ⅱ	Ⅲ	Ⅳ
极小	Ⅰ	Ⅱ	Ⅲ

注：Ⅰ—可忽略风险；Ⅱ—可容许风险；Ⅲ—中度风险；Ⅳ—重大风险；Ⅴ—不容许风险。

方法二：将可能造成安全风险的大小用事故发生的可能性（L）、人员暴露于危险环境中的频繁程度（E）和事故后果（C）3 个自变量的乘积衡量，即

$$S = L \cdot E \cdot C$$

式中，S 为风险大小；L 为事故发生的可能性，按表 7.2 所给的定义取值；E 为人员暴露于危险环境中的频繁程度，按表 7.3 所给的定义取值；C 为事故后果的严重程度，按表 7.4 所给的定义取值。

此方法因为引用了自变量 L，E，C，故也称 LEC 方法。

表 7.2　事故发生的可能性（L）

分值	事故发生的可能性	分值	事故发生的可能性
10	必然发生的	0.5	很不可能，可以设想
6	相当可能	0.2	极不可能
3	可能，但不经常	0.1	实际不可能
1	可能性极小，完全意外		

表 7.3　暴露于危险环境中的频繁程度（*E*）

分值	人员暴露于危险环境中的频繁程度	分值	人员暴露于危险环境中的频繁程度
10	连续暴露	2	每月一次暴露
6	每天工作时间暴露	1	每年几次暴露
3	每周一次暴露	0.5	非常罕见的暴露

表 7.4　事故后果的严重程度（*C*）

分值	事故发生造成的后果	分值	事故发生造成的后果
100	大灾难，许多人死亡	7	严重，重伤
40	灾难，多人死亡	3	较严重，受伤较重
15	非常严重，一人死亡	1	引人关注，轻伤

根据经验，危险性（*S*）分值在 20 以下为可忽略风险，危险性分值在 20～70 为可容许风险，危险性分值在 70～160 为中度风险，危险性分值在 160～320 为重大风险，危险性分值大于 320 时为不容许风险，见表 7.5。

表 7.5　危险性等级划分

危险性分值（*S*）	危险程度	危险性分值（*S*）	危险程度
≥320	不容许风险，不能继续作为	20～70	可容许风险，需要注意
160～320	重大风险，需要立即整改	≤20	可忽略风险，可以接受
70～160	中度风险，需要整改		

三、施工安全技术措施

施工安全技术措施是针对施工中存在的不安全因素进行预测和分析，找出危险点，消除和控制危险隐患，从技术和管理上采取措施加以防范，消除不安全因素，防止事故发生，确保施工项目安全施工。

1. 编制施工安全技术措施计划

在施工前必须编制好建设工程施工安全技术措施计划，并经过审批后正式下达施工单位以指导施工。其主要内容包括工程概况、控制程序、组织机构、职责权限、规章制度、资源配置、安全措施、检查评价和奖惩制度等。

编制施工安全技术措施计划时，根据不同分部、分项工程的施工方法和施工工艺可能给施工带来的不安全因素，制订相应的施工安全技术措施，真正做到从技术上采取措施保证其安全实施。例如，对结构复杂、施工难度大、专业性较强的工程项目，除制订项目总体安全保证计划外，还必须制订单位工程或分部、分项工程的安全技术措施。对高处作业、井下作业等专业性强的作业，电器、压力容器等特殊工种作业，应制定单项安全技术规程，并应对管理人员和操作人员的安全作业资格和身体状况进行合格检查；制定和完善施工安全操作规程，编制各施工工种，特别是危险性较大工种的安全施工操作要求，将其作为规范和检查考核员工安全生产行为的依据。施工安全技术措施包括安全防护设施的设置和安全预防措施，主要有以下内容：防火、防毒、防爆、防洪、防尘、防雷击、防触电、防坍塌、防物体打击、防机械伤害、防起重设备滑落、防高空坠落、防交通事故、防寒、防暑、防疫、防环境污染等。

2．安全生产责任制

安全生产责任制以制度的形式明确企业各级领导、各职能部门、各类人员在施工生产活动中应负的安全职责，是最基本的一项安全管理制度。近年来施工企业安全管理的经验表明，严格执行安全生产责任制，使各级领导、各职能部门负起责任，建立健全安全专职机构，加强安全部门的领导，严格执行安全检查制度，这是搞好安全生产有力的组织保证。通过制定安全生产责任制，做到安全生产“事事有其主，人人有其责”，实现“纵向到底，横向到边”。

施工管理的所有各方对安全都必须认真对待，定期举行安全会议、安全培训、安全检查等，工程承（分）包方的施工管理必须符合有关法规制度和施工现场的安全要求。

一般来说，每个施工项目应根据具体情况，成立以项目经理为主的安全生产委员会或领导小组。同时，根据建设工程的性质、规模和特点，配备规定数量的专职和兼职安全管理员。督促检查各类人员贯彻执行安全管理，协助项目经理推动安全管理工作，保证施工管理顺利进行。

项目经理安全生产责任制：项目经理为所在施工单位负责施工安全管理的责任人，应对项目施工过程中的劳动保护和安全生产工作负具体的领导和经济责任。项目经理领导、编制本项目安全管理的目标、措施，建立安全保障体系，分解安全管理职能。

项目工程师安全生产责任制：项目工程师对项目的劳动保护和安全技术工作负总的技术责任，在编制施工组织设计中，根据建设工程的性质、规模、特点及施工现场的环境条件，制订和组织落实专项的施工安全技术措施，并向所有的施工人员（包括按照有关规定使用的其他建筑劳务人员）进行安全技术交底和安全技术教育。

项目施工人员安全生产责任制：项目施工人员对所管辖工程（工种）的安全生产负直接责任。坚决贯彻有关的安全技术措施和施工组织设计中规定的安全措施，对违章作业的班组和个人及时提出批评和防范措施，防止安全事故的发生。

项目安全员安全生产责任制：认真贯彻、执行各安全生产的规章、制度和规定，做好安全生产宣传教育工作，检查安全设施落实情况，指导和督促班组搞好安全生产。

3．安全教育

安全教育是贯彻安全生产法规、安全管理制度，实行安全生产的基础。只有全体施工人员增强了安全意识和施工安全法制观念，掌握并具备安全技术知识和防范能力，才能有效实现安全生产。

考虑到目前施工安全管理的现状，施工安全教育应在施工企业内部和施工工程项目部同时抓、同时管。前者重点抓观念意识、安全知识教育；后者抓行为、技术和管理措施的应用和自我与群体保护能力的提高。

在施工项目管理的安全教育中，应以项目经理为主，实行多样化的安全教育形式。如对新职工进行“三级（公司、项目部、班组）安全教育”；对特种作业人员进行专门的教育训练；对经常性的教育采用“安全活动日”“安全交流会”“事故现场会”等方式。

一般安全知识教育包括项目施工流程、特点，诱发安全事故的人、物、环境等因素分析所必须具备的一般安全知识教育。专业的安全知识教育是指各专业工种必须具备的专业安全知识教育。从事特种作业的人员还需进行专门的训练并获得专业操作上岗证。

4. 安全技术交底

施工安全技术交底是在建设工程施工前，项目部的技术人员向施工班组和作业人员进行有关工程施工的详细说明，并由双方签字确认。安全技术交底一般由技术管理人员根据分部、分项工程的实际情况、特点和危险因素编写，它是操作者的法令性文件。

（1）安全技术交底的基本要求

① 项目经理部必须实行逐级安全技术交底制度，纵向延伸到班组全体作业人员。

② 技术交底必须具体、明确，针对性强。

③ 技术交底的内容应针对分部、分项工程施工中给作业人员带来的潜在危害和存在的问题。

④ 应优先采用新的安全技术措施。

⑤ 应将工程概况、施工方法、施工程序、安全技术措施等向工长、班组长进行详细交底。

⑥ 定期向由两个以上作业队和多工种进行交叉施工的作业队伍进行书面交底。

⑦ 保留书面安全技术交底签字记录。

（2）安全技术交底的主要内容

① 本工程项目的施工作业特点和危险点。

② 针对危险点的具体预防措施。

③ 应注意的安全事项。

④ 相应的安全操作规程和标准。

⑤ 发生事故后应及时采取的避难和急救措施。

四、安全检查

工程项目安全检查是消除隐患、防止事故发生、改善劳动条件及提高员工安全生产意识的重要手段，是安全控制工作的一项重要内容。通过安全检查可以发现工程中的危险因素，以便有计划地采取措施，保证安全生产。施工项目的安全检查应由项目经理组织，定期进行。

1. 安全检查的类型

安全检查可分为日常性检查、专业性检查、季节性检查、节假日前后的检查和不定期检查。

（1）日常性检查

日常性检查即经常的、普遍的检查。企业一般每年进行 1 ~ 4 次；工程项目组、车间、科室每月至少进行一次；班组每周、每班次都应进行检查。专职安全技术人员的日常检查应该有计划，针对重点部位周期性地进行。

（2）专业性检查

专业性检查是针对特种作业、特种设备、特殊场所（如电焊、气焊、起重设备、运输车辆、锅炉压力容器、易燃易爆场所等）进行的检查。

（3）季节性检查

季节性检查是指根据季节特点，为保障安全生产的特殊要求所进行的检查。如春季风大，要着重防火、防爆；夏季高温多雨雷电，要着重防暑、降温、防汛、防雷击、防触电；冬季着重防寒、防冻等。

（4）节假日前后的检查

节假日前后的检查是针对节假日期间容易产生麻痹思想的特点而进行的安全检查，包括节假日前进行的安全生产综合检查、节假日后进行的遵章守纪检查等。

（5）不定期检查

不定期检查是指在工程或设备开工和停工前、检修中、工程或设备竣工及试运转时进行的安全检查。

2. 安全检查的注意事项

① 安全检查要深入基层，紧紧依靠职工，坚持领导与群众相结合的原则，组织好检查工作。

② 建立检查的组织领导机构，配备适当的检查力量，挑选具有较高技术业务水平的专业人员参加。

③ 做好检查的各项准备工作，包括思想、业务知识、法规政策和检查设备、资金的准备。

④ 明确检查的目的和要求。既要严格要求，又要防止一刀切，要从实际出发，分清主次矛盾，力求实效。

⑤ 把自查与互查有机结合起来，基层以自检为主，企业内相应部门间互相检查，取长补短，相互学习和借鉴。

⑥ 坚持查改结合。检查不是目的，只是一种手段，整改才是最终目的。发现问题，要及时采取切实有效的防范措施。

⑦ 在制定安全检查表时，应根据用途和目的具体确定安全检查表的种类。安全检查表的主要种类有设计用安全检查表、厂级安全检查表、车间安全检查表、班组及岗位安全检查表、专业安全检查表等。制定安全检查表要在安全技术部门的指导下，充分依靠职工来进行。初步制定出来的检查表，要经过群众的讨论，反复试行，再加以修订，最后由安全技术部门审定后方可正式实行。

⑧ 建立检查档案。结合安全检查表的实施，逐步建立健全检查档案，搜集基本数据，掌握基本安全状况，为及时消除隐患提供数据，同时也为以后的职业健康安全检查奠定基础。

3．安全检查的主要内容

（1）查思想

主要检查企业的领导和职工对安全生产工作的认识。

（2）查管理

主要检查工程的安全生产管理是否有效。其主要内容包括安全生产责任制、安全技术措施计划、安全组织机构、安全保证措施、安全技术交底、安全教育、持证上岗、安全设施、安全标识、操作规程、违规行为及安全记录等。

（3）查隐患

主要检查作业现场是否符合安全生产、文明生产的要求。

（4）查整改

主要检查对过去提出问题的整改情况。

（5）查事故处理

对安全事故的处理应达到查明事故原因、明确责任并对责任者做出处理、明确和落实整改措施等要求。同时还应检查对伤亡事故是否做到及时报告、认真调查、严肃处理等。

安全检查的重点是检查违章指挥和违章作业。安全检查后应编制安全检查报告，报告中要有已达标项目、未达标项目、存在问题、原因分析，以及纠正和预防措施。

第四节　建设工程项目职业健康安全事故处理

事故是指人们在进行有目的的活动中，发生了违背人们意愿的不幸事件，使其有目的的行为暂时或永久停止。事故可能造成人员的死亡、疾病、损伤、财产损失或其他损失等。

一、职业健康安全事故的分类

职业健康安全事故是指因生产过程及工作因素或与其相关的其他因素造成的伤亡事故。

1．按照事故发生的原因分类

按照我国标准《企业职工伤亡事故分类》（GB 6441—1986）规定，职业健康安全事故分为20类（表7.6）。

表7.6　职业健康安全事故分类

序号	事故类别	说明
1	物体打击	落物、滚石、锤击、碎裂、崩块、砸伤等造成的人身伤害，不包括因爆炸而引起的物体打击
2	车辆伤害	被车辆挤、压、撞和车辆倾覆等造成的人身伤害
3	机械伤害	被机械设备或工具绞、碾、碰、割、戳等造成的人身伤害，不包括车辆、起重设备伤害

续表

序号	事故类别	说明
4	起重伤害	从事各种起重作业时发生的机械伤害事故，不包括上下驾驶时发生的坠落伤害、起重设备引起的触电及检修时制动失灵造成的伤害
5	触电	电流经过人体导致的生理伤害，包括雷击伤害
6	淹溺	水或液体大量从口、鼻进入肺内，导致呼吸道阻塞，发生急性缺氧而窒息死亡
7	灼烫	火焰引起的烧伤、高温物体引起的烫伤、强酸或强碱引起的灼伤、放射线引起的皮肤损伤，不包括电烧伤及火灾事故引起的烧伤
8	火灾	火灾时造成的烧伤、窒息、中毒等
9	高处坠落	由于铸件势能差引起的伤害，包括从架子、屋架上坠落及平地坠入坑内等
10	坍塌	建筑物、堆置物倒塌及土石塌方等引起的事故伤害
11	冒顶片帮	矿井作业面、巷道侧壁由于支护不当、压力过大造成的坍塌及顶板垮落（冒顶）事故
12	透水	从矿山、地下开采或其他坑道作业时，有压地下水意外大量涌入而造成的死亡事故
13	放炮	由于放炮作业引起的死亡事故
14	火药爆炸	在火药的生产、运输、储藏过程中发生的爆炸事故
15	瓦斯爆炸	可燃气体、瓦斯、煤粉与空气混合，接触火源时引起的化学性爆炸事故
16	锅炉爆炸	锅炉由于内部压力超出炉壁的承受能力而引起的物理性爆炸事故
17	容器爆炸	压力容器内部压力超出容器壁所能承受的压力引起的物理爆炸，容器内部可燃气体泄漏与周围空气混合遇火源而发生的化学爆炸
18	其他爆炸	化学爆炸，炉膛、钢水包爆炸等
19	中毒和窒息	煤气、油气、沥青、一氧化碳中毒等
20	其他伤害	扭伤、跌伤、冻伤、野兽咬伤等

2. 按事故后果严重程度分类

根据国务院1991年5月1日起实施的《企业职工伤亡事故报告和处理规定》，职业健康安全事故分为轻伤事故、重伤事故、死亡事故、重大伤亡事故、特大伤亡事故和急性中毒事故。

（1）轻伤事故

轻伤事故是指造成职工肢体或某些器官功能性或器质性轻度损伤，表现为劳动能力轻度或暂时丧失的伤害。

（2）重伤事故

重伤事故一般指受伤人员肢体残缺或视觉、听觉等器官受到严重损伤，能引起人体长期存在功能障碍或劳动能力有重大损失的伤害，或者造成每个受伤人员损失105个工作日或以上的失能伤害。

（3）死亡事故

一次事故中死亡职工1～2人的事故。

(4) 重大伤亡事故

一次事故中死亡3人以上（含3人）的事故。

(5) 特大伤亡事故

一次事故中死亡10人以上（含10人）的事故。

(6) 急性中毒事故

急性中毒事故是指生产性毒物一次或短期内通过人的呼吸道、皮肤或消化道大量进入体内，使人体在短时间内发生病变，导致职工立即中断工作，并须进行急救或死亡的事故；急性中毒的特点是发病快，一般不超过一个工作日，有的毒物因毒性有一定的潜伏期，可在下班后数小时发病。

二、安全事故的处理

1. 安全事故的处理原则

根据国家法律法规的要求，在进行生产安全事故报告与调查处理过程中，要坚持实事求是、尊重科学的原则，既要及时、准确地查明事故原因，明确事故责任，使责任人受到相应的处罚，又要总结经验教训，落实整改和防范措施，防止类似事故再次发生。因此，对生产安全事故必须坚持“四不放过”的原则：事故原因不清楚不放过；事故责任者和员工没有受到教育不放过；事故责任者没有处理不放过；没有指定防范措施不放过。

2. 安全事故的处理程序

(1) 迅速抢救伤员并保护好事故现场

事故发生后现场人员不要惊慌失措，要有组织地听从指挥，首先抢救伤员和排除险情，制止事故蔓延扩大。同时，为了确保事故调查分析的顺利进行，应该保护好事故现场，采取一切可能的措施防止人为或自然因素的破坏。

(2) 组织调查组

单位领导在接到事故报告后，应立即赶到现场组织抢救，并迅速组织调查。根据严重程度组成相应的调查组来进行调查，如伤亡事故由企业主管部门会同企业所在地区的行政安全部门、公安部门、工会组成事故调查组进行调查，与发生事故有直接利害关系的人员不得参加调查组。

(3) 现场勘察

在事故发生后，调查组应迅速到现场进行勘察。现场勘察是技术性很强的工作，涉及众多的科学知识和实践经验，因此对事故现场的勘察必须及时、全面、准确、客观。现场勘察的主要内容有现场笔录、现场拍照、现场绘图等。

(4) 事故原因分析

通过全面的调查来查明事故经过，弄清造成事故的原因，包括人、物、生产管理和技术管理等方面的问题，经过认真、客观、全面、细致、准确地分析事故的性质，以及事故中的直接责任者和领导责任者，再根据其在事故中的作用确定主要责任者。

(5) 制订预防措施

根据对事故原因的分析，制订防止类似事故再次发生的预防措施。同时，根据事故后果和事故责任者应负的责任提出处理意见，对于重大未遂事故不可掉以轻心，也应严肃认真按上述要求查找原因，分清责任，严肃处理。

（6）写出调查报告

调查组应着重把事故发生的经过、原因、责任分析、处理意见，以及本次事故的教训和改进工作的建议等写成报告，经调查组全体人员签字后报批，如调查组内部意见有分歧，应在弄清事实的基础上，对照法律法规进行研究，统一认识。个别人员仍持不同意见的应保留，并在签字时写明自己的意见。

（7）事故审理与结案

做出事故调查结论后，各相关职能部门按有关规定根据事故死亡情况及相关法律、法规对事故有关责任人、责任单位提出处理意见。

应用案例

央视大楼火灾事故

事件简要经过：2009 年 2 月 9 日晚 20 时 27 分，北京市朝阳区东三环中央电视台新址园区在建的附属文化中心大楼工地发生火灾，熊熊大火在三个半小时之后得到有效控制，在救援过程中 1 名消防队员牺牲，6 名消防队员和 2 名施工人员受伤。建筑物过火、过烟面积 21 333 m^2，其中过火面积 8 490 m^2，楼内十几层的中庭已经坍塌，位于楼内南侧演播大厅的数字机房被烧毁，造成直接经济损失 16 383 万元。

事故原因分析：9 日是中国农历正月十五，这天是中国的传统节日元宵节，人们有闹花灯、放焰火的习俗。根据北京市政府规定，这一天也是今年春节期间五环区域内可以燃放烟花爆竹的最后一天。此前，北京已连续 106 天没有有效降水，空气干燥。但北京气象专家 9 日晚说，目前央视新址大楼所在区域的地面风速为 0.9 m/s，属于微风，基本上不会形成风助火势的严重状况，大大减小了本次事故的损失。

本次火灾事故的发生主要有以下几方面的原因：

① 建设单位违反烟花爆竹安全管理相关规定，组织大型礼花焰火燃放活动。

② 有关施工单位大量使用不合格保温板；配合建设单位违法燃放烟花爆竹。

③ 监理单位对违法燃放烟花爆竹和违规采购、使用不合格保温板的问题监理不力。

④ 有关政府职能部门对非法销售、运输、储存和燃放烟花爆竹，以及工程中使用不合格保温板问题监管不力。

第五节 建设工程项目文明施工及环保管理

一、施工现场文明施工

建筑施工工期长，现场材料、设备品种和数量较多，多工种和设备在固定有限的施工现场交替反复进行，建筑施工现场就容易给周围环境带来影响，如大气污染（噪声干扰、安全隐患）等；同时也容易对施工现场内正常的生产和生活造成影响，如各施工活动相互干扰，施工材料、设备临时堆放混乱，现场职工休息受到严重干扰等。

通过加强场容管理，不仅能创造安全、整洁、文明、卫生的施工现场环境，而且能保证现场施工合理、有序地进行，提高劳动生产率，降低工程成本，提高经济效益。场容管理不仅是国家政策、法规的强制性活动，也是建筑企业提高项目现场管理水平的自觉性活动。施工现场是建筑企业综合素质的集中体现，是建筑企业的市场形象，在建筑市场竞争日趋激烈的情况下，安全、文明、高效的现场管理已成为建筑企业提高竞争能力的有力保证。

施工现场文明施工的基本措施包括：

① 施工现场必须设置明显的标牌，标明工程项目名称、建设单位、设计单位、施工单位、项目经理和施工现场总代表人的姓名，开、竣工日期，施工许可证批准文号等。施工单位负责施工现场标牌的保护工作。

② 施工现场的管理人员在施工现场应当佩戴证明其身份的证卡。

③ 应当按照施工总平面布置图设置各项临时设施。现场堆放的大宗材料、成品、半成品和机具设备不得侵占场内道路及安全防护等设施。

④ 施工现场的用电线路、用电设施的安装和使用必须符合安装规范和安全操作规程，并按照施工组织设计进行架设，严禁任意拉线接电。施工现场必须设有保证施工安全要求的夜间照明，危险潮湿场所的照明及手持照明灯具，必须采用符合安全要求的电压。

⑤ 施工机械应当按照施工总平面布置图规定的位置和线路设置，不得任意侵占场内道路。施工机械进场须经过安全检查，经检查合格的方能使用。施工机械操作人员必须建立机组责任制，并依据有关规定持证上岗，禁止无证人员操作。

⑥ 应保证施工现场道路畅通，排水系统处于良好的使用状态；保持场容场貌的整洁，随时清理建筑垃圾。在车辆、行人通行的地方施工，应当设置施工标志，并对沟井坎穴进行覆盖。

⑦ 施工现场的各种安全设施和劳动保护器具，必须定期进行检查和维护，及时消除隐患，保证其安全有效。

⑧ 施工现场应当设置各类必要的职工生活设施，并符合卫生、通风、照明等要求。职工的膳食、饮水供应等应当符合卫生要求。

⑨ 应当做好施工现场安全保卫工作，采取必要的防盗措施，在现场周边设立围

护设施。

⑩ 应当严格按照《中华人民共和国消防条例》的规定，在施工现场建立和执行防火管理制度，设置符合消防要求的消防设施，并保持完好的备用状态。在容易发生火灾的地区施工，或者储存、使用易燃易爆器材时，应当采取特殊的消防安全措施。

⑪ 施工现场发生工程建设重大事故的处理，依照《工程建设重大事故报告和调查程序规定》执行。

二、施工现场环境保护

建设工程是人类社会发展过程中一项规模浩大、旷日持久的生产活动，其不仅改变了自然环境，还不可避免地对环境造成污染和损害。因此，在建设工程生产过程中，要竭尽全力控制工程对资源环境的污染和损害，采用组织、技术、经济和法律等综合手段，对不可避免的环境污染和资源损害给予治理，保护环境，促进社会的可持续发展，造福人类。

建设工程造成的环境污染主要体现在大气、水、噪声及固体废弃物污染上。

1. 大气污染的防治

大气污染物的种类很多，其通常以气体状态和粒子状态存在于空气中。气体状态污染物具有运动速度较快、扩散较快、在周围大气中分布比较均匀的特点。粒子状态污染物又称固体颗粒污染物，是分散在大气中的微小液滴和固体颗粒，粒径在0.01～100 μm，是一个复杂的非均匀体。

施工现场空气污染的防治措施如下：

① 施工现场垃圾渣土要及时清理出现场。

② 在高大建筑物清理施工垃圾时，要使用封闭式的容器或者采取其他措施处理高空废弃物，严禁凌空随意抛撒。

③ 施工现场道路应指定专人定期洒水清扫，防止道路扬尘。

④ 对于细颗粒散体材料（如水泥、粉煤灰、白灰等）的运输、储存要注意遮盖、密封，防止和减少飞扬。

⑤ 车辆开出工地要做到不带泥沙，基本做到不洒土、不扬尘，减少对周围环境的污染。

⑥ 除设有符合规定的装置外，禁止在施工现场焚烧油、橡胶、塑料、皮革、树叶、枯草、各种包装物等废弃物品，以及其他会产生有毒、有害烟尘和恶臭气体的物质。

⑦ 机动车都要安装减少尾气排放的装置，确保符合国家标准。

⑧ 工地茶炉应尽量采用电热水器，若只能使用烧煤茶炉和锅炉时，应选用消烟尘型茶炉和锅炉，大灶应选用消烟节能回风炉灶，使烟尘降至允许排放的范围。

⑨ 大城市市区的建设工程已不容许搅拌混凝土。在容许设置搅拌站的工地，应将搅拌站封闭严密，并在进料仓上方安装除尘装置，采用可靠措施控制工地粉尘污染。

⑩ 拆除旧建筑物时，应适当洒水，防止扬尘。

2. 水污染的防治

施工过程中水污染的防治措施如下：

① 禁止将有毒有害废弃物作土方回填。

② 施工现场搅拌站的废水、现制水磨石的污水、电石（碳化钙）的污水必须经沉淀池沉淀合格后再排放，沉淀水最好用于工地洒水降尘或采取措施回收利用。

③ 若需现场存放油料，必须对库房地面进行防渗处理，如采用防渗混凝土地面、铺油毡等措施。使用时，要采取防止油料跑、冒、滴、漏的措施，以免污染水体。

④ 施工现场100人以上的临时食堂，污水排放时可设置简易有效的隔油池，定期清理，防止污染。

⑤ 工地临时厕所、化粪池应采取防渗漏措施。中心城市施工现场的临时厕所可采用水冲式厕所，并有防蝇、灭蛆措施，防止污染水体和环境。

⑥ 化学用品、外加剂等要妥善保管，库内存放，防止污染环境。

3. 施工现场的噪声控制

根据国家《建筑施工场界环境噪声排放标准》（GB 12523—2011）的要求，建筑施工场界环境噪声排放不得超过表7.7规定的排放限值。

表7.7 建筑施工场界噪声限值 dB

时间	限值
昼间	70
夜间	55

噪声控制技术可从声源、传播途径、接收者防护、严格控制人为噪声、限制强噪声作业的时间等方面来考虑。

（1）声源控制

从声源上降低噪声，这是防止噪声污染的最根本的措施。尽量采用低噪声设备和工艺代替高噪声设备与加工工艺，如低噪声振捣器、风机、电动空压机、电锯等。

在声源处安装消声器消声，即在通风机、鼓风机、压缩机、燃气机、内燃机及各类排气放空装置等进出风管的适当位置设置消声器。

（2）传播途径的控制

在传播途径上控制噪声方法主要有以下几种：

① 吸声：利用吸声材料（大多由多孔材料制成）或由吸声结构形成的共振结构（金属或木质薄板钻孔制成的空腔体）吸收声能，降低噪声。

② 隔声：应用隔声结构，阻碍噪声向空间传播，将接收者与噪声声源分隔。隔声结构包括隔声室、隔声罩、隔声屏障、隔声墙等。

③ 消声：利用消声器阻止传播。允许气流通过的消声降噪设施是防治空气动力性噪声的主要装置。如空气压缩机、内燃机产生的噪声等。

④ 减震降噪：对震动引起的噪声可降低机械震动以减小噪声，如将阻尼材料涂在震动源上，或改变震动源与其他刚性结构的连接方式等。

（3）接收者的防护

让处于噪声环境下的人员使用耳塞、耳罩等防护用品，减少相关人员在噪声环境中的暴露时间，以减轻噪声对人体的危害。

（4）严格控制人为噪声

进入施工现场不得高声喊叫、无故甩打模板、乱吹哨，限制高音喇叭的使用，最大限度地减少噪声。

（5）控制强噪声作业的时间

凡在人口稠密区进行强噪声作业时，须严格控制作业时间，一般晚 10 时到次日早 6 时之间停止强噪声作业。确系特殊情况必须昼夜施工时，应尽量采取降低噪声的措施，并会同建设单位找当地居委会、村委会或当地居民协调，出安民告示，求得群众谅解。

4. 固体废弃物的处理

固体废弃物是生产、建设、日常生活和其他活动中产生的固态、半固态废弃物质。固体废弃物是一个极其复杂的废物系，按照其化学组成可以分为有机废弃物和无机废弃物；按照其对环境和人类健康的危害程度可以分为一般废弃物和危险废弃物。

固体废弃物对环境的危害是全方位的，主要表现在侵占土地、污染土壤、污染水体、污染大气和影响环境卫生。

施工工地常见的固体废弃物有建筑渣土、废弃的散装建筑材料、生活垃圾、设备和材料等废弃包装材料及粪便等。施工工地固体废弃物的主要处理方法如下：

（1）回收利用

回收利用是对固体废弃物进行资源化、减量化的重要手段之一。对建筑渣土可视其情况加以利用；废钢可按需要用作金属原材料；对废电池等废弃物应分散回收，集中处理。

（2）减量化处理

减量化是对已经产生的固体废弃物进行分选、破碎、压实浓缩、脱水等减少其最终处置量，降低处理成本，减少对环境的污染。减量化处理也包括和其他处理技术相关的工艺方法，如焚烧、热解、堆肥等。

（3）焚烧技术

焚烧用于不适合再利用且不宜直接予以填埋处置的废弃物，尤其是对于受到病菌、病毒污染的物品，可以用焚烧进行无害化处理。焚烧处理应使用符合环境要求的处理装置，注意避免对大气的二次污染。

（4）稳定和固化技术

利用水泥、沥青等胶结材料，将松散的废弃物包裹起来，降低废弃物的毒性和可迁移性，使得污染减少。

（5）填埋

填埋是固体废弃物处理的最终技术，经过无害化、减量化处理的废弃物残渣集中到填埋场进行处置。填埋场应利用天然或人工屏障，尽量使需处置的废弃物与周围的生态环境隔离，并注意废弃物的稳定性和长期安全性。

应用案例

某工程现场安全文明施工案例

某公司承建5栋17~18层单体高层住宅和一个24 000 m^2 中心地下室，总建筑面积为93 755.46 m^2，建筑总高度57.7 m，总造价为12 428万元。

该工程由××××××公司开发，由××××××公司监理，由××××××公司承建。该工程自2009年10月开工，计划于2011年10月竣工。

针对工程实际情况，项目部制定了《安全生产、文明施工实施细则》《施工现场安全生产管理制度》《特种作业人员安全管理制度》《现场防火制度》《职工生活区管理暂行规定》等一系列安全管理制度及各项应急救援预案。安全文明管理责任落实到每个部门、每个人，做到有章可循，违章必究，奖罚分明。

项目部建立了以项目经理为组长，生产经理、安全主管、技术负责人、施工员、安全员、质量员、班组长及每一个员工为组员的安全文明工地管理网络，做到全员参与、全方位开展。同时积极组织工人进行安全教育、安全培训。凡参与本工程施工的人员，必须经“三级”安全教育并且考试合格后方可上岗，正常施工过程中，项目部每月至少组织一次各班组长以上管理人员的安全会议，各班组每周组织本班组职工召开周例会。特殊工种经行业主管部门培训合格后持证上岗，做到定机定人，从而有效杜绝了违章指挥、违章操作等危害安全的行为发生。

在施工开始前，根据工程的实际情况，编制专项施工方案，用于指导现场施工作业，作业前，对每位操作人员进行技术、安全交底，并形成书面交底。现场临时用电严格按照《建筑施工现场临时用电安全技术规范》（JGJ 46—2005）的要求，现场全部采用TN－S制，做到三级配电二级保护，一机一闸一漏一箱，并由专业电工进行专管，坚持日常巡检、定期专检；现场所有电焊机都配置了二次侧降压保护器，有效防止电焊机触电事故的发生；脚手架工程严格按《建筑施工脚手架安全技术统一规范》（JGJ 130—2001）和脚手架专项施工方案搭设，做到横平竖直，剪刀撑设置规范、稳定牢固，连墙件设置标准，悬挑架起步处设置封闭硬隔离，隔离下方设置兜网，外架每4步架与建筑物设置隔离网，所有作业层设置黑、黄相色挡脚板，既美观又保证了施工安全；所有搭设人员持证上岗，按照交底施工作业；支模排架严格按《建筑施工模板安全技术规范》（JGJ 162—2008）和模板专项施工方案搭设，搭设过程中，施工、质量、安全全程控制，发现问题立即整改；浇筑砼之前，项目部组织多方联合验收并形成书面记录，验收合格后方可浇筑砼；现场所有临边、楼梯踏步都设置定型防护栏杆，安装上的预留洞口均安装可开启式盖板，边长大于1 m的预留洞设置盖板并安装防护栏杆，悬挂警示标识；所有电梯井洞每层设置硬隔离，电梯井洞口安放1.8 m高防护门，张挂警示标识。

塔吊、施工电梯等垂直运输设备，均由具有相应安装资质的单位安装，经当地安监站机械检测中心检测合格，办理登记备案后才能投入使用。所有塔吊司机、电梯司机、指挥人员必须持证上岗。塔吊、施工电梯、脚手架等高耸物体设置防雷接地，接地电阻必须符合规范要求。电梯料台每层都设置楼层呼叫器，方便电梯司机掌握各层对电梯的需求情况。

项目部为了消防安全，在现场每个入口均设置消防池、砂池，每个楼层消火栓的数量和水压均满足规范要求，每层料台均安放灭火器材，每台电梯均放置一组消防水带并张挂楼层消火栓位置布置图。电梯司机都熟悉楼层消火栓位置和使用方法，同时项目部还专门成立专职、脱产的消防队，消防队员每天对明火作业点的防火防范措施进行巡回检查，这些措施能够有效避免现场火灾的发生。

现场材料分类堆放整齐，标识清楚；建筑垃圾集中堆放，委托环卫部门及时清运；黄沙堆场采取有效的覆盖措施；零星水泥等容易扬尘的材料采用专有仓库进行储放；现场砌墙、粉刷使用成品罐装砂浆。施工现场道路进行全部硬化。工地大门口设置车辆冲洗台，对进出大门的车辆进行冲洗，做好冲洗台账，保证车辆不带泥土上路，保护周围环境。项目部根据《建筑施工安全检查标准》（JGJ 59—99）每月进行两次安全生产、文明施工检查评比。

为创建一个良好的施工作业及生活环境，项目部在施工现场的醒目位置设置“八牌二图”。职工生活方面，宿舍干净整洁；为减少病菌的传播，食堂配备电子打卡器，防蝇灭鼠装备齐全，保证食堂供应的饭菜清洁卫生且每天对所有售出的菜均作留样观测并做好留样记录；卫生间地面、墙面采用釉面砖铺贴，便于清扫、保洁，每天清扫两次，并设置自动冲水系统，使得厕所内没有异味。同时生活区还设置开水房，使得职工随时都能用上开水；夏天在施工现场还设置了饮用水净化装置。

企业文化是安全文明建设的保证措施，为创造一个安全舒适的生活环境，项目部建造了美观的办公区和生活区。施工现场安全标语及警示标志悬挂整齐，会议室内的各规章制度及岗位职责悬挂整齐；现场建立民工学校，配备齐全的教材和器材，订制多种报纸杂志。利用民工学校，项目部定期对职工进行安全知识、操作技能的培训教育，有效地提高职工的操作技能、安全意识和自我保护能力。项目部定期组织应急预案的演练及与兄弟单位组织足球、乒乓球比赛等文体活动，丰富职工的业余生活，营造企业文化建设的良好形象。

习题七

一、单项选择题

1．职业健康安全与环境管理的目的是（　　）。

A．保护产品生产者和使用者的健康与安全及保护生态环境

B．保护能源和资源

C. 控制作业现场各种废弃物的污染与危害

D. 控制影响工作人员及其他人员健康安全的危害源

2. 下列选项中对安全控制目标的描述错误的是（　　）。

A. 减少或消除人的不安全行为的目标

B. 改善生态环境和保护社会环境的目标

C. 减少或消除设备、材料的不安全状态的目标

D. 安全管理的目标

3. 安全控制方针中“安全第一，预防为主”的“安全第一”充分体现了（　　）的理念。

A. 安全生产，安全施工　　B. 以人为本

C. 保证人员健康安全和财产免受损失　　D. 以人为本但也要考虑到其他因素

4. 施工安全控制程序不包括（　　）。

A. 确定项目的安全目标

B. 编制项目安全技术措施计划并落实、实施和验证

C. 持续改进，直到完成建设工程项目的所有工作

D. 制作施工安全控制程度的表格

5. 施工安全的控制要求不包括（　　）。

A. 各类人员必须具备相应的执业资格才能上岗

B. 所有新员工必须经过三级安全教育，即进厂、进车间和进班组的安全教育

C. 施工现场安全设施齐全，并符合国家及地方有关规定

D. 对施工机械设备进行检查并进行记录

6. 危险源的定义为（　　）。

A. 危险源是指可能导致人身伤害或疾病、财产损失、工作环境破坏或这些情况组合的危险因素

B. 危险源是指火灾、水灾等各种可能伤害人身或使环境遭受破坏的因素

C. 危险源是指除直接自然灾害外的一切对人身体有伤害的因素

D. 危险源是指一种危害物品，这种物品可能导致人身伤害或疾病

7. 安全检查表法的缺点是（　　）。

A. 复杂难懂，不易掌握

B. 只能做出一些定性的评价

C. 不能从多方面考虑问题

D. 虽然能事先组织专家编制检查项目，但这些安全检查未做到系统化、完整化

8. 安全技术施工措施计划的实施不包括（　　）。

A. 安全生产责任制　　B. 安全教育

C. 防护及预防教育　　D. 安全技术交底

9. 安全检查的类型有（　　）。

A. 日常性检查、专业性检查、季节性检查、节假日前后检查和不定期检查

B. 日常性检查、专业性检查、季节性检查、节假日后检查和定期检查

C. 日常性检查、非专业性检查、节假日前后检查和不定期检查

D. 日常性检查、非专业性检查、季节性检查、节假日检查和不定期检查

10. 安全检查的主要内容包括（　　）。

A. 查思想、查管理、查作风、查整改、查事故处理、查隐患

B. 查思想、查作风、查整改、查管理

C. 查思想、查管理、查整改、查事故处理

D. 查管理、查思想、查整改、查事故处理、查隐患

11. 按事故的原因可分为（　　）。

A. 物体打击、车辆伤害、机械伤害、爆炸伤害、触电等

B. 淹溺、灼烫、火灾、高处坠落及电烧伤

C. 坍塌及火灾烧伤等

D. 放炮、爆炸烧伤、烫伤及爆炸引起的物体打击

12. 按事故后果的严重程度可分为（　　）。

A. 轻伤事故、重伤事故、死亡事故、特大伤亡事故、超大伤亡事故

B. 死亡事故、重伤事故、重大伤亡事故、超大伤亡事故

C. 轻伤事故、重伤事故、死亡事故、重大伤亡事故、急性中毒事故

D. 微伤事故、轻伤事故、死亡事故、重大伤亡事故、急性中毒事故

13. 建设工程职业健康安全事故处理原则是（　　）。

A. 事故原因不清楚及责任者没处理不放过

B. 没有调查而不定论引起的事故不放过

C. 事故责任者逃逸不放过

D. 事故引发原因不清楚，事故责任者未找到不放过

14. 安全事故的处理程序是（　　）。

A. 报告安全事故，调查安全事故，对事故责任者进行处理，编写事故报告并上报

B. 报告安全事故，处理安全事故，调查安全事故，对责任者进行处理，编写报告并上报

C. 报告安全事故，调查安全事故，处理安全事故，对责任者进行处理，编写报告并上报

D. 报告安全事故，处理安全事故，调查安全事故，对责任者进行处理

15.（　　）情形被视同为工伤。

A. 醉酒导致死亡的

B. 自残或者自杀的

C. 在抢救国家财产时受到伤害的

D. 因犯罪或者违反治安管理条例死亡的

16. 大气污染物包括（　　）。

A. 气体状态污染物和固体状态污染物

B. 气体状态污染物和离子状态污染物

C. 气体状态污染物和粒子状态污染物

D. 固体状态污染物和粒子状态污染物

17. 环境管理体系的意义不包括（　　）。

A. 保护人类生存和发展的需要

B. 国民经济可持续发展和建立市场经济体制的需要

C. 国内外贸易发展和环境管理现代化的需要

D. 满足人们生活水平提高的需要

18. 职业安全管理体系中事故的定义为（　　）。

A. 可能导致伤害或疾病、财产损失、工作环境破坏的情况

B. 指某一危险发生后导致的严重后果

C. 造成死亡、疾病、伤害、损坏或其他损失的意外情况

D. 造成各种死亡或损失的意外情况

19. 风险的定义为（　　）。

A. 某一特定危险情况的发生的可能性和后果的组合

B. 评价风险大小及确定风险是否可容许的全过程

C. 免除不可接受的损害风险的状态

D. 根据组织的法律义务和职业健康安全方针，以降低组织可接受程度的风险

20. 环境管理体系的概念及定义为（　　）。

A. 客观地获得审核证据并予以评价，以判断组织的环境管理体系是否符合规定的审核标准

B. 整个管理体系的一个部分，包括为制定、实施、实现、评审和保持环境方针所需的组织机构、计划活动等

C. 组织依据其环境方针、目标和指标，对其他环境因素进行控制所得的结果

D. 组织依据其环境方针规定自己所要实现的总体环境目的，如可行应予以量化

二、简答题

1. 简述职业健康安全、环境管理的目的。

2. 安全管理的范围和基本原则是什么？

3. 试分析施工中的不安全因素。

4. 发生安全事故时应如何处理？

5. 环境保护的重点是什么？

三、工程技能训练

某建筑公司采用可分段式整体提升脚手架进行外装修。在降机作业时，两个机位的承重螺栓断裂，造成连续5个机位上的10个承重螺栓相继被剪切，楼南侧的架体与支撑架脱离并从高空坠落至地面，致使工人10人死亡、12人受伤，直接经济损失300余万元。

事故发生后，经有关人员调查发现，该施工设计方案与现场实际情况不符，编制的施工方案没有考虑该楼的结构形式，将两个承重点的安装位置设置在不能承受荷载的轻体墙上。施工班组发现这一情况后，既不上报，也不按有关规定履行设计变更手

续，而且擅自变更设计方案，改变安装位置，造成承重点非正常安装。脚手架整体超重，经计算，事发时实际荷载已达原设计允许载荷的2.7倍，使承重螺栓长期处于超载状态。在前期作业中，对螺栓已出现的弯曲塑性变形未采取任何措施，“可分段式整体提升脚手架”在设计中没有完整的防坠安全装置，当架体发生坠落时无保护措施。架体承重螺栓强度的安全程序不足，在设计计算书中，只考虑承重螺栓在理想状态下的纯剪切力，未考虑在实际运行中可能受到的弯曲、剪切及拉伸荷载的综合作用。安全管理松弛，没有健全的安全规章制度，施工中严重违反安全作业规程，冒险蛮干。

根据上述背景回答以下问题：

1. 分析造成这起事故的原因。
2. 这起高处坠落事故可定为哪种等级的重大事故？依据是什么？
3. 伤亡事故处理的程序是什么？

第八章　建筑工程项目施工风险管理

随着现代工程建筑规模化、投资高额化、融资多元化，工程面临更多的风险，而影响因素更为复杂，风险也就更加难以控制。现代工程项目管理与传统工程项目管理的不同之处在于，现代工程项目管理引入了风险管理技术。项目管理界已把风险管理和目标管理列为管理项目的两大基础，强调主动控制，以工程实施过程中风险或干扰因素进行控制，防患于未然，以避免和减少损失。此外，风险管理方法的不断改进与完善及其在实践中的作用，为工程风险管理提供了理论基础。因此，工程风险管理已成为工程管理的重要内容，有必要对工程风险加以认识、识别、估计、评估、预警与应对，系统掌握工程风险管理的理论方法。

案例导入

A公司是某国有事业单位的独立法人机构，是具有地基与基础一级施工资质和地质灾害治理一级施工单位资质的施工企业。主营业务为各类地基与基础的施工。公司注册成立于1998年12月31日，注册资本为1 500万人民币，净资产为3 800万元，在册职工人数212人，各经济及技术管理人员85人，其中具有高、中级技术职业人员52人，项目经理33人，其中，一级项目经理15人，二级项目经理18人。公司拥有与生产能力相配套的各种大中型建筑机械设备90台（套），公司现有的生产能力为“年完成工程结算收入2.7亿元。随着公司的发展，承建的任务越来越多，施工的难度和复杂性也越来越大，对企业的生产经营方式、项目管理水平、风险管理水平提出了更高的要求。公司组建后，按照《中华人民共和国公司法》的要求，建立了法人治理机构和经营组织机构。公司设立了以总经理为首的经营管理层，下设5个管理部门及9个项目部。A公司的风险管理现状是大部分中小型建筑施工企业中较为典型的。A公司内部具备基本的管理意识，但没有完整的风险管理系统，无法科学实施风险管理。由于施工项目时间性强、施工任务重，设备投入大，施工管理跨度大，施工单元多，临时工程数量大，协调任务重，造成项目经理事务繁忙，几乎将全部身心都投入在招投新项目与协调正在施工的项目上，无暇顾及其他事务。风险管理仅仅体现在企业决策层面，受企业负责人的主观意识控制，因此，风险管理是十分必要的。

作为一个未来的项目管理者，如何在面对风险的时候提前预测风险、抵御风险呢？

第一节　施工风险管理概述

一、风险管理相关概念

1．风险的概念

风险是指可以通过分析，预测其发生的概率、后果及未来可能造成损失的不确定因素。风险包括3个基本要素：一是风险因素的存在性；二是风险因素导致风险事件的不确定性；三是风险发生后其产生的损失量的不确定性。项目的一次性使其不确定性要比其他经济活动大得多，而施工项目由于其特殊性、复杂性，比其他项目的风险又大得多，使得它成为最突出的风险之一，因此风险管理的任务很重。

（1）风险产生的原因

风险产生的原因有三：一是说明或结构的不确定性，即人们由于认识不足，不能清楚地描述和说明项目的内容、范围、组成、性质及项目同环境之间的关系；二是计量的不确定性，即由于缺少必要的信息、尺度或准则而产生的数值大小的不确定性；三是事件后果的不确定性，即人们无法确认事件的预期结果及其发生的概率。

（2）风险的成本

风险事件造成的损失或减少的收益，以及为防止风险事故发生而采取预防措施产生的费用，均构成风险成本。风险成本包括有形成本、无形成本及预防与控制费用，有形风险成本是指风险事件造成的直接损失和间接损失。

2．风险管理的概念

风险管理是指经济单位对可能遇到的风险进行预测、识别、评估、分析，并在此基础上有效地处置风险，以最低的成本实现最大安全保障的科学管理方法。

工程项目风险管理是工程项目管理组织通过对风险的识别、评估、分析、应对和监控，以最小的代价，在最大程度上实现项目目标的方法。这一定义包括以下要点：

① 工程项目管理的主体是其项目管理组织。

② 风险管理的核心是对风险进行识别、评估、分析、应对和监控。

③ 工程项目风险管理的目标是用最小的代价实现工程建设目标。

3．风险管理的特点

① 风险管理尽管有一些通用的方法，但研究具体项目的风险，必须与该项目的特点相联系。

② 风险管理需要获取大量的信息并了解情况，需要对项目系统及系统环境有十分深入的了解，并进行预测。

③ 虽然风险管理的理论很重要，但风险管理在很大程度上依赖于管理者过去的工程经验、对项目的了解程度和对项目的熟悉程度，在整个风险管理的过程中，人的因素很大，如人的认识程度、人的精神和创造力，所以在风险管理过程中要注意根据专家经验和教训来调查分析。

④ 风险管理在项目管理中属于一种高层次的综合性管理工作，它涉及项目管理

的各个阶段、各个方面、各个子系统，它必须与合同管理、费用管理、工期管理、质量管理、环保和安全管理合为一体。

⑤ 风险管理的目的不是消灭风险，而是有准备地、理性地进行项目实施，减少风险的损失或利用某些风险谋取利益。

4．风险管理的过程

整个风险管理过程是一个循环系统，随着风险处置计划的实施，风险会出现许多变化，若能及时反馈这些变化的信息，风险预测和识别者就能及时地对新情况进行风险评估和分析，从而调整风险处置计划并实施新的风险处置计划。这样循环往复，保持风险管理过程的动态性就能达到风险管理的预期目的。

5．风险管理的主要内容

（1）风险识别

风险识别是风险管理的第一步，是对工程项目所面临的和潜在的风险加以分析、判断和归类的过程。工程项目周围存在的风险是各种各样的，包括项目外部的和内部的、技术和非技术的风险。风险存在于什么地方，发生的条件是什么，发生的可能性有多大，发生后的损失如何，这些在风险识别中均应有初步的分析和判断。

（2）风险估计

风险估计是在风险识别的基础上，通过对所搜集的大量资料进行分析，利用概率统计理论，估计和预测风险发生的可能性和相应损失的大小。风险估计是对风险的定量化分析，可为风险管理者进行风险决策、管理技术选择提供可靠的、科学的数据。

（3）风险评价

风险评价是在风险识别和风险估计的基础上，对风险发生的概率、损失程度和其他因素进行综合考虑，得到描述风险的综合指标，即风险量，并与公认（或经验）的风险（安全）指标相比较，得到是否要采取控制措施的结论。

（4）风险应对

风险应对就是在风险发生时实施风险管理计划中的预定措施。风险应对措施包括规避、缓解、利用、自留和转移等。

（5）风险监控

风险监控是跟踪已识别的风险，监视残余风险和识别新的风险，保证计划执行，并评估这些计划对降低风险的有效性。

6．风险管理的重点

风险管理是一个连续不断的过程，可以在项目生命周期的任何一个阶段进行。对于从事风险管理的不同主体，风险管理的侧重点会有所不同；对不同的项目，风险的因素和控制的方法也有所差异。但是，无论什么项目，越是在项目的早期，进行风险管理的效果就越好。当然，在项目进行过程中出现未曾预料的新情况，或者项目进展出现转折，或有一些特殊的目标需要实现时，项目风险管理的重要性就更加突出了。

（1）重点关注的项目

从项目类型上看，下列工程项目或工程项目的活动应该进行风险分析和风险控制：

① 创新或使用新技术、新工艺的工程项目。

② 投资规模大的工程项目。

③ 实行边计划、边设计、边施工的工程项目。

④ 涉及敏感问题（生态环境、征地移民）的工程项目。

⑤ 受到法律、法规、安全等方面严格要求的工程项目。

⑥ 具有重要政治、经济和社会意义，以及财务影响很大的工程项目。

（2）重点关注的阶段

① 工程项目进展过程中出现未曾预料的新情况。

② 工程项目有一些特别的目标必须实现，如水利水电工程中的截流时间。

③ 工程项目进展出现转折点或提出变更时期。

7．风险管理的发展

风险管理起源于第一次世界大战中战败的德国。1929—1933 年，由于美国卷入 20 世纪最严重的通货膨胀，造成经济衰竭，从而引起美国学者对风险管理问题的深入研究。1932 年，纽约保险经纪人协会（该协会由纽约几大公司组织，定期研究有关风险管理的理论和实践问题）宣告成立，标志着风险管理科学的兴起。

20 世纪 50 年代以来，风险管理受到欧美各国的高度重视，逐步形成企业管理科学中的一门独立学科。项目风险管理是在经济学、管理学、行为科学、运筹学、概率统计、计算机科学、系统论、控制论等学科和现代工程技术的基础上形成的边缘学科。风险管理作为一门新的管理科学，既涉及一些数量概念，又涉及大量的文理观点。

20 世纪 70 年代，国外学者主要研究业主与承包商在合同中的风险责任问题。20 世纪 80 年代，研究内容开始涉及工程保险、地质及环境不确定风险、费用超支风险、工期延误中的责任、技术风险和设计风险等。

20 世纪 80 年代中期，项目风险管理被介绍到中国，应用于大型土木工程项目的管理之中，如上海地铁项目、广州地铁项目及三峡水利枢纽工程等。风险管理是项目管理中不可缺少的组成部分，但我国 20 世纪 80 年代初引进项目管理理论与方法时，只引进了项目管理的基本理论、方法与程序，没有同时引进风险管理，原因如下：① 当时我国经济发展水平较低，人们的风险意识普遍较差，尚未认识到风险管理的重要性；② 当时我国尚处于计划经济体制时期，国家是唯一（或主要的）的投资主体，为了节省投资（在账面上反映）而不愿增加风险管理费用；③ 风险管理的环境尚未形成。

目前，从总体上来看，我国工程建设领域的风险管理尚处于起步阶段，大多数的施工承包企业还没有实行科学的风险管理，风险管理水平仍十分落后，大部分工程建设项目的风险分析方法还处于定性阶段，在实践领域仍需要大力推广科学的风险管理方式。

国内学者目前的研究水平仍处于引进、消化、吸收西方发达国家的理论的阶段。积极探索适合中国国情的项目风险管理理论，同时拓展理论的应用范围，对各种理论的科学性进行实证研究，仍是将来努力的方向。

8．工程项目风险的分类

因为项目的实施是一次性的、创新性的，涉及多种关系且存在很多变数的复杂过程。所以在项目的实施过程中，存在着很多的不确定性，项目的这些特性决定了在项目的实施过程中存在各种各样的风险。如果不能很好地处理这些风险，就可能造成工程建设的损失，因此，必须积极地开展项目风险管理，充分识别、度量和控制项目风险。

下面以国际工程项目为例，按损失发生的原因来介绍各类工程项目风险。

（1）自然风险

自然风险是指由自然现象导致的风险，包括客观存在的自然条件、气候条件及工程现场条件等。

① 自然条件：是指高温、高湿、严寒、烟雾、火山、地震等。这些恶劣自然条件引发的自然灾害，轻则对在建工程造成破坏，重则完全摧毁工程。

② 气候条件：恶劣的气候是指偶尔发生的超出正常规律的气候变化，如暴雨、洪水、沙暴、台风、海啸等。

③ 工程现场条件：以非洲地区为例，膨胀土和白蚁虫害是典型的恶劣现场条件，膨胀土质在非洲东部（如埃塞俄比亚、苏丹等）极为普遍。针对膨胀土的特性，在基础施工中必须采取严格换土和防水等特殊的技术措施，一旦出现疏漏，将会形成不均匀沉降，给建筑物结构安全造成严重危害。

（2）社会风险

社会风险是指战争、偷盗和抢劫、罢工、暴乱和民众骚乱、恐怖活动等。

① 战争：战争除了会给在建工程造成直接损失、给大家的人身安全带来危险外，还会引起物价飞涨、运输中断和工程延误。

1999 年，由于巴以冲突爆发，中方当时正在实施的援巴勒斯坦的 3 个项目被迫中断，工程建设人员从战火中艰难撤离，已入场设备材料损失殆尽。

② 偷盗和抢劫：这是另一突出的风险因素。我国援外工程由偷盗和抢劫导致的直接物资损失是相当巨大的，而且在一定的情况下会严重威胁工程安全。以援助非洲某国供水工程为例，在施工过程中大量管道阀门频繁被盗，由于工程作业面近 40 km，受援国政府增派军警加强防范措施对遏制偷盗的作用微乎其微，甚至部分已建成管线由于阀门被盗，在加压调试时引发了工程事故。

③ 罢工、暴乱和民众骚乱：2002 年 4 月，马达加斯加因总统选举爆发全国性骚乱，骚乱民众切断了全国主要干线交通，包括中方当时正在援建的某公路项目。该工程项目被迫停工，已完成路基的路段因无人维护被山洪冲毁，加之中方应马达加斯加政府的要求采取紧急措施临时保证部分路段通行，造成的经济损失达 1 500 万元以上。

④ 恐怖活动：20 世纪 80 年代末，中方在援建非洲某国旅馆项目过程中，非洲该国爆发严重的恐怖活动，在建工程受到严重影响，工程时断时续，拖期达 16 个月以上，入场物资多被抢掠，造成了重大经济损失和 2 名中方专家伤亡的严重后果。

（3）经济风险

经济风险包括社会与市场需求状况，原材料价格、产品价格，通货膨胀情况，资金供求状况，利率、税率、汇率的变动情况等。

1999 年以前，我国援建的工程项目根据两国政府协议基本都由受援国负责建设场址“三通一平”等市政配套工程，但是，相当一部分项目由于受援国财力困难而无法如期落实，致使 50% 以上的工程项目不能按期开工建设，个别项目因此长期拖延直至“流产”。2000 年以后，中方调整了援助政策，基本上通过协议方式将援外工程中除市政强电和高压给水以外的“三通一平”工程转由中方承担。

（4）技术风险

技术风险包括由设计和施工两个方面的某些不利因素而导致的风险。

① 设计风险。对于国际工程来讲，设计风险更多地集中在以下两个方面：

a. 基础资料不准确。

b. 工程设计规范和标准的差异性。

② 施工风险：主要包括原材料缺陷和施工条件变化两个方面：

a. 原材料缺陷。由于经济条件落后，材料设备供应能力普遍低下，除极少数大宗材料（如沙、石、水泥、木材）主要从当地采购外，绝大部分设备材料办公设备依靠进口或第三国转口，再加之当地检测实验条件的局限性，完全按施工验收规范和强制性标准控制设备材料质量，以及组织入场材料批次检测及复试是相当困难的，由此导致的原材料缺陷成为影响工程质量的重要风险因素。

b. 施工条件变化：任何施工条件的重大变化都将导致人力、物力、资金和管理等相关工程要素的系统性调整，最终反映在施工组织设计的重大调整上。

例如，援建埃塞俄比亚某住房项目，由埃塞俄比亚方面因素导致工期拖延 3 个月，使整个工程周期由经历一个雨季变为跨两个雨季，施工部署、施工方案和机械配置等施工条件都有重大调整，施工企业被迫对施工组织设计进行修订，由此导致相当大的经济损失。

（5）政治风险

① 两国间政治外交关系的变动。

② 当地政权更迭和政治形势的变动。

③ 国际政治斗争。

二、风险源的识别

建设工程项目根据其自身特点来看，其施工周期一般较长，建设过程中影响因素多，投入的人力、物力、资金等资源较多，涉及的技术环节和技术种类繁杂，受社会、自然等环境影响较大等，所以为了确保工程建设项目的顺利实施，要对施工项目建造过程中的风险源进行识别。

1. 风险源的识别

（1）自然风险

地震、暴风、泥石流、垃圾场、流沙、泉眼等，反常、恶劣的雨雪天气，冰冻天气，恶劣的现场条件，周边存在对项目的干扰源，工程项目的建设可能造成对自然环境的破坏，不良的运输条件可能造成供给的中断等均属于自然风险。

（2）政治风险

政局的不稳定、战争状态、动乱、政变、国家的对外关系、政府信用和政府廉洁程度、政策及政策的稳定性、经济的开放程度或排外性、国有化的可能性、国内的民族矛盾、保护主义倾向等均属于政治风险。

（3）经济风险

国家经济政策的变化，产业结构的调整，货币紧缩，项目的市场变化；项目的工程承包市场、材料供给市场、劳动力市场的变动，工资的提高，物价上涨，通货膨胀速度加快，原材料进口风险，金融风险，外汇汇率的变化等均属于经济风险。

（4）法律风险

法律不健全，有法不依、执法不严，相关法律内容的变化，法律对项目的干预，可能对相关法律未能全面、正确地解释，工程中可能有触犯法律的行为等均属于法律风险。

（5）社会风险

社会风险包括宗教信仰的影响和冲击、社会治安和稳定性、社会的禁忌、劳动者的素质、社会风气等。

2．风险识别的过程

（1）搜集数据或信息

工程项目风险识别应注重下列几个方面数据信息的搜集：

① 工程项目环境方面的数据资料。工程项目的实施和建成后的运行离不开与其相关的自然环境和社会环境。自然环境方面，如气象、水文、地质等对工程项目的实施有较大的影响；社会环境方面，如政治、经济、文化等对工程建设也有重要的影响。

② 类似工程的有关数据资料。以前经历的工程项目的数据资料，以及类似工程项目的数据资料均是风险识别时必须搜集的。搜集内容包括过去建设过程中的档案刻录、工程总结、工程验收资料、工程质量与安全事故处理文件，以及工程变更和施工索赔资料等。

这些数据资料记载着工程质量、安全事故、施工索赔等处理环节的来龙去脉，对本工程项目风险的识别很有价值。

③ 工程的设计、施工文件。工程设计文件规定了工程的结构布置、形式、尺寸，以及采用的建筑材料、规程规范和质量标准等，对这些内容的改变均可能会带来风险。工程施工文件明确了工程施工的方案、质量控制要求和工程验收的标准等。工程施工中经常会碰到施工方案设计或优化选择的问题，此时，应对工程的进度、成本、质量和安全目标的实现进行风险分析，进而选择合理的方案。

例如，在工程施工中，施工人员会觉得按规范设计的某结构设计太浪费，计划对其进行优化。此时，应意识到做这样的优化可能会带来一定的风险，因此有必要进行详细的分析论证。

（2）分析不确定性

① 不同建设阶段的不确定性分析。工程建设有明显的阶段性，在不同的建设阶段，无论是不确定事件的种类，还是其不确定程度均有很大的差别，应对不同建设阶段的不确定性分别进行分析。

② 不同目标的不确定性分析。工程建设有进度、质量、费用、环境和安全目标，影响目标的因素既有相同点，也有不同点，需要从实际出发，对不同目标的不确定性做出较为客观的分析。

③ 工程结构的不确定性分析。不同的工程结构，其特点不同，影响因素也不相同，即使影响因素相同，其程度也可能有差别。

④ 工程建设环境的不确定性分析。工程建设环境是引起各种风险的重要因素，因此应对建设环境进行较为详尽的不确定性分析，进而分析由其引发的工程项目风险。

（3）确定风险事件，并将风险归纳分类

在工程项目不确定性分析的基础上，进一步分析这些不确定因素引发的工程项目风险，然后对这些风险进行归纳分类。首先，可按工程项目内、外部进行分类；然后，按技术和非技术进行分类，或按工程项目目标分类。

（4）编制工程项目风险识别报告

① 已识别出的风险。已识别出的风险结果经常采用风险清单的形式。有关风险事件的描述：a. 已识别工程项目风险发生概率的估计；b. 工程项目风险可能的影响范围；c. 工程项目风险发生的可能时间、范围；d. 工程项目风险事件可能带来的损失。

② 潜在的工程项目风险。潜在的工程项目风险是那些暂时没有形成威胁，而需要特定的条件才能诱发的风险。例如，项目组织技术档案不健全，这本身不一定是风险，只要技术关键人员在职，技术方案都在他们脑子里或计算机里，不至于出大问题，但是一旦技术关键人员流失，就可能引起较大危机，对整个项目造成一定的损失。对于发生的可能性或者造成的损失相对较大的潜在工程项目风险，应该注意跟踪和评估。

③ 工程项目风险的症状描述。风险症状即风险已发生或即将发生的外在表现形式。描述风险症状能使风险管理人员对风险的发生更敏感、对风险的观察更敏锐，以便及时采取应对措施。

3. 风险识别的方法

在工程项目风险管理过程中，风险识别是一个基础性的工作，其完成的效果直接影响后续的风险管理成效。所以，进行风险识别时应力求识别出尽可能多的风险，要做好这一工作，可以借助一些技术和工具，下面分别予以说明。

（1）头脑风暴法

头脑风暴法是运用创造性思维、发散性思维和专家经验，通过会议的形式分析和识别项目风险的方法。

在典型的头脑风暴会议中，参与者围桌而坐，领导者以一种明确的方式向所有参与者阐明问题，然后成员在一定的时间内“自由”提出尽可能多的方案，不允许任何批评，并且所有方案都当场记录下来，留待稍后再讨论和分析。

地毯式排雷法是常用的头脑风暴法。按照风险的性质，从自然风险、政治风险、法律风险、市场风险、技术风险、管理风险等领域依次深翻一遍，属于穷尽式思维。

孕育头脑风暴最好选会议室以外的非正式场合，如餐桌上、野外、沙龙等环境，让参与者身心充分放松，解除约束，鼓励非逻辑性跳跃式思维。头脑风暴参加者的年龄原则上没有限制，但涉及风险识别，则年龄相对大一些更好，因为人生阅历是积累的财富，不是书本可以替代的。头脑风暴法是建筑企业进行工程项目风险管理最直接且行之有效的方法。建筑企业的各个部门应在风险部门（经理）的组织下，召集建筑企业内部各部门中有经验的管理人员、相关的技术人员，以及企业外部行业内的专家等召开联席会议，密切合作，共同识别风险。

（2）德尔菲法

德尔菲法是在20世纪40年代由赫尔姆和达尔克首创，经过戈尔登和兰德公司进一步发展而成的。德尔菲这一名称源于古希腊有关太阳神阿波罗的神话，传说中的阿波罗具有预见未来的能力，因此，这种预测方法被命名为德尔菲法。1946年，兰德公司首次用这种方法来进行预测，后来该方法被迅速地广泛采用。

德尔菲法的优点：① 能充分发挥各位专家的作用，集思广益，准确性高；② 德尔菲法能避免专家会议法的缺点（权威人士的意见影响他人的意见；有些专家碍于情面，不愿意发表与他人不同的意见，或者出于自尊心不愿意修改自己原来不全面的意见）。

德尔菲法的主要缺点：过程比较复杂，花费时间较长。

德尔菲法的具体实施步骤如下：

① 组成专家小组。按照工程项目所需要的知识范围确定专家。专家人数的多少，可根据预测项目的大小和涉及面的宽窄而定，一般不超过20人。

② 向所有专家提出所要预测的问题及有关要求，并附上有关这个问题的所有背景材料，同时请专家提出还需要的材料，然后由专家作书面答复。

③ 各个专家根据他们所收到的材料，提出自己的预测意见，并说明自己是怎样利用这些材料并提出预测值的。

④ 将各位专家第一次判断意见汇总，列成图表，进行对比，再分发给各位专家，让专家比较自己同他人的不同意见，修改自己的意见和判断。也可以把各位专家的意见加以整理，或请身份更高的其他专家加以评论，然后把这些意见再分送给各位专家，以便他们参考后修改自己的意见。

⑤ 将所有专家的修改意见搜集汇总，再次分发给各位专家，以便做第二次修改。逐轮搜集意见并为专家反馈信息是德尔菲法的主要环节，搜集意见和信息反馈一般要经过三四轮。在向专家进行反馈的时候，只给出各种意见，并不说明发表各种意见的专家的具体姓名。这一过程重复进行，直到第一个专家不再改变自己的意见为止。

⑥ 对专家的意见进行综合处理。

（3）核对表法

运用核对表进行风险识别时，可以通过搜集历史上类似项目的资料及访问相关人员，对工程项目中可能出现的风险因素，或者成功的经验和失败的教训进行归纳、总结，并将这些资料列成表。识别人员根据这张表将当前工程项目的建设环境、建设特性、建设管理现状等与其做比较，分析可能出现的风险。核对表法是一种依赖过去历史经验的风险识别方法，或在先前的工程项目管理中，或在其他人类似工程项目的实践中。

（4）系统分解法

系统分解法是项目风险识别中最常用的一种方法，其利用系统分解的原理是将一个复杂的项目分解成比较简单、容易认识的子系统和系统元素，从而识别各子系统或系统元素造成的风险。

（5）流程图法

项目流程图是给出一个项目各部分之间相互关系的工作流程图，具体包括项目系统流程图、项目实施流程图和项目作业流程图等各种形式的和不同详细程度的项目流程图。

项目流程图法，即在工程项目流程图的每个模块中标识出属于此阶段的风险因素，从而按阶段找出整个工程项目的所有风险。运用这种方法也可以发现和识别项目风险可能发生在哪个环节，以及流程各环节对风险影响的大小。

（6）情景分析法

情景分析法是通过对项目未来的某个状态或某种情况（情景）的详细描述，分析所描绘情景中的风险与风险要素，从而识别项目风险的一种方法。情景（对于项目未来某种状态或情况）的描述可用图表给出，也可以用文字给出。对于涉及因素较多、分析计算比较复杂的项目风险识别，情景分析法可以借助于计算机完成。这种方法一般需要先给出项目情景描述，然后变动项目中的某个要素，再分析变动后项目情况变化和可能的风险与风险后果等。

（7）故障树法

风险识别可以从原因查结果，也可以从结果查原因。从原因查结果，就是先找出本项目可能发生的事件，发生后可能引起的后果。建筑材料涨价将引起工程项目超支，那么有哪些因素会引起建筑材料涨价；建筑项目进度拖延会造成很多不利后果，造成进度拖延的常见因素有哪些等属于从结果找原因。

三、风险等级划分

建筑工程施工安全风险分析与评估是安全管理中的必要环节，对于确定安全风险的相对重要程度并且获得关于它们的核心与外延信息很重要。而确定安全风险的相对重要性是确定安全风险控制的优先权的基础，包括确定安全风险发生的可能性和伤害的可能程度。工程管理者可以采用调查和专家打分法来确定安全风险的相对重要性：首先，识别出某一特定工程项目可能遇到的所有重要的安全风险，列出安全风险调查表；然后，利用专家经验，对所有安全风险发生的可能性和伤害的可能程度进行评价。步骤如下：

① 确定每个安全风险造成伤害的可能程度，伤害程度可分为1，2，3级，1级为轻微事故（如所有损失工作日不到3日的事故，假设为1分）；2级为严重事故（如使工人3天或者更长时间不能工作的事故，假设为2分）；3级为重大事故（如死亡和重伤事故，假设为3分）。

② 确定每个安全风险的等级值，按发生可能性很大、较大、中等、较小、很小

这5个等级，分别以0.9，0.7，0.5，0.3和0.1打分。

③ 将每项安全风险造成伤害的可能程度与等级值相乘，求出该项安全风险的得分，所有得分求出后进行比较，就可以得出各项安全风险的相对重要程度，即可确定哪些是需要更多资源投入的高风险领域，以便选择合适的安全风险控制措施。

第二节　建设工程项目施工风险的类型

按责任方可以把风险划分为发包人风险、承包人风险及第三人风险等。这三种风险既可能独立存在，也可能共同存在，即构成混合风险。例如，因发包人支付原因和承包人管理水平因素而导致工期延误等即属混合风险。

按风险因素的主要方面，又可将风险分为组织风险、经济方面的风险、合同签订和履行方面的风险、技术与环境方面的风险等。

一、组织风险

建筑工程项目在施工管理过程中，存在着一些组织风险，组织风险是项目决策风险的一种类型，其主要内容包括以下方面：

① 承包商管理人员和一般技工的知识、经验和能力。

② 施工机械操作人员的知识、经验和能力。

③ 损失控制和安全管理人员的知识、经验和能力。

④ 组织结构模式、工作流程、任务分工和管理职能分工、业主方人员的构成和能力、设计人员和监理工程师的能力等。

二、经济方面的风险

建筑工程项目在施工管理过程中，存在着一些经济方面的风险，其中需要关注的主要有以下方面：

（1）招标文件方面

招标文件是招标的主要依据，特别是投标者须知、设计图纸、工程质量要求、合同条款及工程量清单等都存在着潜在的经济风险，必须仔细分析研究。

（2）要素市场价格方面

要素市场包括劳动力市场、材料市场、设备市场等，这些市场价格的变化，特别是价格上涨，直接影响着工程承包价格。

（3）金融市场因素方面

金融市场因素包括存贷款利率变动、货币贬值等，也影响着工程项目的经济效益。

（4）资金、材料、设备供应方面

主要表现为发包人供应的资金不及时，材料或设备质量不合格或供应不及时。

（5）国家政策调整方面

国家对工资、税种和税率等进行宏观调控，都会给建筑企业带来一定的风险。

三、合同签订和履行方面的风险

在建筑工程项目施工管理过程中，合同的签订和履行环节也存在着一些风险，其主要包括以下方面：

（1）存在缺陷、显失公平的合同

合同条款不全面、不完善，文字不细致、不严密，致使合同存在漏洞。如在合同条款上，存在不完善或没有转移风险的担保、索赔、保险等相应条款，缺少因第三方影响因素造成工期延误或经济损失的条款，存在单方面的约束性、过于苛刻的不平等条款。

（2）发包人资信因素

发包人经济状况恶化，导致履约能力差，无力支付工程款；发包人信誉差，不诚实守信，不按合同约定进行工程结算，有意拖欠工程款。

（3）分包方面

选择分包商不当，遇到分包商违约，不能按质、按量、按期完成分包工程，从而影响整个工程的进度或发生经济损失。

（4）履约方面

合同履行过程中，由于发包人派驻工地代表或监理工程师的工作效率低，不能及时解决遇到的问题，甚至发出错误指令等。

四、技术与环境方面的风险

建筑工程项目在施工管理过程中，存在着一些技术与环境方面的风险，其主要包括以下方面：

（1）地质地基条件

工程发包人一般应提供相应的地质资料和地基技术要求，但这些资料有时与实际出入很大，处理异常地质情况或遇到其他障碍物都会增加工作量和延长工期。

（2）水文气象条件

水文气象条件主要表现在异常天气，如台风、暴风、雨雪、洪水、泥石流、塌方等不可抗力的自然现象和其他影响施工的自然条件出现，都会造成工期的拖延和财产的损失。

（3）施工准备

由于业主提供的施工现场存在周边环境等方面自然与人为的障碍或“三通一平”等准备工作不足，使得建筑企业不能做好施工前期的准备工作，给工程施工正常运行带来困难。

（4）设计变更或图纸供应不及时

设计变更会影响施工安排，从而带来一系列问题，设计图纸供应不及时会导致施工进度延误，造成承包人工期推延和经济损失。

（5）技术规范

由于发包人没有明确采用的标准、规范，在工序过程中又没有较好地进行协[illegible]和统一，使得施工人员采用技术规范以外的特殊工艺，因而会影响工程的验收[illegible]结算。

（6）施工技术协调

工程施工过程中出现与自身专业技术能力不相适应的工程技术问题，各专业间又存在不能及时协调的困难等；由于发包人管理工程技术水平差，对承包人提出的需要发包人解决的技术问题，而发包人又没有做出及时答复。

第三节　建设工程项目施工风险管理的任务

一、施工风险管理的任务

项目施工风险管理是为了达到工程项目施工的各项既定目标，而对项目施工所承担的各种风险进行管理的系统过程，其采取的方法应符合公众利益、人身安全、环境保护及有关法规的要求。施工风险管理包括策划、组织、领导、协调和控制等方面的工作。

二、施工风险管理的工作流程

工程项目施工风险管理工作只是风险管理理论和实践方法在施工过程中的具体应用，其工作流程遵照一般风险管理的流程分为风险识别、风险评估、风险响应、风险控制四大步骤。

1. 施工风险的识别

施工过程中风险识别的任务是识别施工全过程存在的风险，其工作程序包括：

① 搜集与施工风险有关的信息。

② 确定风险因素。

③ 编制施工风险识别报告。

2. 施工风险的评估

施工过程中风险评估包括以下工作：

① 利用已有数据资料（主要是类似项目有关风险的历史资料）和相关专业方法

各种风险因素发生的概率。

）分析各种风险损失量，包括可能发生的工期损失、费用损失，以及对工程的

功能和使用效果等方面的影响。

据各种风险发生的概率和损失量，确定各种风险的风险量和风险等级。

工风险的响应

中风险响应指的是针对项目风险而采取的相应对策。

险对策包括风险规避、减轻、自留、转移及其组合等。对难以控制的风

投保是风险转移的一种措施。

成风险管理计划，它包括：

标。

理方法、工具及数据来源。

序要求。

调

和

⑤ 风险管理的职责和权限。

⑥ 风险跟踪的要求。

⑦ 相应的资源预算。

4. 施工风险的控制

在施工过程中应搜集和分析与风险相关的各种信息，预测可能发生的风险，对其进行监控并提出预警。

习题八

一、单项选择题

1. 以下关于风险管理的工作流程排序正确的是（　　）。

A. 风险分析、风险辨识、风险控制、风险转移

B. 风险控制、风险转移、风险分析、风险辨识

C. 风险辨识、风险分析、风险控制、风险转移

D. 风险分析、风险辨识、风险转移、风险控制

2. 根据（　　）可将风险分为自然风险、社会风险、经济风险、技术风险和管理风险。

A. 风险的范围　　B. 项目负责人

C. 风险产生的原因　　D. 风险的大小

3. 项目风险管理规划的成果是（　　）。

A. 项目风险管理计划　　B. 项目范围说明

C. 项目管理知识　　D. 项目环境因素

4. 人身安全控制计划方面的风险属于（　　）风险。

A. 组织　　B. 经济与管理

C. 工程环境　　D. 技术

5. 损失控制和安全管理人员的能力方面带来的风险属于（　　）。

A. 经济和管理风险　　B. 技术风险

C. 组织风险　　D. 工程环境风险

6. 技术风险可能来自于（　　）。

A. 损失控制和安全管理人员的知识、经验和能力

B. 工程设计文件

C. 信息安全控制计划

D. 气象条件

7. 风险是指损失的（　　）。

A. 确定性　　B. 可能性

C. 不可能性　　D. 不确定性

8. 风险分析的工作之一是（　　）。

A. 分析存在哪些风险因素和风险事件

B. 制订风险管理方案，采取降低风险量的措施

C. 进行投保或担保

D. 进行风险衡量，确定风险量

9. 事故防范措施和计划方面的风险属于（　　）类型。

A. 组织风险　　B. 技术风险

C. 经济和管理风险　　D. 工程环境风险

10. 施工机械操作人员的知识、经验和能力的风险属于（　　）类型。

A. 经济与管理风险　　B. 组织风险

C. 工程环境风险　　D. 技术风险

11.（　　）是将项目按照其内在结构或实施过程的顺序进行逐层分解而形成的结构示意图。

A. 风险管理图表　　B. 规划会议

C. 项目风险的分解结构　　D. 项目工作分解结构

12. 工程项目管理风险是指可能出现（　　）的不确定因素。

A. 影响项目目标实现　　B. 影响项目风险控制

C. 影响项目团队建设　　D. 影响项目组织协调

二、多项选择题

1. 风险量指的是（　　）。

A. 不确定的损失程度　　B. 风险函数

C. 风险概率大小　　D. 损失发生的概率

E. 实际损失的大小

2. 工程项目的组织风险包括（　　）等。

A. 承包商管理人员的能力和经验

B. 施工机械操作人员的能力和经验

C. 施工机械的性能

D. 施工方案的合理性

E. 损失控制人员的能力和经验

3. 风险管理包括（　　）和控制等方面的工作。

A. 策划　　B. 经济　　C. 领导

D. 组织　　E. 合同

4. 工程项目经济与管理风险主要包括（　　）等。

A. 损失控制和安全管理人员的知识、经验和能力

B. 工程资金供应条件

C. 工程设计文件

D. 工程施工方案

E. 事故防范措施和计划

5. 技术风险主要来自于（　　）。

A. 工程机械　　B. 工程施工方

C. 工程物资　　D. 岩土地质条件和水文地质条件

E. 事故防范措施计划

6. 风险管理采取的方法应当符合（　　）的要求。

A. 公众利益　B. 人身安全　C. 环境保护

D. 相关法规　E. 经济管理

7. 以下属于风险转移对策的是（　　）。

A. 风险衡量　B. 预留风险金　C. 保险

D. 减少风险损失值　E. 担保

三、简答题

1. 风险管理规划的主要内容是什么？

2. 风险管理的三个重要图表分别是什么？

3. 层次分析法的步骤是什么？

4. 风险应对策略是什么？

5. 项目风险报告的类型有哪些？

四、工程技能训练

某28层（地下2层、地上26层）大型、综合性办公楼建筑，位于武汉市武昌区雄楚大道，其总建筑面积约为26 801 m^2，建筑高度为84.85 m。合同工期为两年，工程的建筑安装工程合同造价为9 000万元。

首先对该工程的风险进行识别。通过参考类似工程项目，结合项目的具体特点，采用专家调查法、核对表法等进行风险的识别，识别结果认为项目的一级风险要素有4个：费用风险、质量风险、工期风险和安全风险。它们又可细分为5个二级要素：自然风险（地震、洪水、地基沉陷、塌方等）；管理风险（材料、人力、能源价格、合同等）；经济风险（资金、利率、通货膨胀）；技术风险（设计、施工、设备安装）；其他风险（法规、政策）。

然后对该工程风险进行评价。采用层次分析法，通过专家分析该项目各层次风险因素的重要性，构造判断矩阵，计算各风险因素的权重。从大到小对各风险因素权重进行排序，并计算出各项的累积风险权重，按照ABC分类法将累积风险权重分为A，B，C三类。

评价结果认为材料、通货膨胀、资金、施工、人力和利率这6项为A类风险，应对它们进行重点监控和管理；勘察、能源、设计、合同这4项为B类风险；地震、洪水等其他5项为C类风险，也应给予相应的重视，防止其发生的可能性及对项目威胁程度增大。项目建设期内钢材、水泥等主要材料价格波动较大，而且该项目采用贷款的筹资方式，施工质量也是工程项目主要目标之一，所以前6项风险对项目的影响较大，而该项目地质条件良好，普通办公楼的勘察设计工作已很成熟，对项目的影响程度一般，所以可认为风险识别和评价结果基本符合实际情况。

根据上述背景给出该工程的风险应对措施。

第九章　建设工程项目信息管理

就信息管理本身而言，信息管理其实就是人们对信息资源和信息活动的管理。建设工程信息管理就是指在整个工程项目建设管理过程中，人们搜集、加工和输入、输出信息，分析和利用各种建设相关信息的总称。信息管理的过程包括信息搜集、信息传输、信息加工和信息储存。对任何一个建筑工程项目来讲，因为建筑产品的形成是由多个关联方、多工种、多系统密切配合而成的有机整体，搞好对内、外部信息的管理是至关重要的，建设工程领域的信息管理不能仅对产生的信息进行归档、按一般的信息进行管理。建设工程项目的信息管理的目的是通过有效的项目信息传输的组织和控制，为项目建设的增值服务。

案例导入

海南“电子招投标”系统启用，维护公平遏制腐败

2012 年 6 月 13 日上午 9 时 30 分，屯昌县木色湖风景名胜区旅游主干线一期工程施工项目在海南省政务服务中心准时开标。与以往不同的是，投标人不必像以往拿着厚厚的招标文件，拎着大包小包往返奔波，而是只凭一台电脑在网上操作就可完成招投标，这是海南省采用的“电子招投标”的新模式。

据了解，2012 年 6 月 1 日起，海南省正式启用“电子招投标”系统，标志着海南省招投标工作从传统方式迈向电子信息化时代。

目前，根据海南省招投标管理相关规定，需在省政务服务中心集中规范开展招投标的活动项目包括：1 000 万元以上的政府投资建设工程、海南采购中心代理的资金总额500 万元以上的政府采购项目、其他政府采购代理机构代理的100 万元以上的政府采购项目。以往这些招投标活动采用传统模式，信息化程度不高，费事费力，招投标成本比较高且效率低下，过多的人为环节还为滋生腐败创造了机会。实行电子化招标后，整个招投标过程包括招标项目登记、招标审核、发布招标公告、投标报告与发售招标文件、投标、开标、抽取评标专家、评标与定标、中标通知等环节只需通过密匙、一张光盘或一个 U 盘，可完全实现网上交易，比以往的现场投标更安全可靠。

电子投标最大的优点就是，投标人不必到开标现场，在任何地点通过网络即可完成远程投标，大大降低了交易成本，实现了全流程无纸化操作，大大节省了

招投标的直接成本，避免了办事对象反复往返奔波。更重要的一点是，电子投标还可以着力打造阳光交易平台，以科技和制度创新有效预防腐败，遏制围标、串标。据统计，海南省“电子招投标”从2011年开始试运行截止到2012年5月份，共完成104个招投项目，投诉明显减少了。

实行电子招标后投标公开化，市场竞争比较公平，可在网上直接报名，以前通过投标机构去投标，会遇到各种阻碍，甚至有时候报名都报不进去。以往投标要来回地跑，必须到政府部门指定的地方去报名，有时候一次还不行，如果文件漏带了，还需要来回跑；现在制作完标书后，可直接上传到网上，或刻成一张光盘，随身携带。传统的招投标的标书，都是厚厚的一大本，如果要专家在三四个小时内找出它们之间的不同之处，难度比较大。“电子评标”可帮助专家对投标书进行筛选，对有用的文件进行梳理，专家可将计算机给出的结果作为打分的依据，减少了专家的劳动量。

通过上述案例，信息化管理技术在工程招投标领域的应用可以看出信息化的优势，请思考一下，建设工程领域哪些阶段还可以运用信息化的成果？

第一节 建设工程项目信息管理基础知识

一、建设工程项目信息管理的相关概念

1. 信息

对信息（Information）的定义，人们站在不同的角度，就有不同的说法。从广义上讲，通常认为，信息就是对客观事物的反映。从本质上看，信息是对社会、自然界的事物特征、现象、本质及规律的描述，它提供了有关现实世界事物的消息和知识，普遍存在于自然界、人类社会和思维领域中。从狭义上讲，人们可以将信息定义为“经过加工处理后，对客观事物产生影响的数据”，它对接受者有用，对决策或行为具有现实或潜在的价值。

在建设工程项目管理领域，人们常说的信息指的是用口头的方式、书面的方式或电子的方式传输（传达、传递）的知识、新闻，或可靠的或不可靠的情报。声音、文字、数字和图像等都是信息表达的形式。建设工程项目的实施需要人力资源和物质资源，因此应认识到信息也是项目实施的重要资源之一。

信息的种类很多，从不同的角度通常可将信息分为以下几类：

① 按照信息的特征可以分为自然信息和社会信息。

② 按照信息的加工程度可以分为原始信息和综合信息。

③ 按照信息的来源可以分为内部信息和外部信息。

④ 按照信息的层次可以分为战略级信息、战术级信息和作业（执行）级信息。

⑤ 按照信息的稳定性可以分为固定信息和流动信息。

⑥ 按照信息流向可以分为输入信息、中间信息和输出信息。

就建设工程项目而言，信息包括在项目决策过程、实施过程（设计准备、设计、施工和物资采购过程等）和运行过程中产生的信息，以及其他与项目建设有关的信息，它包括项目的组织类信息、管理类信息、经济类信息、技术类信息和法规类信息。

信息在管理活动中有非常重要的作用，它是管理的基础与纽带，是使各项管理职能得以充分发挥的前提。这是因为信息活动贯穿于管理的全过程，而管理就是通过信息协调系统的内部资源、外部环境和系统目标实现系统功能的。具体而言，信息是管理系统的基本构成要素，并促使各要素形成有机联系。信息还是管理过程的媒介，使管理活动得以顺利进行。信息是组织中各部门、各层次、各环节协调的纽带。信息也是决策者正确决策的基础。信息的开发和利用是提高社会资源利用效率的重要途径。社会资源是有限的，需要得到最合理、最有效的配置，以提高利用效率。对建筑工程管理而言，资源的有限性和稀缺性更为突出，做好工程建设管理过程中的信息管理工作有利于提高项目建设的经济效益和社会效益。

2. 信息管理

对于信息管理（Information Management）的概念，目前最主流的说法有两种。一种意见认为，信息管理就是对信息的搜集、整理、储存、传播和利用的过程，也就是信息从分散到集中、从无序到有序、从存储到传播、从传播到利用的过程。这种说法把信息管理局限于对信息本身的管理。另一种意见认为，信息管理不只是对信息的管理，还是对涉及信息活动的各种要素，如信息、人员、技术、机构等进行管理，实现各种资源的合理配置以满足社会对信息需求的过程。两种说法一种是狭义的，一种是广义的，从目前我国建设行业发展的状况来看，采取广义的说法似乎更适合些。

信息管理属于管理活动的一部分，管理伴随着人们生产生活的发展而发展，自有人类以来就有管理活动，但是管理作为一门学科发展起来是20世纪初期才开始的事情。现在，管理科学出现许多流派，如科学管理学派、古典组织学派、人际关系学派、行为科学学派、管理科学学派、决策管理学派、经验主义学派及权变理论学派等，形成了所谓的“管理丛林”。而且在管理实践中出现了许多专门的领域，如企业管理、金融管理、行政管理、人员管理、建筑工程管理等。这里只讨论建设工程项目管理和该领域的信息管理。

3. 建设工程项目信息管理

建设工程项目信息管理，是指对建设工程项目信息进行的搜集、整理、分析、处置、储存和使用等活动。随着社会的发展，现代化的建设项目规模越来越大，技术越来越复杂，施工组织分工越来越细，工程建设管理工作不仅对信息的及时性和准确性提出了更高的要求，而且对信息的需求量也大大增加，这些都对信息的组织和管理工作提出了更高的要求。也就是说，信息管理变得越来越重要，任务也越来越繁重。实践证明，如果继续沿用传统的手工处理数据和传递信息的方式，那么往往不能在需要的时间和范围内，把有用的信息送到有关人员的手中，从而影响管理工作的正常进行。只有采用电子计算机，才有可能高速度、高质量地处理大量的信息，并根据现代管理科学理论（如运筹学、网络计划技术、系统分析和模拟技术等）和计算机处理的结果，做出最优的决策，以取得良好的经济效果。由此可见，信息管理是当前建设工程项目管理中不可或缺的内容。

在建设工程项目管理的六大任务中，信息管理也是相当重要的方面，但是普遍没有引起足够的重视，在许多建设工程项目的管理中是相当薄弱的。许多国际工程中，由于信息管理工作不规范、不到位、不重视所引起的损失是相当惊人的，因此，到国外参加过工程建设甚至在国内与国际工程公司合作过的公司对此都非常重视。我国从工业发达国家引进项目管理的概念、理论、组织、方法和手段，历时30年左右，已取得不少成绩。但是，应认识到，在项目管理中最薄弱的工作环节是信息管理。至今多数建设方和施工方的信息管理还相当落后，其落后表现在对信息管理的理解，以及信息管理的组织、方法和手段基本上还停留在传统的方式和模式上。信息管理是一种十分必要的建设工程管理模式，随着建设法规体系、国家建设管理体制的逐步完善，我国加入世界贸易组织，融入国际经济体系后，我国的建设工程也将进入一个新的发展时期，对建设工程信息的规范化、标准化要求也越来越高。

据国际有关文献资料介绍，建设工程项目实施过程中存在诸多问题，其中三分之二与信息交流（信息沟通）的问题有关；建设工程项目10%～33%的费用增加与信息交流存在的问题有关；在大型建设工程项目中，由信息交流的问题导致工程变更的工程实施的错误率占工程总成本的3%～5%，由此可见信息管理的重要性。

二、建设工程项目信息管理的目的

建设工程项目信息管理的目的是通过对各个系统、各项工作和各种数据的管理，使项目的信息能被方便和有效地获取、存储、存档、处理和交流。项目信息管理的目的是通过有效的项目信息传输的组织和控制（信息管理），为工程项目建设的增值服务。

在建设工程项目管理过程中，做好信息管理不仅仅是为方便建设项目施工，提高管理的效率和规范性，真正的目的是要通过有效的信息管理，优化资源配置，发挥信息沟通协调的优势，为项目建设的增值服务。也就是说，信息管理要能够为项目建设带来实实在在的效益。

三、建设工程项目信息管理的任务

1. 信息管理的工作任务

工程建设各主要参与方各自的立场不同，所需要的项目管理信息也有所不同，他们在项目信息管理任务方面也有所区别。考虑到学生今后接触施工方工作的可能性更大一些，这里主要讨论施工方信息管理工作的主要任务。

（1）搜集并整理相关公共信息

公共信息包括法律、法规和部门规章信息、市场信息及自然条件信息。

（2）搜集并整理工程总体信息

以房屋建设工程为例，工程总体信息包括工程名称、工程编号、建筑面积、总造价、建设单位、设计单位、施工单位、监理单位和参与建设其他各单位等基本项目信息，以及基础工程、主体工程、设备安装工程、装饰装修工程、建筑造型、工程实体信息、场地与环境、施工合同信息等。

（3）搜集并整理相关施工信息

施工信息包括施工记录信息及施工技术资料信息。施工记录信息包括施工日志、质量检查记录、材料设备进场记录及用工记录等。施工技术资料信息包括主要原材料、成品、半成品、构配件、设备出厂质量证明和试（检）验报告，施工试验记录，预检记录，隐蔽工程验收记录，基础、主体结构验收记录，设备安装工程记录，施工组织设计，技术交底资料，工程质量检验评定资料，竣工验收资料，设计变更洽商记录及竣工图等。

（4）搜集并整理相关项目管理信息

项目管理信息包括项目管理规划（大纲）信息、项目管理实施规划信息、项目进度控制信息、项目质量控制信息、项目安全控制信息、项目成本控制信息、项目现场管理信息、项目合同管理信息、项目材料管理信息、构配件管理信息、项目人力资源管理信息、项目机械设备管理信息、项目资金管理信息、项目技术管理信息、项目组织协调信息、项目竣工验收信息及项目考核评价信息等。

（5）编制项目信息管理手册

在信息管理过程中，首先要编制信息管理手册，它是信息管理的核心指导文件。我国施工企业要对此足够重视，并要在工程实践中有效地应用。

为充分利用和发挥信息资源的价值、提高信息管理的效率、实现有序的和科学的信息管理，各方都应编制各自的信息管理手册，以规范信息管理工作。信息管理手册描述和定义信息管理的任务（做什么？谁做?）、每项信息管理任务执行的时间（什么时候做?）及其工作成果（结果是什么?）等，主要内容包括：

① 确定信息管理的任务（信息管理任务目录）。

② 确定信息管理的任务分工表和管理职能分工表。

③ 确定信息的分类。

④ 确定信息的编码体系和编码。

⑤ 绘制信息输入输出模型（反映每一项信息处理过程的信息的提供者、信息的整理加工者、信息整理加工的要求和内容，以及经整理加工后的信息传递给信息的接收者，并用框图的形式表示）。

⑥ 绘制各项信息管理工作的工作流程图（如信息管理手册编制和修订的工作流程；为形成各类报表和报告，搜集信息、审核信息、录入信息、加工信息、传输和发布信息的工作流程，以及工程档案管理的工作流程等）。

⑦ 绘制信息处理的工作平台（如施工安全管理信息、施工成本控制信息、施工进度信息、施工质量信息、合同管理信息等信息处理的流程）。

⑧ 确定信息处理的工作平台（如以局域作为信息处理的工作平台，或用门户网站作为信息处理的工作平台等）并明确其使用规定。

⑨ 确定各种报表和报告的格式及报告周期。

⑩ 确定项目进展的月底报告、季度报告、年度报告和工程总报告的内容及其编制原则和方法。

⑪ 确定工程档案管理制度。

⑫ 确定信息管理的保密制度，以及与信息管理有关的制度。

2. 信息管理部门的主要工作任务

项目管理班子中各个工作部门的管理工作都与信息处理有关，它们也都承担一定的信息管理任务，而信息管理部门是专门从事信息管理的工作部门，其主要工作任务如下：

① 负责主持编制信息管理手册，在项目实施过程中对信息管理手册进行必要的修改和补充，并检查和督促其执行。

② 负责协调和组织项目管理班子中各个工作部门的信息处理工作。

③ 负责信息处理工作平台的建立和运行维护。

④ 与其他工作部门协同组织搜集信息、处理信息和形成各种反映项目进展和项目目标控制的报表和报告。

⑤ 负责工程档案管理等。

第二节 工程信息的分类、编码和处理

一、项目信息分类

1. 建设工程项目管理中信息的主要形式

建设工程信息管理工作涉及多部门、多环节、多专业、多渠道，工程信息量大，来源广泛，形式多样。建设工程项目信息主要由下列形式构成：

（1）文字图形信息

包括勘察、测绘、设计图纸及说明书、计算书、合同，工作条例及规定，施工组织设计，情况报告，原始记录，统计图表、报表、信函等信息。

（2）语言信息

包括口头分配任务、下达的指示、汇报、工作检查、介绍情况、谈判交涉、建议、批评、工作讨论和研究、会议等信息。

（3）新技术信息

包括通过网络、电话、电报、电传、计算机、电视、录像、录音、广播等现代化手段搜集和处理的一部分信息。

2. 建设工程项目信息的分类

建设工程项目管理过程中，涉及大量的信息，这些信息可以根据不同的标准进行划分。

（1）按建设工程项目管理的目标划分

① 成本控制信息：是指与成本控制直接相关的信息，如工程项目的成本计划、工程任务单、限额领料单、施工定额、对外分包经济合同、成本统计报表、材料价格、机械设备台班费、人工费、运杂费等。

② 投资控制信息：是指与投资控制直接有关的信息，如各种估算指标、类似工程造价、物价指数；设计概算、概算定额；施工图预算、预算定额；工程项目投资估算；合同价组成；投资目标体系；计划工程量、已完工程量、单位时间付款报表、工

程量变化表及人工、材料调差表；索赔费用表；投资偏差、已完工程结算；竣工决算；施工阶段的支付账单等。

③ 质量控制信息：是指与工程项目质量控制直接有关的信息。如国家或地方政府部门颁布的有关质量政策、法令、法规和标准等，质量目标体系和质量目标的分解，质量目标的分解图表，质量控制的工作流程和工作制度，质量保证体系的组成，质量控制的风险分析；质量抽样检查的数据、各种材料设备的合格证、质量证明书、检测报告、质量事故记录和处理报告等。

④ 进度控制信息：是指与工程项目进度控制直接有关的信息。如施工定额；项目总进度计划、进度目标分解、项目年度计划、工程总网络计划和子网络计划、计划进度与实际进度偏差；网络计划的优化、网络计划的调整情况；进度控制的工作流程、进度控制的工作制度、进度控制的风险分析；材料和设备的到货计划、各分项分部工程的进度计划、进度记录等。

⑤ 合同管理信息：是指与建设工程相关的各种合同信息，如工程投标文件；工程建设施工承包合同，物资设备供应合同，咨询、监理合同；合同的指标分解体系；合同签订、变更、执行情况；合同的索赔等。

（2）按工程项目管理的工作流程划分

① 计划信息：如已有的统计资料、要完成的各项指标、上级企业的有关计划、工程施工的预测等。

② 执行信息：如下达的各项计划、指示、命令等。

③ 检查信息：如工程的实际进度、成本、质量等的实施状况。

④ 反馈信息：如各项调整措施、意见、改进的办法和方案等。

（3）按信息的来源划分

① 工程项目的内部信息：取自工程项目本身，即指建设工程项目各个阶段、各个环节、各有关单位发生的信息总体，如工程概况、设计文件、合同结构、合同管理制度、工程施工完成的各项技术经济指标、信息资料的编码系统、信息目录表、会议制度、资料管理制度、项目经理部的组织等。

② 工程项目的外部信息：来自建设工程建设项目上其他单位及外部环境的信息称为外部信息，如监理通知，设计变更，国家有关的政策及法规，国内及国际市场上原材料及设备价格，物价指数，类似工程的进度计划，类似工程造价及进度，投资单位的实力及信誉，国际和国内的新材料、新技术、新方法，国际大环境的变化及资金市场的变化等。

（4）按信息的稳定程度划分

① 固定信息：是指一定的时间内相对稳定的信息，如工程定额、政府部门颁发的技术标准及施工现场管理工作制度等。

② 流动信息：是指不断变化着的信息，如项目质量、投资成本及进度统计信息等。

（5）按信息的性质划分

① 管理信息：是指项目管理过程中的信息，如施工进度计划、材料消耗、库存

储备等。

② 技术信息：是指技术部门提供的工程技术方面的信息，如技术规范、施工方案、技术交底等。

③ 经济信息：如施工项目成本计划、成本统计报表、资金耗用信息等。

④ 资源信息：如资金来源、劳动力供应、材料供应信息等。

（6）按信息的层次划分

① 战略级信息：是指工程项目建设过程中进行决策的信息，如项目概况、项目投资总额、项目建设总工期、承包商的确定及合同价格的确定等。

② 战术级信息：是指工程项目建设过程中的管理信息，如工程项目年度进度计划、工程项目年底财务计划、工程项目年度材料计划及工程项目三大目标控制计划等。

③ 作业级信息：是指工程项目建设过程中各业务部门的日常信息，较具体，精细度较高，如分项工程作业计划及分项工程施工方案等。

此外，还可以按照其他标准进行划分，如按信息范围的大小不同，可以把建筑工程项目管理中的信息分为精细的信息和摘要的信息两类；按信息发生的时间不同，可以分为历史性的信息和预测性的信息；按项目实施的工作过程，可以分为设计信息、招投标信息和施工信息等。

二、项目信息编码

编码是利用数字或者字母按照一定的规律排列成一行或一列。工程项目信息编码是项目信息分类的具体体现，也是编制 WBS 进行计算管理和项目管理信息系统应用的基本要求。建设项目信息分类和编码体系的建立过程，就是根据建设项目的特性，按照科学的分析流程，遵循功能、组成、施工方法等准则逐层细化，并由此产生一个分层次的、尽可能真实地反映建设项目实际情况的数据模型的过程。建设项目分类体系结构的合理与否在很大程度上决定了整个项目管理工作的绩效水平。

根据工程项目信息分类体系（CICS）的规则，工程项目编码由一系列符号（如文字）和数字组成，不同位置的文字和数字代表特定的意思，通过识别这些编码，可从中获取需要的信息。编码是信息处理的一项重要的基础工作。一个建设工程项目有不同类型和不同用途的信息，为了有组织地存储信息，方便信息的检索和信息的加工整理，必须对项目的信息进行编码。

知识拓展

工程项目信息分类体系（CICS）及信息分解方法

工程项目信息分类体系（CICS）是从 1920 年美国建筑师协会（American Institute of Architects）制定的 Standard Filling System and Alphabetical Index 开始发展的。1949 年，瑞典的 Joint Working Committee for Building Problem 制定的 SFB 成为工程项目信息分类体系在欧洲的开端。经过几十年的发展，工程项目信息分类

体系从简单走向复杂，从单维走向多维，从点信息走向面信息，成为当今工程项目管理领域中联结工程进度、工程质量和工程费用这三大目标的纽带，成为工程项目干系方进行沟通的桥梁，成为工程项目信息化管理的实施基础。

当前国内外广泛采用的项目信息分解方式有三种：

① 以建设项目的生产工艺或者工种工程作为主要依据进行项目分类和编码，如北美的 MasterFormat TM 体系。

② 以建设项目元素（Building Elements）或建筑物构成部位作为主要依据进行分类和编码，每种项目分解体系都有一套对应的编码体系，如美国的 UniformatⅡ。

③ 结合以上两种分类和编码方式的建设项目综合分类和编码体系，如 ISO1994 体系和我国相关学者提出的建设项目综合分解编码体系。

1. 编码的原则

① 编码应与项目分解的原则和体系相一致。

② 便于识别和记忆，方便查询、检索、汇总和使用。

③ 反映项目的特点和需要。

④ 代码与所代表的实体具有唯一性。

⑤ 代码应尽量短小、等长，较好地适应项目、环境的变化，长时间无须修改。

2. 项目信息编码的内容与要求

（1）编码内容

项目信息编码包括项目的结构编码、项目管理组织结构编码、项目的政府部门和参与各单位编码、项目实施的工作编码、项目投资项编码或成本项编码、项目进度项编码、项目进展报告和各类报表编码、合同编码、函件编码、工资档案编码等。

（2）编码要求

① 项目的结构编码应依据项目结构图，对每一层的每个组成部分均进行编码。

② 项目管理组织结构编码应依据项目管理组织结构图，对每一个工作部门进行编码。

③ 项目的政府管理部门和各参与单位编码应包括政府主管部门、业主上级部门、金融机构、工程咨询单位、设计单位、施工单位、物资供应单位、物业管理单位等。

④ 项目实施的工作项目编码应覆盖项目实施的工作任务目录中的全部内容。

⑤ 项目投资项编码应综合考虑概算、预算、标底、合同价和工程款支付等因素，建立统一编码，服务于投资目标的动态控制。

⑥ 项目成本项编码应综合考虑预算、投标价估算、合同价和施工成本分析和工程款支付等因素，建立统一编码，服务于项目成本目标的动态控制。

⑦ 项目进度项编码应综合考虑不同层次、不同深度和不同用途的进度计划的需要，建立统一编码，服务于项目进度目标的动态控制。

⑧ 项目进度报告和各类报表编码应包括项目管理形成的各种报告和报表的编码。

⑨ 合同编码应考虑项目合同结构和合同分类，应反映合同类型、相应的项目结构和合同签订的时间特征等。

⑩ 函件编码应考虑发函者、收函者、函件内容所涉及的分类和时间等，以便于函件的查询和整理。

⑪ 工资档案编码应根据相关工程档案的规定、项目特点和项目实施单位的需求而建立。

3．编码方法

常用的编码方法主要有顺序编码、成批编码、多面码、十进制码及文字数字码几种。目前我国建设工程项目管理信息采用的编码方式和规则如下：

编码对象是工程建设领域的工程项目。项目代码由项目审批单位在项目立项时负责赋码，项目代码在使用过程中保持唯一性和不变性。项目代码是采用组合编码方式生成的特征组合码，由 19 位前段码和不定长序列码组成。排列顺序从左至右依次为 6 位行政区划代码、9 位项目建设单位组织机构代码、4 位年度和不定长序列码。

行政区划代码：6 位数字，按 GB/T 2260—2007 的规定执行，中央的行政区划代码为“000000”。项目建设单位组织机构代码：9 位数字。年度：4 位数字，表示项目立项的年度。序列码：不定长字符的序列号，在同一前段码下应具有唯一性。

三、项目信息的处理方法

如今人们所处的时代是一个信息化的时代，信息处理已逐步向电子化和数字化的方向发展，但建筑业和基本建设领域的信息化已明显落后于许多其他行业，建设工程项目信息处理基本上还沿用传统的方法和模式。应采取措施，使信息处理由传统的方式向基于网络的信息处理平台方向发展，以充分发挥信息资源的价值，以及信息对项目目标控制的作用。

1．搭建基于网络的信息处理平台

基于网络的信息处理平台由一系列硬件和软件构成，包括数据处理设备（包括计算机、打印机、扫描仪、绘图仪等）；数据通信网络（包括形成网络的有关硬件设备和相应的软件）；软件系统（包括操作系统和服务于信息处理的应用软件）等。

目前广泛使用的数据通信网络主要有以下 3 种类型：

① 局域网（LAN）：由与各网点连接的网线构成网络，各网点对应于装备有实际网络接口的用户工作站。

② 城域网（MAN）：在大城市范围内两个或多个网络的互联。

③ 广域网（WAN）：在数据通信中，用来连接分散在广阔地域内的大量终端和计算机的一种多态网络。

互联网是目前最大的全球性的网络，它连接了覆盖 100 多个国家的各种网络，如商业性网络（. com 或 . co）、大学网络（. ac 或 . edu）、研究网络（. org 或 . net）和军事网络（. mil）等，并通过网络连接数以千万台的计算机，以实现连接互联网的计算机之间的数据通信。互联网由若干个学会、委员会和集团负责维护和运行管理。

2. 建立有效的项目各参与方信息交流的渠道

建设工程项目的业主方和项目参与各方往往分散在不同的地点，或不同的城市，甚至不同的国家，因此其信息处理应考虑充分利用远程数据通信的方式，如：

① 通过电子邮件搜集信息和发布信息。

② 通过基于互联网的项目专用网站（Project Specific Web Site，PSWS）实现业主方内部、业主方和项目参与各方，以及项目参与各方之间的信息交流、协同工作和文档管理。

③ 通过基于互联网的项目信息门户（Project Information Portal，PIP）为众多项目服务的公用信息平台实现业主方内部、业主方和项目参与各方，以及项目参与各方之间的信息交流、协同工作和文档管理。

④ 召开网络会议。

⑤ 基于互联网的远程教育和培训等。

知识拓展

基于互联网的项目信息门户

基于互联网的项目信息门户属于电子商务（E-Business）两大分支中的电子协同工作（E-Collaboration）。项目信息门户在国际学术界有明确的内涵，即在对项目实施全过程中项目参与各方产生的信息和知识进行集中式管理的基础上，为项目的参与各方在互联网平台上提供一个获取个性化项目信息的单一入口，从而为项目的参与各方提供一个高效的信息交流（Project Communication）和协同工作（Collaboration）的环境。它的核心功能是在互动式的文档管理的基础上，通过互联网促进项目参与各方之间的信息交流和协同工作，从而达到为项目建设增值的目的。

基于互联网的项目专用网站（PSWS）是基于互联网的项目信息门户的一种方式，是为某一个项目的信息处理专门建立的网站。但是基于互联网的项目信息门户也可以服务于多个项目，即成为众多项目服务的公用信息平台。

基于互联网的项目信息门户，如美国的 Buzzsaw. com（于 1999 年开始运行）和德国的 PKM. com（于 1997 年开始运行），都有大量用户在其上进行项目信息处理。由此可见，建设工程项目的信息处理方式已发生了根本性的变化。

第三节　施工文件档案管理

与工程建设有关的重要活动、记载工程建设主要过程和现状、具有保存价值的各种载体的文件均应搜集齐全，整理立卷后归档。

一、施工文件档案管理的内容

1. 建设工程文件档案资料的概念

（1）建设工程文件

在工程建设过程中形成的各种形式的信息记录。

（2）建设工程档案

在工程建设活动中直接形成的具有归档保存价值的文字、图表、声像等各种形式的历史记录。

（3）建设工程文件档案资料

建设工程文件和档案组成建设工程文件档案资料，其载体可为纸张、微缩胶卷、光盘、磁带、磁盘。

2. 工程建设各参建单位档案资料管理的规定

（1）通用规定

① 各单位填写的档案应以规范、合同、设计文件、质量验收统一标准为依据。

② 档案资料应随工程进度及时搜集、整理，并应按专业归类，认真书写，字迹清楚，项目齐全、准确、真实，无未了事项，并应采用统一表格。

③ 各单位技术负责人负责本单位工程档案资料的全过程组织工作并负责审核，各相关单位档案管理员负责档案资料的搜集、整理工作。

④ 对于涂改、伪造、随意抽撤或损毁、丢失档案资料等行为应给予处罚，情节严重的应依法追究法律责任。

（2）建设单位

① 在招标及与各参建单位签订合同时，应对工程文件的套数、费用、质量、移交时间提出明确要求。

② 搜集和整理工作准备阶段、竣工验收阶段形成的文件，并立卷归档。

③ 组织、监理、检查各参建单位的工程文件的形成、积累和立卷归档工作，搜集和汇总各参建单位立卷归档的工程档案。

④ 可委托承包单位组织工作档案编制工作。

⑤ 负责组织竣工图的编制工作，也可委托承包单位、设计单位或监理单位完成。

⑥ 在组织竣工验收前，应请当地城建档案管理部门对工程档案验收；未取得工程档案认可文件的，不得组织竣工验收。

⑦ 对列入当地城建档案管理部门验收范围的工程，竣工验收 3 个月内向该部门移交符合规定的工程文件。

（3）监理单位

① 设专人负责监理资料的搜集、整理和归档。

② 按监理合同约定，受建设单位委托，对勘察、测绘、设计、施工单位的工程文件的形成、积累和立卷归档进行监督检查。

③ 监理文件的套数、提交内容及时间按 GB/T 50328—2001 的要求，编制移交清单，双方签字盖章后及时移交建设单位。

（4）施工单位

① 实行技术负责人负责制，逐级建立、健全施工文件管理岗位责任制，配备专人负责施工资料管理。

② 总承包单位负责搜集、汇总各分包单位形成的工程档案。

③ 可按合同约定，接受建设单位委托进行工程档案的组织、编制工作。

④ 按要求在竣工前将施工文件整理汇总完毕，再移交建设单位进行竣工验收。

二、施工文件的立卷

1．质量要求

① 归档文件一般为原件，其内容及深度必须符合国家有关技术规范、标准和规程。内容必须真实、准确，与工程实际相符合。

② 工程文件应字迹清楚、图样清晰、图表整洁、签字盖章、手续齐备。文字材料宜用 A4 纸，书写材料和纸张的耐久性要好。

③ 图纸宜采用国家标准图幅，一般采用蓝晒图。计算机绘图必须清晰，不得用复印件。

④ 竣工图应是新图，加盖竣工图章。

2．组卷原则与方法

（1）组卷原则

① 遵循工程文件的自然形成规律，保持卷内文件的有机联系，便于档案保管和利用。

② 一个项目由多个单位工程组成时，工程文件应按单位工程组卷。

（2）组卷方法

工程文件按建设程序划分为工程准备阶段文件、监理文件、施工文件、竣工图、竣工验收文件五部分。

① 工程准备阶段文件可按单位工程、分部工程、专业、形成单位等组卷。

② 监理文件可按单位工程、分部工程、专业、阶段等组卷。

③ 施工文件可按单位工程、分部工程、专业、阶段等组卷。

④ 竣工图可按单位工程、专业等组卷。

⑤ 竣工验收文件可按单位工程、专业等组卷。

三、施工文件的归档和移交

1．施工文件的归档验收

① 为确保工程档案质量，各编制单位、地方城建档案管理部门、建设行政管理部门要对档案进行严格的检查验收。

② 工程档案由建设单位验收。

③ 国家、省、市重点工程项目或一些特大型、大型工程项目的预验收和验收，必须有地方城建档案管理部门参加。

④ 地方城建档案管理部门进行档案预验收时，重点验收内容如下：

a．分类齐全、系统完整、内容真实，准确地反映工程建设活动和工程实际情况。

b．文件的形成、来源符合实际，签章手续完备。

c. 文件材质、幅面、书写、绘图、用墨等符合要求。

d. 工程档案已整理立卷，立卷符合规范规定。

e. 竣工图绘制方法、图式及规格等符合专业技术要求，图面整洁，盖有竣工图章。

2. 施工文件的移交

① 施工单位、监理单位等有关单位应在竣工前将工程档案按合同规定的时间、套数移交给建设单位，并办理移交手续。

② 列入当地城建档案管理部门验收范围的工程，竣工验收 3 个月内向该部门移交符合规定的工程档案。移交时应办理移交手续，填写移交记录，双方签字盖章后交接。

③ 停建、缓建工程的工程档案暂由建设单位保管。

第四节　工程项目管理信息化

自 20 世纪 70 年代开始，信息技术经历了一个迅速发展的过程，信息技术在建设工程管理中的应用也有一个相应的发展过程：20 世纪 70 年代，单项程序的应用，如工程网络计划的时间参数的计算程序、施工图预算程序等；20 世纪 80 年代，程序系统的应用，如项目管理信息系统、设施管理信息系统（Facility Management Information System，FMIS）等；20 世纪 90 年代，程序系统的集成，它是随着工程管理的集成而发展的；20 世纪 90 年代末至今，基于网络平台的工程管理。

一、工程项目管理信息化的内涵和意义

1. 工程项目管理信息化的内涵

信息化是指信息资源的开发和利用，以及信息技术的开发和应用。信息化是继人类社会农业革命、城镇化和工业化的又一个新的发展时期的重要标志。

工程项目管理信息化是指工程管理信息资源的开发和利用，以及信息技术在工程管理中的开发和应用，包括在项目决策阶段的开发管理、实施阶段的项目管理和使用阶段的设施管理中开发和应用信息技术。工程项目管理信息化属于领域信息化的范畴，它和企业信息化也有联系。我国建筑业和基本建设领域应用信息技术与工业发达国家相比，尚存在较大的差距，它反映在信息技术在工程管理中应用的观念上，也反映在有关的知识管理上，还反映在有关技术的应用方面。在“数字经济与数字生态 2001 中国高层年会”上提出“认知数字经济，改善数字生态，跨越数字鸿沟，消解数字冲突，把握数字机遇”是当前推动信息化的重要战略任务。在建设一个新的工程项目时，应重视开发和充分利用国内和国外同类或类似工程项目的有关信息资源。

（1）我国实施国家信息化的总体思路

① 以信息技术应用为导向。

② 以信息资源开发和利用为中心。

③ 以制度创新和技术创新为动力。

④ 以信息化带动工业化。

⑤ 加快经济结构的战略性调整。

⑥ 全面推动领域信息化、区域信息化、企业信息化和社会信息化进程。

（2）工程管理的信息资源

① 组织类工程信息：如建筑业的组织信息、项目参与方的组织信息、与建筑业有关的组织信息和专家信息等。

② 管理类工程信息：如与投资控制、进度控制、质量控制、合同管理和信息管理有关的信息等。

③ 经济类工程信息：如建设物资的市场信息、项目融资的信息等。

④ 技术类工程信息：如与设计、施工和物资有关的技术信息等。

⑤ 法规类信息等。

2. 工程项目管理信息化的意义

① 工程管理信息资源的开发和信息资源的充分利用，可吸取类似项目正反两方面的经验和教训，许多有价值的组织信息、管理信息、经济信息、技术信息和法规信息将有助于项目决策期多种可能方案的选择，有利于项目实施期的项目目标控制，也有利于项目建成后的运行。

② 通过信息技术在工程管理中的开发和应用能实现：

a. 信息存储数字化和存储相对集中。

b. 信息处理和变换的程序化。

c. 信息传输的数字化和电子化。

d. 信息获取便捷。

e. 信息透明度提高。

f. 信息流扁平化。

③ 信息技术在工程管理中的开发和应用的意义在于：

a. “信息存储数字化和存储相对集中”有利于项目信息的检索和查询，有利于数据和文件版本的统一，并有利于项目的文档管理。

b. “信息处理和变换的程序化”有利于提高数据处理的准确性，并可提高数据处理的效率。

c. “信息传输的数字化和电子化”可提高数据传输的抗干扰能力，使数据传输不受距离限制并可提高数据传输的保真度和保密性。

d. “信息获取便捷”“信息透明度提高”及“信息流扁平化”有利于项目参与方之间的信息交流和协同工作。

④ 工程管理信息化有利于提高建设工程项目的经济效益和社会效益，以达到为项目建设增值的目的。

二、工程项目管理信息系统

1. 工程项目管理信息系统概述

（1）项目管理信息系统的意义

① 实现项目管理数据的集中存储。

② 有利于项目管理数据的检索和存储。

③ 提高项目管理数据处理的效率。

④ 确保项目管理数据处理的准确性。

⑤ 可方便地形成各种项目管理需要的报表。

⑥ 实现项目运行中的动态控制，有利于项目目标的实现。

（2）项目管理信息系统的作用

① 为各层次、各部门的项目管理人员搜集、传递、处理、存储和开发各类数据提供信息服务。

② 为高层次的项目管理人员提供决策所需的信息、手段、模型和决策支持。

③ 为中层的项目管理人员提供必要的办公自动化手段，以摆脱烦琐的简单性事务。

④ 为项目计划编制人员提供人、财、物等诸要素的综合性数据，为合理编制和修改计划、实现有效调控提供科学手段。

（3）建立项目管理信息系统的内部前提

建立科学、合理的项目管理组织和科学的管理制度，是建立项目管理信息系统的根本前提之一。

（4）对施工项目管理信息系统的要求

① 项目管理信息系统的设计，应考虑项目组织和项目启动的需要，包括信息的准备、搜集、标识、分类、分发、编目、更新、归档和检索等。

② 应目录完整、层次清晰、结构严密，能够自动生成表格。

③ 应方便目录信息输入、整理与存储，并利于用户随时提取信息。

④ 应能及时调整数据、表格与文档，能灵活补充、修改与删除数据。

⑤ 系统内含信息种类与数量应能满足项目管理的全部需要。

⑥ 应能使设计信息、施工准备阶段的管理信息、施工过程项目管理各专业的信息、项目结算信息及项目统计等有良好的接口。

⑦ 应能连接项目经理部内部各职能部门，以及项目经理部与各职能部门、作业层、企业各职能部门、企业法定代表人、发包人和分包人等，使项目管理层与企业管理层及作业层信息搜集渠道通畅、信息资源共享。

⑧ 应能在局域网上或基于互联网的信息平台上运行。

2. 项目管理信息系统的主要功能

项目管理信息系统由多个模块构成子系统。

（1）项目管理信息系统的主要功能模块

工程项目管理是以投资、进度、质量三大控制为目标，以合同管理为核心的动态控制系统。因而，项目管理信息系统至少应具有处理三大目标控制及合同管理任务的功能。

（2）项目管理信息系统各子系统的功能

① 投资控制子系统：

a. 进行项目的估算、概算、预算、标底、投资使用计划和实际的数据计算和分析。

b. 进行项目的估算、概算、预算、标底、投资使用计划和实际投资的动态比较，并形成各种比较报表。

c. 进行计划资金投入和实际资金投入的比较分析。

d. 根据工程的进展进行投资预测等。

② 成本控制子系统：

a. 进行投资估算的数据计算和分析。

b. 计划施工成本。

c. 计算实际成本。

d. 进行计划成本与实际成本的比较分析。

e. 根据工程的进展进行施工成本预测等。

③ 进度控制子系统：

a. 计算工程网络计划的时间参数，并确定关键工作和关键线路。

b. 绘制网络图和计划横道图。

c. 编制资源需求量计划。

d. 进行进度计划执行情况的比较分析。

e. 根据工程的进展进行工程进度预测等。

④ 质量控制子系统：

a. 设计质量控制。

b. 施工质量控制。

c. 材料质量跟踪。

d. 设备质量管理。

e. 工程质量事故处理。

f. 质量活动档案。

g. 质量法规标准。

⑤ 合同管理子系统：

a. 查询合同基本数据。

b. 进行合同执行情况的查询和统计分析。

c. 进行标准合同文件查询和合同辅助起草等。

3. 项目管理信息系统软件简介

（1）国内项目管理信息系统软件

国内发展较早的项目管理软件主要有梦龙 LinkProject（后来梦龙被广联达收购合并开发广联达项目管理系统）、北京视锐达 Visual Project、上海普华科技 Power PiP 和 PowerOn、新中大工程项目管理软件 Project Management Software 等。

（2）国外项目管理信息系统软件

国外的项目管理软件主要有微软公司的 Microsoft Project，Primavera 公司的 Primavera Project Planner（简称 P3），CA-SuperProject，Scitor 公司的 Project Scheduler，以及 Symantec公司的 Timeline 等。

习题九

一、单项选择题

1. 为充分利用和发挥信息资源的价值，提高信息管理的效率及实现有序的和科学的信息管理，业主方（　　）。

A. 编制统一的信息管理手册，供其他各项目参与方使用

B. 和项目参与各方都应编制各自的信息管理手册

C. 制定统一的信息安全管理规定

D. 制定统一的信息管理保密制度

2. 关于建设工程项目信息编码，下列说法正确的是（　　）。

A. 项目的投资项编码，应按概预算定额确定的分部分项工程编码进行

B. 项目实施的工作项编码，是对施工过程的编码，应覆盖项目施工全过程

C. 项目的结构编码，依据项目结构图对项目结构的每一层的每一个组成部分进行

D. 项目的进度项编码，应根据不同层次、不同深度的进度计划工作项的需要分别建立不同的编码

3. 下列选项中，不是针对某一管理工作而编制的编码是（　　）。

A. 项目的结构编码　　B. 进度项编码

C. 投资项编码　　D. 合同项编码

4. 建设项目管理类信息包括进度控制信息、合同管理信息、风险管理信息及（　　）信息。

A. 安全管理　　B. 投资控制　　C. 质量控制　　D. 施工技术

5. 应采取措施使建设工程项目信息的处理由传统方式向（　　）方向发展，以充分发挥信息资源的价值。

A. 数字化　　B. 管理信息系统

C. 基于网络的信息处理平台　　D. 信息管理的保密制度

6. 建设工程项目管理信息系统与管理信息系统服务的对象和（　　）不同。

A. 功能　　B. 时间　　C. 方式　　D. 手段

二、多项选择题

1. 建设工程项目信息管理手册的主要内容包括（　　）等。

A. 信息的分类　　B. 信息管理的任务

C. 信息流程图　　D. 信息应用效果分析

E. 信息管理的保密制度

2. 信息管理部门的主要工作任务是（　　）。

A. 负责编制信息管理手册，并检查和督促其执行

B. 负责工程档案的制作

C. 负责信息处理工作平台的建立和运行维护

D. 与其他工作部门协同组织搜集信息、处理信息和形成各种反映项目进展和项目目标控制的报表和报告

E. 负责协调和组织项目管理班子中各个工作部门的信息处理工作

3. 信息表达的形式包括（　　）。

A. 声音　　B. 文字　　C. 数字

D. 报表　　E. 图像

4. 项目实施的工作项编码应覆盖项目实施的工作任务目录的全部内容，包括（　　）。

A. 可研阶段工作　　B. 设计准备阶段工作

C. 立项阶段工作　　D. 招标投标工作

E. 项目动用前的准备工作

5. 数据通信网络的主要类型有（　　）。

A. 城域网　　B. 局域网　　C. 内部网

D. 因特网　　E. 广域网

6. 建设工程项目管理信息系统中成本控制的功能包括（　　）。

A. 投标估算的数据计算和分析　　B. 计算实际成本

C. 计划施工成本　　D. 预测项目投资概算

E. 根据工程的进展进行施工成本预测

7. 项目信息门户实施的条件包括（　　）。

A. 组织件　　B. 教育件　　C. 软件

D. 安全件　　E. 硬件

8. 应用建设工程项目管理信息系统的主要意义包括（　　）。

A. 可方便地形成各种项目管理需要的报表

B. 有利于项目管理数据的搜集

C. 有利于项目管理数据的检索和查询

D. 提高项目管理数据处理的效率

E. 确保项目管理数据处理的准确性

三、工程技能训练

某城建集团是国家 120 家大型企业集团试点单位之一，国有企业 500 强之一，国际 225 家大承包商之一。集团现有企事业单位 218 家，员工 29 000 余人，总资产 94 亿元，净资产 20 亿元。集团拥有雄厚的经济和技术实力，现有专业技术人员、管理人员 13 000 余人，其中高级职称者 1 100 人。拥有大批性能先进的施工设备，特别是从国外引进了具有国际先进水平的大直径钻孔机、地下连续墙等深入地下地上技术设备、配套的综合施工能力。另外，集团公司和 24 家子公司分别通过 ISO 系列质量体系认证。集团坚持“创建精美工程，提供满意服务”的质量方针，认真实施“多元经营，立足北京，积极拓展国内外市场”的经营战略；共创国家鲁班奖 9 项。集团在 20 多个省市承担工程规划、设计、施工任务和房地产开发项目。在 10 余个国家承建了工程项目，都树立了良好的信誉。2012 年开始，集团公司着手采购“施工项目

管理系统”。其实，早在十几年前，集团公司就在各个管理部门推广使用了计算机。几乎每个部门都有自己的信息系统，比如财务部有账务核算系统、财务报表系统；人力资源部有干部与工作档案管理系统；物资部门有材料采购管理系统、运输管理系统；生产部门有施工调试管理系统、施工计划管理系统等。这些系统虽然仅涉及本部门的业务管理内容，但是对于集团来说非常重要，既提高了工作效率，也提升了整个集团的竞争力。但是，随着集团规模的不断扩大、信息化的不断发展，原有的系统已经远远无法满足要求了，集团需要把名目繁多的系统作为整个企业管理信息系统整合的对象，统一到一个平台上来，让各个业务部门的数据可以按业务流程实现“电子化传递”，让整个管理流程架构在公司已有的网络平台上运作。

请在充分了解我国国内现有的项目管理系统应用情况的基础上，为该公司推荐一款合适的项目管理系统，并说明推荐的理由。

参考文献

[1] 全国一级建造师执业资格考试用书编写委员会.建设工程经济[M].北京:中国建筑工业出版社,2004.

[2] 孙三友,马荣全,于东东.建筑工程施工成本管理体系[M].北京:中国建筑工业出版社,2001.

[3] 王本军,王兰.建筑施工企业如何进行成本控制[J].东北水利水电,2004,22(6):22-23.

[4] 宋伯约.加强工程成本控制,提高建筑企业效益[J].中国建设信息,2004(24):17-19.

[5] 张睿,刘识博.建筑施工中的成本控制[J].山西建筑,2005,31(3):139-140.

[6] 中国建设工程造价管理协会.建设工程造价管理[M].北京:中国计划出版社,2007.

[7] 全国造价工程师执业资格考试培训教材编审委员会.工程造价管理基础理论与相关法规[M].北京:中国计划出版社,2007.

[8] 张智钧.工程项目管理[M].北京:机械工业出版社,2009.

[9] 全国建筑业企业项目经理培训教材编写委员会.施工项目管理概论[M].修订版.北京:机械工业出版社,2001.

[10] 谭术魁.房地产项目管理[M].北京:机械工业出版社,2004.

[11] 白思俊.项目管理案例教程[M].北京:机械工业出版社,2005.

[12]《建设工程项目管理规范》编写委员会.建设工程项目管理规范实施手册[M].2版.北京:中国建筑工业出版社,2006.

[13] 罗中.建设工程项目管理[M].哈尔滨:哈尔滨工业大学出版社,2013.